XVIII-5

# RECUEIL
# DE TEXTES ET DE TRADUCTIONS

PUBLIÉ

## PAR LES PROFESSEURS
### DE L'ÉCOLE DES LANGUES ORIENTALES VIVANTES

À L'OCCASION

DU VIII<sup>e</sup> CONGRÈS INTERNATIONAL DES ORIENTALISTES

TENU À STOCKHOLM EN 1889

## TOME PREMIER

## PARIS
### IMPRIMERIE NATIONALE

ERNEST LEROUX, ÉDITEUR, RUE BONAPARTE, 28

M DCCC LXXXIX

# PUBLICATIONS

DE

## L'ÉCOLE DES LANGUES ORIENTALES VIVANTES

III<sup>e</sup> SÉRIE — VOLUME V

# RECUEIL

## DE TEXTES ET DE TRADUCTIONS

PUBLIÉ PAR LES PROFESSEURS

I

# RECUEIL
## DE TEXTES ET DE TRADUCTIONS

PUBLIÉ

PAR LES PROFESSEURS

DE L'ÉCOLE DES LANGUES ORIENTALES VIVANTES

À L'OCCASION

DU VIIIᵉ CONGRÈS INTERNATIONAL DES ORIENTALISTES

TENU À STOCKHOLM EN 1889

## TOME PREMIER

## PARIS
### IMPRIMERIE NATIONALE

ERNEST LEROUX, ÉDITEUR, RUE BONAPARTE, 28

M DCCC LXXXIX

Depuis quelques années, MM. les professeurs de l'École spéciale des langues orientales vivantes se sont fait une règle de présenter aux Congrès des Orientalistes un recueil de mémoires et de documents attestant leur sollicitude pour les différentes branches de l'enseignement dont ils sont chargés.

En se déclarant le protecteur du huitième Congrès et en daignant en accepter la présidence d'honneur, Sa Majesté le roi de Suède et de Norvège a voulu donner une nouvelle preuve de l'intérêt qu'elle porte au progrès de toutes les sciences. Nous nous plaisons à espérer qu'elle voudra bien agréer l'hommage des deux volumes publiés aujourd'hui. Ils sont le témoignage de nos efforts persévérants pour répandre et pour faire goûter l'étude des langues et de l'histoire de l'Orient.

Depuis l'année 1886, époque de la réunion à Vienne du septième Congrès des Orientalistes, le corps enseignant de l'École des langues orientales vivantes a eu la douleur de perdre deux de ses membres, MM. l'abbé Favre et Maurice Jametel. Il est de notre devoir de payer aujourd'hui à leur mémoire le tribut de nos regrets.

M. l'abbé Favre, professeur de malais et de javanais, a succombé, en 1887, à la maladie dont il avait contracté le germe pendant son séjour en Malaisie. La vie tout entière de l'abbé Favre a été consacrée à l'étude et aux rudes et périlleux travaux de l'apostolat au milieu de populations sauvages. Né le 12 février 1812, à Janville, dans le département d'Eure-et-Loir, Pierre-Étienne-Lazare Favre se consacra dès sa jeunesse à l'état ecclésiastique. Il exerça, pendant quelques années, les fonctions sacerdotales, en se préparant à la mission vers laquelle il se sentait entraîné. Envoyé en 1842 dans l'Indo-Chine, en qualité de missionnaire apostolique, il se voua à la tâche difficile et souvent dangereuse d'évangéliser les peuples de la Malaisie. Rien ne put ralentir un zèle et une activité qui lui permirent de réunir les ressources à l'aide desquelles il fonda deux missions françaises, l'une à Malacca, l'autre au milieu des tribus inhospitalières de la Péninsule malaise. C'est aussi à M. l'abbé Favre que revient l'honneur d'avoir construit les églises et fondé les écoles françaises de Malacca et de Poulo-Pinang.

Les moments que M. l'abbé Favre pouvait dérober à ses travaux évangéliques étaient consacrés par lui à des études de linguistique, d'ethnographie et de géographie, et, en 1850, il faisait part du résultat de ses recherches à la Société de géographie de Paris. Bientôt, l'influence d'un climat meurtrier et les fatigues de voyages incessants dans des terres insalubres altérèrent profondément la santé de M. l'abbé Favre. Il sollicita et obtint la permission de revenir en France. Les services qu'il avait rendus à ceux de nos compatriotes qui avaient exploré l'Indo-Chine ou s'y étaient établis avaient attiré sur lui l'attention du Département des Affaires étrangères. Par une décision ministérielle rendue le 27 novembre 1860, M. l'abbé Favre fut autorisé à faire un cours pratique de langue malaise à l'École des jeunes de langues de Paris.

La nomination de M. Dulaurier, professeur de malais, à la chaire d'arménien près l'École spéciale des langues orientales vivantes permit au Ministre de l'Instruction publique de confier à M. l'abbé Favre le cours de malais et de javanais à la même École (26 février 1862). Pendant les vacances de cette année, il fut chargé d'une mission en Angleterre afin d'explorer les dépôts publics et d'étudier les manuscrits malais et javanais qui y sont conservés; l'année suivante, il se rendit dans le même but en Hollande et il fit connaître, par deux rapports, le résultat de ses recherches.

Le 5 avril 1864, M. l'abbé Favre reçut le décret qui le nommait professeur titulaire. Dès ce moment, il se consacra tout entier à son enseignement et à des publications dont il avait amassé les matériaux pendant son séjour en Malaisie. Il avait fait paraître à Venise, en 1863, la *Prière de saint Nersès Glaïetsi, patriarche d'Arménie*, traduite en malais. En 1865, il publia une relation des tribus sauvages de la péninsule malaise, de Sumatra et de quelques îles voisines, suivie du récit d'un voyage dans les États de Johore et de Menangkabaw :

*An account of the wild tribes inhabiting the Malayan Peninsula, Sumatra and a few neighbouring islands with a journey in Johore and a journey in the Menangkabaw states of the Malayan Peninsula* (Paris, Imprimerie impériale), puis une *Grammaire javanaise* (Paris, 1866), un *Dictionnaire javanais* (Paris, 1870), un *Dictionnaire malais-français* (Paris, 1875), une *Grammaire de la langue malaise* (Paris, 1876), et enfin, en 1884, un catéchisme en malais sous le titre de *Pengajaran Mesehi*.

Cet ouvrage est le dernier qui soit sorti de la plume de M. l'abbé Favre. Sa santé déclinait rapidement, et il dut, au commencement de l'année 1885, confier à M. Aristide Marre le soin de continuer ses leçons. Il en reprit cependant le cours après une année d'absence, mais il dut bientôt reconnaître qu'il avait trop présumé de ses forces. Arrivé au terme de la vie, il voulut mourir debout; il fit appeler un vénérable ecclésiastique auquel l'unissaient les liens d'une ancienne et vive amitié. Il reçut de lui les dernières consolations et expira vers le milieu de la journée du 17 mars 1887.

M. Maurice-Louis-Marie Jametel, né à Montrouge, près Paris, le 11 juin 1856, suivit à l'Ecole des langues orientales vivantes les leçons de M. le comte Kleczkowski, et, après avoir subi ses examens avec succès, il fut attaché à la légation de France à Pékin en qualité d'élève interprète (mars 1878). L'année suivante, il fut appelé à remplir par intérim les fonctions de chancelier au consulat de Canton et à gérer le consulat de Hong-Kong. A son retour à Pékin, il fut envoyé en mission sur les côtes de la Corée. Le climat de l'extrême Orient et les fatigues résultant de ces nombreux déplacements ébranlèrent la santé délicate de M. Jametel et, sur l'avis des médecins, il dut renoncer à prolonger son séjour en Chine et revenir en Europe. Il fut nommé attaché à la chancellerie du Consulat général de Naples (1881), puis chancelier à Riga (1882). Il ne put occuper ces deux postes et il dut demander sa mise en disponibilité (1883) et se fixer à Paris, afin de recevoir dans le sein de sa famille des soins de tous les instants. Le dévouement d'une mère qui surveillait avec une tendre sollicitude l'exécution de prescriptions très sévères parut raffermir la santé de M. Jametel. Il mit à profit cette amélioration pour entreprendre quelques travaux, et il fit insérer dans l'*Économiste français* et dans la *Revue de géographie* des articles sur les relations diplomatiques et commerciales des pays de l'extrême Orient avec les principaux États de l'Europe. Il donna au public, en 1882, un traité traduit du chinois, *L'encre de Chine et sa fabrication*, travail que l'Académie des inscriptions et belles-lettres jugea digne du prix fondé par M. Stanislas Julien.

La mort de M. le comte Kleczkowski ayant laissé vacante la chaire de chinois à l'École des langues orientales vivantes, le Ministre de l'Instruction publique, par un arrêté en date du 16 mai 1886, chargea M. Jametel de faire le cours à titre intérimaire, et un décret rendu le 23 janvier 1889 lui conféra le titre de professeur.

Depuis le jour de son entrée à l'École, M. Jametel s'était uniquement voué à son enseignement et il eut la satisfaction de voir plusieurs de ses élèves agréés par le Ministère des Affaires étrangères et attachés à la Légation de France à Pékin. Malgré la fragilité de sa santé et les ménagements continuels qu'elle exigeait, M. Jametel considérait l'exactitude à ses leçons comme son devoir le plus impérieux. Ses forces trahirent sa volonté. Vers la fin du mois d'avril 1889, il ressentait les premières atteintes du mal qui devait l'emporter : les progrès en furent si rapides que tout espoir de le sauver fut perdu dès les premiers jours, et le 17 mai il rendait le dernier soupir dans les bras d'une mère éplorée. Tous les professeurs et les élèves de l'École se sont fait un devoir de l'accompagner à sa dernière demeure et de lui donner un témoignage public de leurs sympathies et de leurs regrets.                C. S.

Paris, le 15 août 1889.

## LISTE DES TRAVAUX
#### PUBLIÉS PAR M. MAURICE JAMETEL.

*L'épigraphie chinoise au Tibet*, 1$^{re}$ partie. Pékin, 1880.
*L'encre de Chine, son histoire et sa fabrication*. Paris, 1882.
*La politique religieuse de l'Occident en Chine*. Paris, 1884.
*La Corée avant les traités* (*Souvenirs de voyage*). Paris, 1885.
*La Chine inconnue* (*Souvenirs d'un collectionneur*). Paris, 1886.
*Émailleurs pékinois*. Genève, 1886.
*Documents à l'usage des élèves de l'École des langues orientales* (2 fascicules). Paris, 1887-1888.
*Pékin* (*Souvenirs de l'Empire du Milieu*). Paris, 1887.

*Inscription commémorative du meurtre de deux ambassadeurs chinois au Tibet.* Paris, 1887.

*La métallurgie en Chine.* Paris, 1888.

Articles parus dans l'*Économiste français* :

*La Corée, ses ressources, son avenir commercial* (1881).

*La monnaie en Chine et le commerce européen dans l'extrême Orient* (1881).

*Les douanes intérieures et le commerce étranger en Chine* (1881).

*De l'établissement d'une monnaie dans la Cochinchine française* (1882).

*Les associations en Chine* (1882).

*La nouvelle convention commerciale de 1881 entre la Chine et l'Allemagne* (1882).

*Le commerce de l'opium* (1882).

*La Chine et les puissances européennes : le traité de 1881 avec la Russie* (1882).

*Le percement de la presqu'île de Malacca et la Cochinchine française* (1882).

*Le mouvement commercial dans l'Inde anglaise en 1881 et la réforme douanière* (1882).

*Le Japon et les puissances européennes ; la revision des traités* (1882).

*La Corée et les puissances européennes* (1882).

*Les projets de voies ferrées entre l'Europe et les Indes* (1882).

*Les débouchés nouveaux du commerce européen en Chine* (1882).

*Le commerce extérieur de la Chine en 1881 ; son présent et son avenir* (1882).

*Le Bulletin consulaire français et les Blue Books anglais* (1883).

*Une nouvelle colonie anglaise en Océanie : l'île de Bornéo* (1883).

*L'industrie des transports maritimes dans l'extrême Orient* (1883).

*Le différend franco-chinois* (1883).

*Les douanes chinoises et l'Annam* (1883).

*Les intérêts économiques de la France en Cochinchine* (1883).

*Le nouveau traité franco-annamite* (1883).

*Le commerce extérieur de la Chine en 1882* (1883).

*Aperçu historique de la question du Tonkin* (1883).

*Les métaux précieux en Angleterre et aux Indes en 1883* (1884).

*L'émancipation politique de l'Inde anglaise* (1884).
*Les intérêts économiques de la France en Chine* (1884).
*Le Ministère des Affaires étrangères et le* Foreign Office (1884).
*La France dans l'extrême Orient et le traité de Tien-Tsin* (1884).
*L'Inde anglaise en 1884* (1885).

---

*Histoire de la pacification du Tibet par Kien-long* (*Revue de l'extrême Orient*, t. I, 1882).

Divers articles dans la *Revue de géographie* de L. Drapeyron, dans la *Philosophie positive*, dans la *Revue suisse*, dans le *Journal de Genève*, etc.

بهادرانش ران قموذ وحون ن بر ام کرد عاکری میداد مرتبه اول
نیز حمله کرد سلطان بسر دمع قموذ باردیکمان علی باز اورد سلطان
د کرد بار سوم سلطان حمله برد و بیک صدمه ان فرسای وز نک الب
ای کی درا ورد و بیک کی رکاوسا ار حصارپرسند کرسم خرعیسی را دخل
ا ملک دحماک استشریعنی قمام خط اسقل اقلین سد نصرمیترکرد مبه
محالسد ولا تحلیل حبنا ولا قرفا اسپ مرزنکار نکند ارکزکرد
سود و فی کسب الا خدمترا است بنک بسد ه بود بی هوش ومدهوش
ان که ازی چند مسلمانان و اسلیمو یچار دوا مرا کالا حاضرنبودند آواز
ازبن روج بیزرسانیدند مرنگان حاک ما خواستند که غوغاکنند و اسلیو
لسکراه دفع ایشان خیال داد و بعضی را سیاست نموذ ودر با ن منهوج فنه
ساکن ستند سلطان را ازمیدان جامه خود برد و بشیر تر قم وان تقدیم
داستنوان شبان افلاطی عمود صباح عود و راح رابکار داشتند وخط
عبور را بصبح موصل کرد انید ندرود ند بکر یا حمله الا ان بهم که مدخرا باواطاد
فاسلیو سرنود بسرای سلطان حاضرمند ولروز احماء موانع عشر در ار افت
دم دینی درشرع ندای محال است واجب دیند ودر بایان ستی و اسلیو سر
سردیازان اینکه هرخبرو و اسلام باد اوحان من جان بیوند گرفته است
که بی جال صورتا بقضا ن برد وا کرجه دکدم بر حال مبارک دستا

سلطان و هو ذله بو ذه دستی سلاح حاک احصار منار شد واسپ لاتور مرداد
وباسپ میدان حاضر کرد انداسارت وماند وینک یکی من در ملاک
ازو نک پرو رخنک شد و من ابلاد عنا عرج سلام نیم واکو طور اتاد
واسلموس از حزار وصا قر تک اساید واسلموس نت حاشاحین
حال حصنت ام الروا العبادبابه از صداست قر نک شاه برادر حک
یکتی سردام من حا قت برابنده سلطانی زاد در مقابله یکی احاد احناد
اورد و در مقام اربم اسام برادران نو مقام سوم کرد سلطان اسان
غلاظ یاد لرد که اکرد زر قضیه و اسلموس یوقف کنده من یو قف
حرد راهلا کم حرالجح سلطان بعاس سمد از زرد خانه برک
وعندیشا هاسنه حاضر کرد ند سلطان یک دسلاح اختیار کرد و ورنک
حبر کرد ند که فردا روز روز از مایشت قرنک ه شنبا اسبان جنک
مها کرد ایند و حود رابرریز و شبا سعلم بسی وعزم جنک در عرصه
میدان امده لا بول زبان از صغار و جبار و قار و قاری و اتی فی سلم و دتی
دو کر و شدند ترحی بعروف سلطان مبلان نمودند و قوی بطوف
و نک نکران حک شدند روح الامیر هم رلحظه ندا و نصرک الله نصر
عزیز الکوس سلطان برسا بند خور که آهنین لاسلموس در قلب استاده
بود و مرا به دل علی الله و هو حسد بر خواند و جولانا ت در رحیش

# QUELQUES CHAPITRES

DE

# L'ABRÉGÉ DU SELDJOUQ NAMÈH

COMPOSÉ

PAR L'ÉMIR NASSIR EDDIN YAHIA.

M. CHARLES SCHEFER.

# QUELQUES CHAPITRES

DE

# L'ABRÉGÉ DU SELDJOUQ NAMÈH

COMPOSÉ

## PAR L'ÉMIR NASSIR EDDIN YAHIA.

L'histoire du règne des sultans Ghias Eddin Keykhosrau et Roukn Eddin Suleyman Châh, dont je publie aujourd'hui le texte et la traduction, est tirée de l'abrégé du Seldjouq Namèh, composé par l'émir Nassir Eddin Yahia ibn Mohammed, chef de la chancellerie du sultan Ala Eddin Keyqobad et de ses successeurs. Cet écrivain, plus connu sous le nom d'Ibn el-Biby, a rédigé les annales des souverains de la dynastie de Seldjouq, qui ont régné à Qoniah depuis la mort de Qilidj Arslan (588 = 1192) jusqu'en l'année 679 (1280). N'ayant pu se procurer, nous dit-il, des renseignements dignes de toute créance sur l'invasion de l'Asie Mineure par Suleyman, fils de Qoutoulmich, et sur ses grands officiers Mangoudjik, Ortoq et Danichmend, il a préféré négliger leur histoire et rapporter seulement des faits d'une vérité indiscutable. L'ouvrage d'Ibn el-Biby, écrit dans un style recherché, était considérable. Un littérateur, qui ne nous a point fait connaître son nom, nous apprend que, déférant au vœu exprimé par plusieurs de ses amis, il a rédigé un abrégé de l'histoire écrite par Ibn el-Biby, afin de la vulgariser. Un chapitre en est consacré à la famille d'Ibn el-Biby, et je donne ici les détails qu'il renferme.

La mère de l'émir Nassir Eddin Yahia, connue sous le surnom de Biby Mounedjdjimèh, بی منجمه «la dame astrologue», était la fille de Kemal Eddin Semnany, chef de la communauté des Chaféites de Nichabour, et, du côté maternel, la petite-fille de Mohammed ibn Yahia[1]. Elle jouissait comme astrologue de la plus grande réputation, et ses prédictions concordaient toujours, disait-on, avec les arrêts de la destinée. Lorsque l'émir Kemal Eddin Kamyar fut envoyé en mission auprès de Djelal Eddin Kharezm Châh, occupé alors au siège d'Akhlath[2], il fit la connaissance de Biby Mounedjdjimèh qui, admise dans l'intimité de ce prince, se livrait pour lui à tous les calculs astrologiques. A son retour auprès du sultan Keyqobad, Kamyar lui fit part de cette circonstance comme d'un fait merveilleux. Quand Djelal Eddin, poursuivi par les Mogols, eut trouvé la mort dans les environs d'Amid[3], Biby Mounedjdjimèh et son mari se réfugièrent à Damas. Keyqobad, instruit de leur arrivée dans cette ville, dépêcha un envoyé à Melik el-Echref Moussa qui régnait en Syrie, pour les réclamer et les conduire dans le pays de Roum, où il les combla de bien-

---

[1] Mohammed ibn Yahia Khabouchany est l'auteur d'un traité sur les règles de conduite des magistrats intitulé العمل في آداب القضا.

[2] Djelal Eddin Kharezm Châh se présenta devant Akhlath au retour de son expédition en Géorgie au mois de Djoumazy ouç çany 623 (juin 1226) et en abandonna le siège pour se rendre dans le Kerman.

[3] Djelal Eddin fut tué par un Curde dans l'une des montagnes du district d'Amid, le 15 du mois de Chewwal 628 (16 août 1231).

faits et de faveurs particulières. Lorsque les troupes de Keyqobad marchèrent au secours de Nizam Eddin, seigneur de la ville de Khartibert[1], Biby Mounedjdjimèh annonça que tel jour et à telle heure, on verrait arriver un messager porteur de l'heureuse nouvelle d'une victoire. Le sultan fit prendre note de ce jour et, à l'heure prédite, on vit arriver des courriers annonçant que les troupes de Syrie avaient été battues et obligées de se réfugier dans le château de Khartibert et que l'arrivée de l'armée du sultan les forcerait à capituler[2]. Cet événement donna à Keyqobad la plus haute idée du talent de Biby Mounedjdjimèh et lui inspira la plus entière confiance. Il la fit appeler par un de ses pages et lui dit en la voyant : « L'arrêt du destin a concordé avec la prédiction de Biby; qu'elle me fasse connaître l'objet de ses désirs. » Elle demanda pour son mari Nedjm Eddin Mohammed Terdjouman la place de secrétaire des commandements. Cette grâce lui fut accordée sur-le-champ, et depuis ce moment Nedjm Eddin devint, en temps de paix et en temps de guerre, le serviteur inséparable du sultan.

Nedjm Eddin appartenait à la famille des Seyyds de Gouri Sourkh[3] et était un des personnages notables du Gourgan. Son mérite fut tellement apprécié et sa situation devint si considérable sous le règne de Keyqobad qu'il fut chargé de missions à Bagdad, à Damas, auprès des Kha-

[1] Cette ville porte aujourd'hui le nom de Kharpout. Cf. Saint-Martin. *Mémoires historiques et géographiques sur l'Arménie*, Paris, 1819, p. 95-96.

[2] Ibn el-Athir a consacré un chapitre de sa chronique au récit des événements qui se déroulèrent à Khartibert (*Kamil fit tarikh*, t. XII, p. 132-133).

[3] Gouri Sourkh ou « le tombeau rouge » est le nom d'une ville du Gourgan où s'élève le monument funéraire de l'imam Djafer Essadiq.

rezmiens et auprès d'Ala Eddin Nau Mussulman[1]. Il fut aussi envoyé en qualité d'ambassadeur à l'ordou des souverains mogols. Nedjm Eddin Mohammed Terdjouman mourut pendant le mois de Chaaban de l'année 670 (mars 1272).

L'abrégé de l'ouvrage d'Ibn el-Biby est d'autant plus précieux pour nous que les grandes compositions historiques relatives à la dynastie des Seldjoucides du pays de Roum sont aujourd'hui perdues et que nous n'en possédons même pas des fragments. Nous savons qu'un écrivain contemporain d'Ibn el-Biby, Ahmed ibn Mahmoud Qani'y, originaire de Thous et réfugié à la cour d'Ala Eddin Keyqobad, lors de l'invasion des Mogols dans le Khorassan, avait écrit une histoire des Seldjoucides si volumineuse qu'elle formait à elle seule la charge d'un chameau[2]. Tous ces ouvrages qui nous auraient fourni les détails les plus intéressants sur les relations politiques et commerciales des Seldjoucides de Roum avec l'Empire grec, la Géorgie, l'Arménie, la Russie méridionale, les sultans d'Égypte et les souverains mogols, ont malheureusement été anéantis pendant les troubles et les guerres qui ont désolé l'Asie Mineure jusqu'au milieu du xve siècle. Les chapitres dont je donne aujourd'hui le texte

---

[1] Le prince qui portait le surnom de Nau Mussulman était Ala Eddin Mohammed, fils de Djelal Eddin Hassan, chef de la secte des Ismayliens, assassiné à l'instigation de son fils Roukn Eddin Khour Châh, le dernier jour du mois de Zoul Qaadèh 651 (21 janvier 1254).

[2] Cf. Rieu, *Catalogue of the Persian manuscripts in the British Museum*, p. 582. Voici le texte de ce passage dont je dois la communication à l'extrême obligeance de M. le Dr Rieu :

که شاه نباشد چو او حق گذار مرا هست مانند روز آشکار
در آن نام شاهان بر آورده ام شنیدست رنجی که من برده ام
که من نظم کردم بکم روزگار هانا بود یک شتروار بار
بسلجوق نامه نبایدم خجل زهر کس که اصلش بود ز آب و گل

et la traduction présentent un intérêt plutôt anecdotique : le récit complet des événements historiques ne commence, en effet, qu'à partir de l'avènement au trône du sultan Ala Eddin Keyqobad. L'auteur semble avoir négligé à dessein de tracer le tableau de l'odieuse conduite des fils de Qilidj Arslan à l'égard de leur père. Qilidj Arslan avait formé le projet de laisser ses États à son fils aîné, Qouthb Eddin Melik Châh, et, pour lui assurer un appui, il avait demandé pour lui à Saladin la main d'une de ses filles. Ce projet souleva de la part des frères de Qouthb Eddin une telle opposition que, par crainte de graves désordres, Qilidj Arslan se vit obligé d'y renoncer et d'assigner à chacun de ses fils un gouvernement indépendant. Errant dans ses propres États, il ne reçut de ses enfants, partout où il se présenta, qu'un accueil plein de froideur et de malveillance. Qouthb Eddin se révolta contre lui, s'empara de sa personne et, le traînant à sa suite, alla mettre le siège devant Césarée, résidence de son frère Nour Eddin Mahmoud Sultan Châh. Qilidj Arslan réussit à s'échapper et à se jeter dans cette ville. Qouthb Eddin en leva le siège et s'empara d'Aqsera et de Qoniah. Qilidj Arslan se réfugia alors auprès de son dernier fils, Ghias Eddin Keykhosrau, qu'il avait eu d'une princesse grecque, et avec son aide, il reconquit Qoniah et alla mettre le siège devant Aqsera, où la mort vint le surprendre. Ce fut pendant son dernier séjour à Qoniah que Qilidj Arslan institua Ghias Eddin Keykhosrau son héritier présomptif au détriment de ses autres frères. Ghias Eddin exerça le pouvoir depuis l'année 588 (1192) jusqu'en 596 (1199). En cette année, Roukn Eddin, après s'être rendu maître des provinces gouvernées par Qouthb Eddin, marcha sur Qoniah et en expulsa son frère.

Les fils de Qilidj Arslan, dont les noms sont cités dans le Seldjouq Namèh, avaient reçu l'éducation la plus soignée et la plus complète; ils avaient étudié toutes les sciences cultivées dans l'islamisme; ils s'adonnaient à la poésie, étaient habiles calligraphes et leur protection s'étendait sur les savants et les poètes. L'un de ces princes, Nassir Eddin Barkiarouq, seigneur de Nikssar, a composé un poème persan sur les aventures de Hourzad et de Périzad, et c'est à lui que Mewlana Chihab Eddin[1] a dédié le traité de mysticisme auquel il a donné le titre de *Pertev Namèh* « Le livre des reflets célestes ». Zehir Eddin Fariaby, Nizamy et tous les poètes célèbres de la Perse composèrent à la louange des fils de Qilidj Arslan des panégyriques demeurés célèbres, et nous trouvons aussi dans le Seldjouq Namèh quelques pièces de vers composées par Ghias Eddin Keykhosrau et par son frère Roukn Eddin.

Le Seldjouq Namèh a été également abrégé et traduit en turc dans le courant du xv<sup>e</sup> siècle et à une époque plus récente. Les auteurs de ces traductions, qui ont aussi contribué à faire négliger l'ouvrage original, nous ont conservé quelques détails omis dans l'abrégé persan.

J'ai cru devoir emprunter à la plus ancienne version turque le tableau des négociations suivies entre Ghias Eddin et Roukn Eddin au moment de la capitulation de Qoniah et j'ai placé ce chapitre, dont j'ai donné la traduction, à la suite du texte persan.

Les chapitres que j'ai détachés de l'abrégé du Seldjouq

---

[1] Le cheikh Chihab Eddin Abou Hafs Omar el-Bekry el-Souhraverdy naquit en 539 (1144) et mourut en 632 (1234). On trouve sa biographie dans le *Nefehat oul ouns*, de Djamy, publié en 1859, à Calcutta, par M. Nassau Lees, p. 544-545.

Namèh offrent surtout, comme je l'ai dit plus haut, un intérêt anecdotique, et je crois qu'on ne lira pas sans intérêt le récit du combat en champ clos du sultan Ghias Eddin Keykhosrau contre un chevalier franc, ainsi que celui de la conspiration qui eut pour résultat la restauration de ce prince. Comme je l'ai fait aussi remarquer précédemment, la partie purement historique commence seulement au règne de Ala Eddin Keyqobad et elle présente par l'enchaînement des faits un intérêt soutenu. Un orientaliste auquel on doit des travaux recommandables, M. Behrnauer, avait songé à publier le texte turc et la traduction de l'abrégé du Seldjouq Namèh, d'après un manuscrit conservé dans la bibliothèque royale de Dresde, mais il n'a point exécuté son projet.

J'ai tâché, par une traduction aussi exacte que possible, de donner une idée du style de Nassir Eddin Yahia. Il est cependant des passages que je n'ai pu faire passer dans notre langue, à cause de l'emphase du style, et je dois avouer en terminant que l'abréviateur persan a été quelquefois mal inspiré dans les coupures qu'il a pratiquées dans le texte original, ainsi qu'on peut en juger par les traductions turques. Quoi qu'il en soit, je me plais à espérer que l'on ne lira pas sans quelque plaisir les épisodes consignés dans le récit qui suit.

### LE SULTAN QILIDJ ARSLAN
#### DÉCLARE GHIAS EDDIN KEYKHOSRAU SON HÉRITIER PRÉSOMPTIF.

Lorsque le sultan Qilidj Arslan qui jouit du bonheur éternel eut échangé le vêtement vermeil de la jeunesse contre le manteau râpé de la vieillesse, et que le coursier à la douce allure de son existence eut ralenti sa marche, lorsque enfin arriva pour lui le moment de faire ses adieux au monde et de se séparer des hommes, il fit appeler le plus jeune de ses fils, Ghias Eddin Keykhosrau qui, seul de ses onze frères, s'était distingué par une soumission constante aux ordres de son père. « Sache, ô mon fils, lui dit-il, que je vais quitter cette demeure périssable et que j'ai préparé le viatique nécessaire à la route conduisant au tribunal du jugement dernier. Tu es, grâce à Dieu, le fruit nouvellement éclos du jardin de la royauté et la fleur récemment épanouie du parterre des faveurs divines. Comme nul plus que toi ne mérite de s'asseoir sur le trône, et que personne n'est plus digne de ceindre le diadème, je t'ai choisi entre tous tes frères, car j'ai reconnu en toi les qualités nécessaires pour gouverner. Je te place à la tête des peuples qui sont un dépôt remis entre nos mains par la Providence et je confie mes États et les âmes de mes sujets, à toi et à Rizwan. Ô mon fils! n'associe personne à Dieu, car le polythéisme est un crime énorme. Ô mon fils! acquitte-toi de la prière; commande avec douceur, évite ce qui est défendu, supporte avec patience les événements qui viendront t'atteindre. Ceci est la règle de conduite à observer dans ce monde. N'accueille pas les hommes avec un visage morose; ne marche pas sur la terre avec ostentation, car Dieu n'aime ni les arrogants ni les pervers[1]. Ô mon fils! on demandera compte aux rois de la manière dont ils auront rendu la justice. Dieu ordonne d'être équitable et bienfaisant. Il commande d'être libéral pour les parents, d'éviter la débauche, tout ce qui est illicite ainsi que la désobéissance. Il vous avertit afin que vous réfléchissiez[2]. La possession de ce monde qui nous fuit sans cesse n'offre à personne aucune stabilité. Le rire du monde ne dure pas plus que les larmes versées par les nuages et ses pleurs sont aussi fugitifs que la lueur de l'éclair. Il nous donne une heure de joie et nous attriste pendant une année. Lorsqu'il fait surgir le malheur, il nous y voue pour toujours[3]. » Après avoir fait à son fils ces éloquentes recommandations, le sultan Qilidj Arslan donna l'ordre de réunir les hauts fonctionnaires et les grands dignitaires de l'État, et lorsqu'il vit les bancs de la salle d'audience occupés par des personnages de tout rang, il prit la parole en ces termes : « Le soleil de ma prospérité est entré dans le degré de son déclin; il est certain

[1] Qoran, chap. xxxi, v. 17-18.
[2] Qoran, chap. xvi, v. 92.
[3] L'émir Nassir Eddin Yahia a eu soin d'emprunter au texte du Qoran les recommandations faites à son fils par Qilidj Arslan. Ce prince fut toujours soupçonné par les musulmans de professer des opinions philosophiques et de pencher vers le christianisme. Lorsque, en l'année 560 (1164), Nour Eddin prit parti contre lui dans sa querelle avec l'émir Zoul Noun, fils de Mohammed, fils de Danichmend, il exigea, au moment de traiter de la paix, que Qilidj Arslan fît devant son ambassadeur une nouvelle profession de foi. Selon Mathieu Paris, Vincent de Beauvais, Guillaume de Saint-Blaise et l'auteur de la chronique de Reichsperg, Qilidj Arslan aurait écrit au pape Alexandre III, pour lui faire connaître son désir d'embrasser la religion chrétienne. Il aurait également envoyé des ambassadeurs à l'empereur Frédéric Ier, pour lui faire part de cette intention et lui demander la main de sa fille. Nicétas affirme que Qilidj Arslan avait été secrètement baptisé à l'instigation de la princesse grecque sa femme.

qu'un domaine ne peut rester sans maître, ni un royaume demeurer sans souverain. (*Distique :*) L'un part, un autre prend sa place : dans ce monde on ne peut se passer de chef. — Mon fils Keykhosrau, dont la beauté rappelle celle de Menoutchehr, est orné de toutes les vertus royales; il brille d'un vif éclat au milieu de ses frères et des princes des autres pays, et il les devance tous dans l'arène de la souveraineté. Je l'ai constitué mon héritier présomptif; je lui ouvre la porte du gouvernement de cet État et je lui confère le droit de commander pendant ma vie au pays et au peuple. Je lui lègue le trône et le sceau et je me retire du milieu de vous pour me tenir à l'écart. Il faut que vous lui prêtiez serment et que, semblables à un roc inébranlable, vous demeuriez ferme dans votre affection et dans votre dévouement pour lui. » Les grands du royaume, après avoir donné cours à leurs larmes et après avoir éclaté en sanglots, observèrent un long silence et jugèrent indispensable d'obéir aux ordres du sultan. « Le sultan Ghias Eddin, s'écrièrent-ils, est notre maître; qu'il soit présent ou loin de nous, nous serons unanimes pour le soutenir moralement et matériellement. Nous serons, pour ses ennemis, aussi tranchants que le sabre et aussi durs que le fer de la lance. »

Ils confirmèrent leurs engagements par des serments qui, aux yeux des vrais croyants, ne peuvent être éludés par aucune interprétation. Après avoir juré de faire disparaître toute opposition, après avoir élevé les étendards de l'union et consolidé les piliers de l'assistance et de l'appui, ils firent asseoir sur le trône le sultan Ghias Eddin Keykhosrau. (*Distique :*) « Ce prince dont les pas sont bénis et dont la présence fait naître le bonheur prit place sur le trône de la royauté de toute l'étendue du pays de Roum. » Les chefs des différentes provinces se rangèrent à la droite et à la gauche de son trône et répandirent à ses pieds des sommes considérables en pièces d'or et en pièces d'argent. Des cadeaux et de riches vêtements d'honneur tirés du trésor royal furent distribués aux émirs et aux grands personnages, à chacun selon son rang, et ces présents augmentèrent leur sympathie pour le nouveau souverain. Dix jours furent consacrés à la joie et aux plaisirs, et pendant ces réjouissances, on ne laissa au fond des coupes que la gorgée de vin réservée à l'échanson. Le prince consacra ensuite tous ses soins à assurer la prospérité de ses États et il fit répandre partout dans le royaume la nouvelle de son avènement. Ces faits eurent lieu dans le courant de l'année 588 (1192).

### LES FRÈRES DE GHIAS EDDIN KEYKHOSRAU SE RÉUNISSENT AUPRÈS DE ROUKN EDDIN ET L'EXCITENT À LUI CONTESTER LE POUVOIR.

Lorsque cet événement parvint à la connaissance des frères de Keykhosrau, leurs cœurs furent envahis par le sentiment de la jalousie et leur agitation fut extrême, bien que chacun d'eux eût reçu en apanage le gouvernement d'une province. Melik Roukn Eddin Suleyman Châh possédait Toqat et son territoire; Melik Nassir Eddin Barkiarouq Châh, Nikssar et ses dépendances; Melik Moughis Eddin Toghroul Châh, Abouloustan; Melik Nour Eddin Sultan Châh était le maître de Césarée; Melik Qouthb Eddin Melik Châh, celui de Sivas et d'Aqsera. Malathia appartenait à Melik Mouizz Eddin Qaïcer Châh, Héraclée à Melik Sendjar Châh, Nigdèh à Melik Arslan Châh, Amassia à Melik Nizam Eddin Arghoun Châh, Angora à Melik Mouhy Eddin Massoud Châh et Bourghoulou [1] à Melik Ghias Eddin Keykhosrau.

[1] Le nom de cette ville est également écrit par Beha Eddin et Ibn el-Athir

Aucune somme provenant des revenus de ces provinces, qu'elle fût faible ou considérable, n'était versée au trésor de Qilidj Arslan. Les princes se rendaient une fois par an à la cour de leur père, et ils s'en retournaient après avoir obtenu satisfaction pour toutes leurs demandes. Bref, animés du désir de régner, dévorés de l'ambition d'exercer le pouvoir, ils se rendirent auprès de leur frère aîné Melik Roukn Eddin Suleyman Châh dans le but d'annuler les volontés de leur père et de se soustraire à ses décisions. « Lorsque nous avons une eau limpide, disaient-ils, pourquoi nous purifier avec un reste de fumier? Lorsque l'on peut déployer la vigueur de la panthère, est-il digne de recourir à la ruse du renard à la démarche boiteuse? (*Distique :*) « Nous ne nous soumettrons jamais à la décision prise par notre père; comment pourrions-nous accepter une pareille disgrâce et supporter une pareille honte? » — Ils tenaient à ce sujet des propos aussi embrouillés qu'un paquet de laine peigné avec la main. Melik Roukn Eddin, qui était doué d'une intelligence et d'une raison supérieures, leur répondit : « Le maître du monde, que Dieu lui accorde des jours éternels, est un prince puissant dont les paroles et les ordres entraînent, bon gré mal gré, l'obéissance du destin. C'est à sa noble personne que nous sommes redevables de l'existence;

برغلو. Chems Eddin Dimichky cite Bourly parmi les villes de l'Asie Mineure; Aboulfeda fait mention des montagnes de Toghourlou, que je crois être, par suite d'une erreur de copiste, le nom de Bourghoulou. Aboulfeda nous apprend que les montagnes de Toghourlou étaient occupées par des Turcomans, dont les tentes s'élevaient au nombre de 200,000. Les écrivains byzantins nous apprennent que Keykhosrau reçut en apanage de son père les provinces de Lycaonie et de Paphlagonie. Bourghoulou, appelée aujourd'hui Bourlou, se trouve dans la province de Qaramanie et dans le district d'Hamid, qui dans l'antiquité formaient la Lycaonie.

répudier ses décisions et désobéir à ses commandements serait commettre une faute grave et méconnaître tous ses droits. (*Distique* :) Je n'échangerais pas sa satisfaction contre la possession de l'Univers, car ce monde n'est qu'un amas de terre sans valeur et voué au néant. — Il est hors de doute que les traits du visage généreux de notre père ont été altérés et que son caractère tendre et sensible est devenu la proie de la tristesse. Mépriser ses résolutions et provoquer ainsi les propos malveillants et les moqueries du vulgaire n'est point le fait d'un esprit solide. Bien que Ghias Eddin soit le plus jeune de nous tous, il a acquis à l'école de cette parole divine, « nous l'avons instruit de notre science [1] », toutes les connaissances nécessaires à l'exercice de la souveraineté et il les a mises en pratique. « Dieu fortifie de son « aide qui il lui plaît [2]. » Ces sages considérations firent évanouir les désirs que les frères de Roukn Eddin avaient formés dans leur esprit, et déçus et désespérés, ils retournèrent chacun dans son gouvernement. Sur ces entrefaites, on apprit que Qilidj Arslan avait choisi pour demeure les jardins du paradis et que Ghias Eddin s'était assis sur le trône dans la plénitude de l'indépendance [3].

---

[1] Qoran, chap. xviii, v. 64.
[2] Qoran, chap. iii, v. 11.
[3] Qilidj Arslan mourut le 15 du mois de Chaaban 588 (26 août 1192) à Qoniah. Il avait accompagné son fils Ghias Eddin Keykhosrau au siège d'Aqsera. Se sentant malade, il était revenu dans sa capitale. L'auteur d'une histoire des Seldjoucides composée pour un prince de cette dynastie, Ala Eddin, fils de Sûleyman Châh, prétend que Qilidj Arslan fut empoisonné. Keykhosrau monta sur le trône le 1ᵉʳ Ramazan, quinze jours après la mort de son père.

LE SULTAN ROUKN EDDIN APPREND LA MORT DE SON PÈRE
ET SE DISPOSE À ENLEVER LE POUVOIR À SON FRÈRE.

Melik Roukn Eddin reçut la nouvelle de la mort de son père Qilidj Arslan dans le courant de l'année 588 (1192). Le feu de la séparation embrasa son cœur, mais après avoir accompli les cérémonies funèbres et payé un tribut de larmes, il expédia en toute hâte des courriers pour rassembler ses troupes et celles de ses alliés et de ses confédérés [1]. Il partit de Toqat [2] avec peu de monde et en donnant l'ordre que chacun vînt, après avoir fait ses préparatifs de guerre, rejoindre sans retard son escorte sur la route. Arrivé à Aqsera [3], il vit accourir auprès de lui un grand nombre de soldats, de beiks et de gouverneurs, car il avait fait luire aux yeux de tous les plus brillantes promesses et il avait pris vis-à-vis de chacun d'eux l'engagement de satisfaire les désirs qui lui seraient exprimés. Tous voulaient lui prêter aide et assistance et le servir avec la plus grande fidélité et le plus entier dévouement. On marcha sur Qoniah, capitale de l'empire. Les habitants de cette ville, plaçant devant leur visage le bouclier de la résistance, s'apprêtèrent à combattre et à soutenir la lutte. Tous les jours, depuis le matin jusqu'au soir, soixante mille archers se mesuraient avec les soldats de Roukn Eddin et défendaient les approches des

---

[1] Roukn Eddin Suleyman Châh ne marcha contre Qoniah qu'après la mort de son frère Qouthb Eddin et après s'être emparé de Sivas, de Césarée et d'Aqsera.

[2] Toqat, dans l'eyalet actuel de Sivas, est l'ancienne *Comana Pontica*.

[3] La ville d'Aqsera, fondée par Qilidj Arslan, est située dans le district de Nigdèh.

jardins et des vergers qui entouraient la ville. Quatre mois s'écoulèrent ainsi. Les jeunes gens de Qoniah [1] se réunirent alors et tinrent conseil. « Nous continuerons, dirent-ils, à faire tous nos efforts pour sauvegarder l'honneur du sultan Ghias Eddin; tant qu'il nous restera un souffle de vie, nous maintiendrons les engagements qui nous lient à sa personne et nous resterons fidèles à nos serments. » Mais les notables et les personnages influents de la ville dont les avis étaient écoutés dans les conseils des princes envoyèrent un délégué auprès de Melik Roukn Eddin et le chargèrent d'une lettre conçue en ces termes : « Vous êtes l'un et l'autre les fils de notre souverain, et notre devoir, à nous qui sommes vos serviteurs, est de maintenir votre honneur intact. Si Melik Roukn Eddin consent à respecter les dispositions prises par le sultan Qilidj Arslan à l'égard de son frère et s'il observe scrupuleusement l'engagement qu'il aura souscrit, s'il met fin aux hostilités et lève le siège de la ville, nous lui offrirons à titre d'indemnité et pour le rembourser de ses frais de guerre, cinq cent mille pièces d'or, trois cents pièces de soie de Constantinople de toutes qualités, deux cents coupons de drap d'or, trois mille coupons de drap de tous genres [2], dix mille aunes de toile de lin, trois cents chevaux, trois cents chameaux, deux cents mulets et dix mille moutons. Nous sommes prêts à réunir tout ce que nous venons d'énumérer et à en faire la remise au trésor, aux écuries et aux cuisines du prince. Mais, si le but du prince est de dé-

---

[1] Les jeunes gens des villes de l'Asie Mineure formaient des associations religieuses sur lesquelles Ibn Batouta a donné des détails intéressants (*Voyages*, tome II, *passim*). Ibn Batouta les appelle فتيان et les traducteurs turcs يكيت.

[2] Le texte turc porte le mot طونلق, qui signifie la quantité d'étoffe nécessaire pour faire un vêtement et plus spécialement des chausses.

pouiller Ghias Eddin du pouvoir souverain, qu'il jure de respecter sa vie et celle de ses fils, de lui laisser ses trésors et de ne point inquiéter ses partisans, ses adhérents et ses serviteurs, afin qu'en s'éloignant de Qoniah avec ses richesses, ses bagages et les gens de sa maison, il puisse se rendre dans telle contrée qu'il lui plaira de choisir. Nous le ferons accompagner par trois mille hommes de pied qui lui serviront d'escorte et le guideront jusqu'à la frontière. Nous ouvrirons alors la porte de la ville, et le sultan comblé des bénédictions divines prendra place sur le trône. » Ces dernières propositions furent agréées par Roukn Eddin qui donna l'ordre de rédiger sur-le-champ l'acte contenant son serment et l'engagement d'observer les clauses stipulées. Cet acte fut dressé en présence des hauts fonctionnaires et des grands dignitaires; puis, des lettres de rémission et des diplômes accordant des fiefs et des titres honorifiques furent expédiés aux notables de Qoniah. Lorsque cette convention et ces décrets furent apportés dans la ville, les habitants se réunirent et allèrent trouver Ghias Eddin. Ils baisèrent la terre devant lui en signe d'hommage et lui dirent : « Que Dieu préserve la noble personne du sultan des coups de la fortune! puisse-t-il dans son auguste existence avoir toujours pour compagnes la joie et l'allégresse! Il sait que le siège de la ville dure depuis longtemps et il n'y reste que peu d'armes et une petite quantité de vivres. Malgré les liens de parenté et la qualité de frère qui l'unissent à Roukn Eddin, nous n'avons pu faire entrer ce prince dans la voie de la justice et de l'équité, ni le détourner de la guerre et des hostilités, ni le faire renoncer au projet de s'emparer du pouvoir. Nous avons envoyé auprès de lui un délégué et nous avons entamé des pourparlers au sujet de Votre

Hautesse. Nous avons fait connaître à Roukn Eddin que nous étions liés à Votre Hautesse par des serments faits au nom d'Allah et des prophètes, et que, si nous venions à les rompre, nous cesserions d'appartenir à la communauté des fidèles. Nos propositions ont été rejetées; voyant que Roukn Eddin maintenait ses prétentions au trône et que la situation était sans remède, nous lui avons dit : «Puisque «vous voulez vous emparer du pouvoir, engagez-vous par «serment à n'user de violence ni contre Ghias Eddin, ni «contre ses partisans, grands et petits; laissez-lui ses biens, «ses trésors, ses bêtes de somme et ses chevaux. Qu'il puisse «en toute sécurité et guidé par le bonheur se rendre dans «le pays qu'il voudra choisir. De notre côté, nous le ferons «accompagner par trois mille archers et nous n'ouvrirons les «portes de la ville que lorsque, par un signe convenu, il nous «aura fait savoir qu'il est arrivé à l'endroit désigné par lui.» Si le prince daigne l'ordonner, nous accepterons la parole qui nous sera donnée et nous observerons le traité. Il est possible que l'étoile du sultan Ghias Eddin, qui décline aujourd'hui, reprenne dans quelque temps un nouvel éclat. Mais si ces propositions sont rejetées par lui, nous recommencerons les hostilités et nous sacrifierons nos biens, nos femmes et nos enfants.»

Ghias Eddin leur répondit : «Depuis quatre mois que la lutte a commencé et que le siège a été mis devant la ville, vous m'avez donné des preuves de votre dévouement, de votre obéissance et de votre fidélité. Vous avez supporté pour moi bien des épreuves et bien des fatigues; vous m'avez donné des témoignages de votre affection et de votre amour; vous n'avez point failli à vos serments et vous n'avez point rompu les liens qui nous unissent. Je veux, aujourd'hui, vous épargner de nouvelles calamités. Envoyez donc une personne auprès de mon frère pour lui demander de réitérer ses engagements, pour recevoir son serment de respecter les conventions stipulées, et pour m'obtenir la liberté de me rendre où je voudrai. » On fit partir, à cet effet, deux personnages auxquels Roukn Eddin adjoignit deux de ses officiers qui pénétrèrent dans la ville et remirent aux mains de Ghias Eddin l'acte de serment et le traité. Ce prince en prit connaissance et, rassuré par la lecture de ces deux documents, il s'adressa aux gens de la ville et leur dit : « Je n'ai pas besoin de l'escorte que vous m'avez proposée; je partirai avec les officiers de ma maison et mes serviteurs. Je place ma confiance en Dieu et je m'éloigne de ma patrie pour ne point la livrer aux troubles et au désordre. Il est possible que Dieu suscite dans l'avenir un événement heureux. Je vous confie tous à la garde du Très Haut. Après mon départ, vous devrez servir mon frère et le placer sur le trône. » Il fit alors ses adieux à tous et se mit en marche suivi des membres de sa famille et des personnes attachées à son service.

### GHIAS EDDIN ABANDONNE SA PATRIE;
### ÉVÉNEMENTS QUI SIGNALÈRENT SON EXIL.

En l'année 596 (1200)[1], au moment de la prière du soir, lorsque les étoiles, semblables à des fleurs fraîchement

---

[1] L'auteur de l'histoire des Seldjoucides que j'ai déjà citée nous apprend que Ghias Eddin Keykhosrau partit de Qoniah pour l'exil le mardi septième jour du mois de Zoul Qaadèh 596 (19 août 1200):

روز سه‌شنبه هفتم ذی القعده شهر بتنك آمده غیاث الدین در میان شب از قونیه بدر آمد وکریخت

écloses, scintillent sur la pelouse azurée de la voûte céleste dont la couleur rappelle celle de la fleur du nénufar, le sultan franchit la porte de la ville suivi du cortège de ses officiers; il avait l'intention de se rendre à Aqcheher[1] et de se diriger de là sur Constantinople. Dans la hâte et la confusion du départ, les princes Izz Eddin Keykaous et Ala Eddin Keyqobad furent séparés de la personne de leur père et le sultan Ghias Eddin négligea de s'occuper d'eux. Il sortit de la ville, et lorsqu'il arriva à Ladiq[2], bourg dépendant de Qoniah, les habitants injurièrent ses officiers, en blessèrent quelques-uns et pillèrent ses bagages. Indigné de cette odieuse conduite, le sultan abandonna la route d'Aqcheher pour prendre celle de Larenda, et il adressa en toute hâte à son frère une lettre de reproches dans laquelle il se plaignait des humiliations et des opprobres infligés à la dignité royale. Cette lettre fut remise, le lendemain, par des courriers à Roukn Eddin, au moment où, après avoir fait son entrée dans la ville, il avait pris place sur le trône. Ce prince ressentit une vive indignation, mais pour se plier aux circonstances, il dut calmer son courroux. « C'est ainsi, s'écria-t-il, que mes sujets doivent traiter les ennemis de l'État et les partisans de l'autre branche de ma famille. » Il donna donc en secret à un de ses officiers l'ordre de rassurer les gens de Ladiq, et il fit proclamer que tous ceux qui avaient pillé les bagages de son frère et maltraité ses officiers eussent

---

[1] Aqcheher, l'ancienne *Antiochia ad Pisidiam*, est située dans la province de Qaraman et le district de Qoniah. Elle s'élève sur les bords d'un lac qui porte son nom. Cf. *Voyages d'Ibn Batouta*, t. II, p. 266, et le Djihan Numa de Hadji Khalfa.

[2] Ibn Batouta donne une description intéressante de cette ville (t. II, p. 271). Ladiq était connue sous le nom de *Domouzlouq* (la ville des porcs).

à se présenter devant lui. Leur conduite devait leur valoir des témoignages de sa bienveillance et de sa faveur. Ces hommes grossiers, tirant vanité de leurs crimes, accoururent tous à l'envi et se rassemblèrent au palais. Chacun d'eux apporta, pour en tirer profit, les objets dont il s'était emparé, et le sultan confia tous ces gens à la garde d'une troupe de ses soldats. Ensuite Roukn Eddin envoya chercher les princes, ses neveux; assis sur son trône, il les prit tous les deux sur ses genoux, les combla de caresses et leur donna le choix entre ces deux alternatives : ou demeurer auprès de lui, ou aller retrouver leur père. Les jeunes princes se décidèrent pour le départ, et ne purent retenir des larmes qui coulèrent le long de leurs joues rougies comme la fleur du grenadier. Le sultan en fut attendri; il leur permit sans arrière-pensée d'aller rejoindre leur père et leur offrit de riches cadeaux consistant en ceinturons ornés de pierreries. Il leur fit donner tout ce qui leur était nécessaire et digne de leur rang, et les fit partir, après les avoir confiés à la garde de quelques-uns de ses gens. Il donna ensuite l'ordre d'écorcher vifs et de mettre en croix sur les parapets des remparts les malfaiteurs de Ladiq. Ce bourg fut livré aux flammes et, depuis cette époque, il porte le nom de *Ladiq-le-Brûlé.* Une proclamation fit savoir que, désormais, tout individu ayant insulté un membre de la famille de Seldjouq subirait le même châtiment.

Ghias Eddin suspendit sa marche pour attendre ses enfants. Ceux-ci, à leur arrivée, lui firent part des bons traitements dont ils avaient été l'objet de la part de leur oncle. Les envoyés de Roukn Eddin furent donc favorablement accueillis; les excuses présentées par eux furent agréées et ils furent congédiés avec des marques de bienveillance.

Ghias Eddin se dirigea alors vers l'Arménie, gouvernée à cette époque par le Takfour Lifoun.

### ARRIVÉE DE GHIAS EDDIN EN ARMÉNIE.

Lifoun[1], apprenant l'arrivée du sultan, se porta à sa rencontre pour lui faire honneur, comme un homme dévoré par la soif se précipite vers une eau limpide. Dès qu'il aperçut le parasol béni abritant la tête du sultan, il mit pied à terre et tout son être devint une langue glorifiant Ghias Eddin Keykhosrau. Celui-ci séjourna pendant un mois en Arménie. Il se dirigea ensuite vers Abouloustan, résidence de Melik Moughis Eddin Toghroul Châh, fils de Qilidj Arslan, qui lui prodigua les égards dus à un frère. Il réunit en un conseil secret le cadi et les imams de la ville et leur déclara qu'ayant reçu de son père en apanage la ville d'Abouloustan et ses dépendances, lui, Toghroul Châh, en faisait l'abandon et la considérait comme la propriété de son seigneur et maître, le sultan Ghias Eddin Keykhosrau, son frère. On dressa un acte authentique, qui fut remis à Ghias Eddin dans un festin public. «Nous acceptons ce don, dit ce prince, mais nous le rendons à Moughis Eddin et nous en prenons à témoin tous les assistants.» Quelques jours après, Ghias Eddin se dirigea vers Malathia; prévenu de sa prochaine arrivée, le seigneur de cette ville, Mouizz Eddin Qaïcer Châh[2], s'occupa aussitôt des préparatifs de la ré-

---

[1] Léon II succéda en 1185 à son frère Rupen, qui s'était retiré dans le couvent de Drazara, près d'Anazarbe. Léon avait établi sa résidence dans la ville de Sis rebâtie par ses soins. Il fut couronné roi d'Arménie à Tarsous, le 6 janvier 1198, par Conrad de Wittelspach, archevêque de Mayence; il mourut le 2 mai 1219.

[2] Imad Eddin nous apprend qu'en l'année 587 (1191), Mouizz Eddin

ception et des banquets qu'il se proposait d'offrir, puis il se porta à la rencontre du sultan, suivi des membres de sa famille et des personnes de sa cour. Dès qu'il aperçut de loin le sultan, il descendit de cheval et vint en courant lui baiser la main. Il le supplia de pardonner à Roukn Eddin la perfidie de sa conduite et il lui exprima le déplaisir et le chagrin qu'il ressentait de l'avoir vu contraint de descendre du trône et de prendre le chemin de l'exil : il lui présenta toutes ses condoléances sur ses malheurs et les épreuves qui l'accablaient; puis il fit faire au sultan une entrée solennelle dans la ville et mit à la disposition de ses chambellans et de ses officiers les appartements du palais avec leur mobilier. Tous les jours, il offrait à son hôte de nouveaux plaisirs. Une nuit, pendant un festin, Mouizz Eddin s'approcha de Ghias Eddin, fléchit le genou devant lui et lui dit : «J'ai formé le projet, si le sultan m'y autorise, de me retirer auprès de mon beau-père Melik el-Adil. Je prie le sultan de se contenter de cette province de Malathia, jusqu'à ce que les jours de l'adversité et la funeste influence des astres aient pris fin. J'y reviendrai lorsque le sultan sera remonté sur le trône au gré de ses désirs. » Ghias Eddin écouta cette proposition en souriant. «Melik el-Adil, répondit-il, est un prince sage; il est préférable pour votre

Qaïcer Châh se réfugia en Syrie auprès de Saladin, pour échapper à la colère de son père. Saladin lui accorda la main de la fille de Melik el-Adil avec une dot de cent mille dinars. Il put, grâce à l'intervention de Saladin, retourner à Malathia. Il fut chassé de cette ville en 597 (1201) par son frère Roukn Eddin Suleyman Châh et contraint de chercher un asile à la cour de Melik el-Adil, qui lui accorda la principauté de Roha (Édesse). Lorsque Ghias Eddin Keykhosrau remonta sur le trône, Mouizz Eddin se rendit à Qoniah pour réclamer la restitution de Malathia. Elle lui fut refusée, et il retourna à Édesse. (Ibn el-Athir, t. XII, p. 111.)

repos que je me rende auprès de lui, que je demande ses conseils et connaisse ses intentions. Que Melik Mouizz Eddin conserve sa place et attende les événements dont il plaira au jongleur du destin de nous donner le spectacle derrière le rideau des incidents qui nous sont aujourd'hui cachés. » Ghias Eddin résolut alors de gagner Haleb : avant son départ, Mouizz Eddin tira de son harem un diadème de la valeur de cinquante mille dinars qu'il remit aux trésoriers du sultan avec d'autres cadeaux d'une valeur inestimable.

### ARRIVÉE DU SULTAN EN SYRIE.

Les princes de la Syrie apprirent que l'aube du ciel de la royauté allait se lever sur leur pays. Ils expédièrent au-devant du sultan les provisions et les bagages nécessaires à la réception d'un pareil hôte, et, suivis de leurs troupes et d'une nombreuse escorte, ils se portèrent à sa rencontre. Ils mirent pied à terre et eurent l'honneur de lui baiser la main, en s'écriant : « Ton arrivée ressemble à l'entrée de la pleine lune dans la mansion du bonheur! Le maître du monde est venu dans son palais et a franchi le seuil de sa demeure, il pourra attendre la cessation de la poursuite du destin et conserver une flèche dans le carquois des événements possibles.

« Nous lui offrirons tout ce que nous possédons afin d'éloigner de son cœur tout sujet de tristesse. Pour Dieu! qu'il repousse loin de lui et qu'il bannisse de son esprit les soucis rongeurs; qu'il se tranquillise en se rappelant les paroles du prince des croyants, Aly, qui a dit : « Certes, les « épreuves ont leur terme et la conduite du sage consiste à « les oublier dans le sommeil jusqu'à ce qu'il les ait dépassées », et ce distique composé par Qabous lorsque l'étendard de sa puissance était abattu : « Des étoiles innombrables brillent « au ciel, mais le soleil et la lune sont les seuls astres sujets « aux éclipses. » Pendant le temps de son séjour, le sultan était chaque jour l'hôte d'un prince qui lui offrait un banquet digne de son rang.

Le sultan Ghias Eddin forma inopinément le projet de se rendre à Amid : les princes de Syrie lui donnèrent dans la limite du possible toutes les marques de leur déférence et l'accompagnèrent, avant de lui faire leurs adieux, pendant plusieurs journées de marche. Ils s'en retournèrent après avoir reçu des vêtements d'honneur d'un grand prix.

Lorsque Ghias Eddin arriva aux frontières d'Amid, Melik Essalih [1], seigneur de cette province, qui avait épousé une des filles de Qilidj Arslan et était le beau-frère du sultan, envoya à sa rencontre ses enfants et tous ses gardes; il fit préparer le palais, dont les appartements furent ornés de meubles et d'objets précieux : il désigna, pour le servir, des pages et des jeunes filles esclaves, et deux jours après, il partit pour le recevoir, suivi du cortège des officiers de sa maison. Lorsqu'il aperçut le parasol porté au-dessus de la tête du sultan, il descendit de sa monture, mais les chambellans de Ghias Eddin coururent au-devant de lui et le firent remonter à cheval. Arrivé plus près du sultan, il voulut encore mettre pied à terre, mais celui-ci l'adjura de

---

[1] Melik Essalih Nedjm Eddin Eyyoub avait reçu de son père Melik el-Kamil les principautés d'Amid et de Hisn Keyfa. Il avait épousé une fille de Qilidj Arslan, puis une femme du harem du khalife Nassir lidin illah. Cette dernière, qui joua un rôle considérable en Égypte sous le règne de Melik Essalih et après la mort de Touranchâh, portait le nom de Chedjer Eddourr et le kounyêh de Oumm Khalil, à cause d'un fils portant ce nom qui mourut en bas âge.

n'en rien faire, et c'est à cheval que Melik Essalih lui baisa la main. Lorsqu'on fut près de la ville, ce prince mit pied à terre et, saisissant la bride du coursier du sultan, il le conduisit, en marchant à côté de son étrier, jusqu'au palais où ses fils répandirent sous ses pas des bassins remplis de pièces d'or et de pièces d'argent. Ghias Eddin prit place sur le trône et Melik Essalih lui présenta les clefs des châteaux et des places de ses États. Le sultan, étonné de ce procédé généreux, le loua sans réserve et dit à son beau-frère : « Nous acceptons ces clefs avec la plus parfaite reconnaissance et nous vous les rendons. Que Dieu veuille vous en accorder la jouissance et ajouter à celles-ci beaucoup d'autres semblables. » On étendit ensuite les nappes d'un banquet et, lorsqu'il eut pris fin, le sultan entra dans le harem royal pour y voir sa sœur. Quand les yeux de cette princesse tombèrent sur le noble visage du sultan, elle se précipita à ses pieds : « Votre servante, lui dit-elle, met à la disposition de celui qui est son souverain tout ce qu'elle possède. Demeurez dans cette ville et attendez ici l'assistance du destin et les événements qu'il plaira à la bonté divine de faire naître. Il se peut que votre exil touche bientôt à son terme. Il est possible que vous ayez de l'aversion pour des choses qui sont un bien pour vous[1]. » L'entretien du sultan avec sa sœur se prolongea pendant quelque temps, puis on fit sortir les assistants et l'on présenta à celui qui était le faucon de l'espace de la royauté quelques jeunes esclaves semblables à des paons à la taille dégagée; il passa avec elles quelques instants consacrés au plaisir et prit part ensuite à un festin pendant lequel des musiciens, par les accords mélodieux

---

[1] Qoran, chap. ii, v. 213.

de leurs luths et de leurs mandolines, réussirent à dissiper les nuages des soucis qui obscurcissaient son esprit. Après avoir séjourné pendant quelque temps à Amid, le sultan se décida à partir pour Akhlath et il se dirigea vers cette ville située dans une vaste plaine. Lorsque la nouvelle de son heureuse arrivée parvint à Melik Boulban [1], celui-ci donna l'ordre à ses enfants et à ses serviteurs de se porter à sa rencontre à la distance de cinq journées de route. Lui-même se mit en marche après eux et il accompagna à pied le sultan jusqu'au seuil de son palais. Il lui offrit de magnifiques présents et lui proposa de sacrifier pour son service tout ce qu'il possédait et même sa vie : il lui présenta les clefs de ses châteaux et les listes détaillées des trésors enfermés dans ses places fortes. Il l'assura, en faisant les serments les plus solennels, qu'il n'avait pris aucune part à sa chute. « Le caractère du Melik d'Akhlath, répondit le sultan, est trop généreux pour s'être associé à pareille entreprise; ses affirmations sont mille fois vraies. J'espère que les ruisseaux du bonheur couleront un jour dans le jardin de mes désirs et que les vœux du seigneur d'Akhlath seront exaucés. » Après avoir séjourné à Akhlath, le sultan se rendit à Djanit [2], où il s'arrêta pendant quelque temps. Il s'y embarqua pour Constantinople. Tout à coup, s'éleva un vent qui pousse les navires là où ils ne veulent point aller et ils se trouvèrent dans la situation où les flots les assaillirent de toutes parts.

---

[1] L'émir Boulban, un des esclaves de Châh Ermen Seïf Eddin Bektimour ibn Sekman, s'était emparé de la ville et du territoire d'Akhlath après le meurtre de Choudja' Eddin Qoutlough, atabek du jeune prince Bektimour.

[2] La province de Djanit (aujourd'hui Djanik), le *Pontius Polemoniacus* des anciens, fait aujourd'hui partie de l'eyalet de Trébizonde; elle a pour chef-lieu la ville de Samsoun (*Amyssus*), située sur la côte de la mer Noire.

Le vaisseau fut jeté vers la côte du pays du Maghreb où l'on fut contraint de laisser tomber l'ancre. Les passagers, les yeux noyés de larmes et les lèvres desséchées, abandonnèrent l'élément humide pour débarquer sur la terre aride. Le sultan erra pendant quelque temps dans ces parages et il put comparer les habitudes grossières des Occidentaux avec les mœurs douces et polies des Orientaux. Grâce à la considération que lui témoigna le prince des croyants Abdoul Moumin[1], que Dieu soit satisfait de lui! il fut à l'abri des coups du sort. Ce prince lui donna dans maintes circonstances et à maintes reprises des marques de sa bienveillance et de sa protection, et il lui accorda, à la fin, la permission de partir pour Constantinople.

### LE SULTAN GHIAS EDDIN KEYKHOSRAU VENANT DU PAYS DU MAGHREB ARRIVE À CONSTANTINOPLE.

Le basileus[2] qui régnait alors considéra l'arrivée du sultan comme une grande aubaine; il crut nécessaire de l'associer à sa puissance, bien plus, de lui accorder une entière indépendance dans son empire. Il lui donna place sur le trône à côté de lui dans leurs entrevues et ces deux princes se témoignaient mutuellement le plus entier abandon et la plus complète bienveillance.

Il y avait alors, auprès du basileus, un Franc célèbre par son courage et son audace, et renommé pour son intrépidité

[1] Le khalife Abd el-Moumin était mort en 558 (1163), et le prince qui régnait sur l'Espagne musulmane, le Maghreb et l'Ifriqiah, depuis 595 (1198), était son arrière petit-fils, l'émir Nassir ibn Yaqoub ben Youssouf ben Abd el-Moumin.

[2] Le trône de l'empire de Byzance était occupé par Alexis III l'Ange, qui avait succédé à son frère Isaac, détrôné le 8 avril 1195.

et sa vaillance : il pouvait à lui seul tenir tête à mille guerriers éprouvés et les combattre. Il lui était alloué une solde annuelle de dix mille dinars. Il advint que ce Franc eut un jour, au sujet de sa solde, une discussion avec les employés de l'administration. Il se présenta alors devant le basileus auquel il fit entendre de longues plaintes en se répandant en récriminations déplacées. « Le sultan est présent, lui dit le basileus en langue franque, prenez patience au sujet de ce qui vient de se passer, et demain il sera donné satisfaction à votre demande. » Le Franc persista dans son entêtement et son impudence. Son attitude irrita le sultan, qui demanda au basileus ce que disait cet officier. « Les scribes des bureaux, répondit celui-ci, ont mis quelque négligence à lui payer ce qui lui est dû. — Peut-on tolérer, répliqua le sultan, une pareille insolence de la part d'un subordonné? » Le Franc se prit alors à insulter le sultan qui, ne pouvant maîtriser sa colère, roula un mouchoir autour de sa main et asséna au-dessous de l'oreille du Franc un coup si violent, que celui-ci tomba sans connaissance au bas de son siège. Cette scène excita un violent tumulte parmi les Grecs et les Francs, qui voulurent se jeter sur le sultan pour le mettre à mort. Le basileus les arrêta en les admonestant sévèrement, descendit de son trône et fit cesser ce scandale en chassant tous ces gens hors du palais. Demeuré seul avec le sultan, il chercha, par de douces paroles, à calmer son courroux. Dominé par la colère, Ghias Eddin avait la tête en feu : il ne cessait de verser des larmes et de pousser à chaque instant de profonds soupirs en songeant à ses malheurs et à l'abaissement auquel la fortune l'avait condamné. « Vous savez, dit-il au basileus, que je suis le fils de Qilidj Arslan et que j'appartiens à la race d'Alp Arslan et de Melik Châh ;

mes aïeux et mes oncles ont conquis le monde depuis l'Orient jusqu'à l'Occident. Vos ancêtres ont constamment versé dans leur trésor le tribut qui leur était imposé, et vous-même vous étiez soumis à cette obligation. Aujourd'hui, vous permettez que, semblable à un trait du destin qui tombe du ciel, je sois précipité à terre et que l'on m'accable de marques de mépris. En apprenant ce qui vient de se passer, mes frères, dont chacun possède un royaume, s'écrieront : « Il a mangé la chair de mon frère, mais je ne l'abandonnerai pas à un autre que moi. » Ils invoqueront ce motif pour faire marcher leurs troupes contre vous et ils convertiront votre pays en un repaire de bêtes fauves et en un lieu de pâturage pour les troupeaux. » Le basileus ne se hâta pas de répondre pour laisser à l'indignation du sultan le temps de se calmer ; il lui présenta ses excuses et sollicita son pardon. « Tous les ordres donnés par le sultan à mon armée et à mon empire, dit-il, seront exécutés. — Si vos pensées sont sincères, reprit Ghias Eddin Keykhosrau, il faut que vous ne rejetiez pas ce que je vous demanderai. » Le basileus s'engagea par serment à souscrire aux désirs du sultan. « Faites-moi remettre, lui dit alors celui-ci, l'épée que j'aurai choisie, et donnez-moi un cheval digne d'être monté par des gens de guerre et de figurer dans la lice. Commandez au Franc de s'y présenter avec moi. S'il est vainqueur, je serai délivré des angoisses et des tristesses de l'exil. Si la victoire se décide en ma faveur, le basileus n'aura plus à subir les insolences et les importunités du Franc. — A Dieu ne plaise, répondit le basileus, que j'autorise pareille chose ! Si, que Dieu nous en garde ! le sultan vient à succomber sous les coups de ce Franc, je serai taxé de folie pour avoir permis à un prince de se mesurer avec un soldat et je ne pourrai échapper à la crainte de voir vos frères se venger sur moi. » Le sultan assura, avec les serments les plus terribles, que si son désir tardait à être exaucé, il mettrait fin à ses jours. Cédant à ses instances, on tira de l'arsenal des armes et une cuirasse réservées à l'empereur. Keykhosrau fit choix d'une épée et le Franc fut prévenu que le lendemain serait le jour de l'épreuve. Celui-ci passa toute la nuit à préparer ses armes; il s'attacha solidement sur la selle de son cheval et se présenta dans la lice pour soutenir le combat. La population de la ville, petits et grands, lettrés et illettrés, musulmans et chrétiens, se divisa en deux partis. Les uns penchaient pour le sultan, les autres pour le Franc et ils attendaient le spectacle du combat. L'esprit du prophète ne cessait de murmurer aux oreilles du sultan : « Dieu t'accordera son assistance et une victoire éclatante [1]. » Keykhosrau, semblable à une montagne de fer, se tenait à côté du basileus, au milieu de l'arène, et il répétait sans cesse : « Dieu suffit à celui qui a placé sa confiance en lui [2]. » Semblable au soleil dans le signe de la noblesse, il allait de côté et d'autre et, pareil à la pleine lune resplendissante, il passait devant les rangs des soldats rangés autour du champ clos [3]. Le Franc

[1] Qoran, chap. XLVIII, v. 3.
[2] Qoran, chap. LXV, v. 3.
[3] Le traducteur turc du *Seldjouq Namèh* nous a conservé les vers que, selon l'usage des anciens héros, Ghias Eddin Keykhosrau composa à sa louange au moment du combat :

و اول زمان پهلوانلری رسومنجه كندو تعریفنده بر بج بیت انشا قلدی

منم كه بر رخ كردون چو روز مشهورست هم فضایل جد ومناقب پدرم
جهان مقر شد وایام اعتراف آورد كه من خلاصهٔ تایید ومایهٔ ظفرم
بيفكنند بر و بال كركسان سپهر هر آنكهی كه ببینند تیر چار پرم
شهاب چو برق زند كوهریست بر تیغم فلك چو نور دهد قبه ایست بر سرم
به پیش من صف دشمن چگونه دارد پای كه لحظه لحظه ز اقبال می رسد حشرم

fondit sur lui, la lance en arrêt; le sultan para le coup avec son bouclier et évita un second choc; à la troisième passe, il asséna un coup terrible de sa masse d'armes, surmontée d'une tête de bœuf, au Franc adorateur du sabot de l'âne de Jésus, et il le précipita à terre. Celui-ci poussa un gémissement qui fut entendu par les habitants des abîmes les plus profonds de l'enfer.

(*Distique :*) «Je lui assénai un coup sans y mettre de précipitation : je ne me hâtai point, et ce ne fut ni par lâcheté, ni par crainte[1].»

Le cheval du Franc n'avait pu faire éviter le coup de la masse d'armes à son cavalier; celui-ci s'étant solidement attaché à la selle y demeura suspendu, évanoui et privé de sentiment. Les musulmans, le basileus, les marchands et les grands dignitaires, témoins du combat, poussèrent des cris d'admiration qui allèrent frapper la plus haute des voûtes célestes. Les Francs humiliés voulurent exciter du tumulte, mais le basileus les fit refouler et donna l'ordre d'en punir quelques-uns. Les flots agités de la mer de la sédition furent ainsi calmés. Le basileus conduisit le sultan du lieu du champ clos à son palais, et là il lui offrit des présents considérables. Pendant la nuit, ils se livrèrent ensemble jusqu'aux premières lueurs du matin aux plaisirs de la musique et du vin, et les libations de la nuit se prolongèrent jusqu'à celles que l'on fait au lever de l'aurore. Le lendemain, le basileus se rendit à la demeure du sultan, après y avoir fait porter les vases et les objets nécessaires aux banquets, et qui, amassés par ses aïeux, étaient con-

---

[1] Ce distique est tiré d'une qacidèh composée par Bal'a fils de Qaïs el-Kinany.

servés dans le trésor. Comme la veille, on ressuscita les plaisirs morts en faisant couler à flots le vin qui est un sang dont l'effusion est permise dans la religion qui a pour dogme le plaisir. Lorsque l'ivresse fut dissipée, le basileus dit au sultan : « L'affection et l'amour voués par moi du fond du cœur et de l'âme au Cosroës de l'islamisme ne sont-ils pas tels que je ne doive envisager comme un malheur la possibilité d'être séparé de lui? Je considérerai comme une calamité de ne pouvoir plus, un seul instant, reposer mes yeux sur ses traits bénis. Mais, à mon avis, le bien du sultan est préférable à l'accomplissement de ma volonté; s'il consent à se rendre auprès de Mafrazoum[1], l'un des plus grands seigneurs de la Grèce, et à demeurer auprès de lui jusqu'à ce que le feu de la haine et de la jalousie des Francs soit éteint, je n'aurai faute de lui envoyer tout ce qu'il me sera possible de lui faire parvenir. Mafrazoum, de son côté, lui témoignera les plus grands égards. Dieu fera peut-être un jour surgir un événement heureux[2]. » Keykhosrau accueillit favorablement cette ouverture. Il fit tous ses préparatifs, prit toutes ses dispositions, et au bout de quelques jours, il se dirigea, suivi des gens de sa cour et de ses officiers, vers l'île[3] où résidait Mafrazoum. Là, il oublia

---

[1] Mafrazoum est le nom défiguré de Manuel Mavrozomes qui disputa l'empire à Théodore Lascaris. Cf. *Nicetæ Choniatæ Acominati historia*. Paris, 1647, p. 403 et 404.

[2] Qoran, chap. LXV, v. 1.

[3] Aucun des historiens orientaux ne nous donne le nom de l'île de la mer de Marmara où Ghias Eddin Keykhosrau alla se fixer. Ibn el-Athir se borne à dire que ce prince se réfugia lors de la prise de Constantinople par les Francs dans un château appartenant à un des patrices les plus considérables et que ce château se trouvait dans le voisinage de Constantinople. (*El kamil fit tarikh*, t. XII, p. 131.)

les injustices de la fortune en faisant circuler les coupes remplies d'un vin couleur de rose. Lorsque les princes Izz Eddin et Ala Eddin interrompaient leurs études et quittaient l'école, ils se divertissaient en allant à la chasse et à la pêche.

Il est temps maintenant de continuer le récit du règne de Roukn Eddin Suleyman Châh.

### RÈGNE DE ROUKN EDDIN SULEYMAN CHÂH; NOBLES QUALITÉS DE CE PRINCE.

La famille de Qilidj Arslan et même la dynastie de Seldjouq n'avaient point produit un prince aussi accompli que Sultan Qahir[1] Roukn Eddin Suleyman Châh. Il était terrible à la guerre, doux et humain pour ses peuples; il portait à leurs dernières limites la dévotion, la rigidité des principes et la pureté des mœurs[2]. Rien n'altérait sa douceur et sa gravité et ses ordres étaient aussi inflexibles que ceux de la destinée. (*Distique*:) «Il montrait sa douceur lorsqu'il badinait et sa fermeté lorsqu'il s'occupait de choses sérieuses. Il savait allier la rudesse du courage à l'aménité des propos amoureux.» Il s'était désaltéré aux sources des différentes sciences et il se montrait avide d'augmenter la somme de ses connaissances. On cite parmi les productions de son esprit ce quatrain composé pendant ses démêlés avec son frère Quthb Eddin Melik Châh, seigneur de Sivas et d'Aqsera:

---

[1] Le titre de Sultan Qahir (le sultan victorieux) avait été conféré à Roukn Eddin Suleyman Châh par le khalife Nassir li din illah Aboul Abbas Ahmed.

[2] Ibn el-Athir prétend, au contraire, que Roukn Eddin professait des opinions entachées d'incrédulité.

(*Vers :*) « Ô Qouthb[1], toi qui te compares au ciel, je ne cesserai de te combattre tant que je n'aurai point entouré d'un cercle le point où tu te trouves ! Que l'on dépouille mes épaules de leur peau, si je n'arrache pas du sommet de ton crâne la touffe de cheveux qui s'y trouve. »

Lorsque le sultan Ghias Eddin eut franchi la porte de Qoniah, les notables et les principaux habitants de la ville se portèrent à la rencontre du sultan Roukn Eddin et s'excusèrent de la résistance déplacée qu'ils lui avaient opposée : il leur répondit en leur citant ce verset : « Je ne vous ferai point de reproches aujourd'hui »[2], et il leur accorda son pardon pour tout ce qui s'était passé. Il fit son entrée dans la ville sous d'heureux auspices, la tête protégée par l'ombre du parasol royal, et la splendeur de sa présence rendit au trône des Cosroès, avec les règles d'une bonne administration, l'éclat dont il avait brillé sous le règne de Kesra.

La générosité de ce prince était si grande qu'ayant reçu un jour le tribut de cinq années apporté par les ambassadeurs de Lascaris, il en fit devant eux, du bout de sa raquette, la distribution à tous ceux qui, grands ou petits, assistaient à l'audience. Ses bienfaits arrachèrent aux angoisses et aux privations de la pauvreté, pour les guider dans les jardins de l'aisance et de la richesse, les littérateurs de mérite, les poètes et les artistes. Le prince de l'éloquence Zehir Eddin Fariaby lui fit hommage de l'ode célèbre commençant par ces deux vers : (*Distique :*) « Si dans notre réunion, la bien-aimée déroule la boucle de ses che-

---

[1] Outre la signification de « pôle », le mot *Qouthb* a celle du clou ou de la pointe qui se trouve placée au centre de la plaque de cuivre circulaire de l'astrolabe.

[2] Qoran, chap. XII, v. 92.

veux qui provoque l'ivresse, le cœur, s'il ne vient point à succomber, s'attache à la vie pour jouir de ce spectacle. »

Pour récompenser Fariaby, Roukn Eddin fit remettre aux courriers qui lui avaient apporté cette ode une somme de deux mille dinars, dix chevaux, cinq mulets, cinq jeunes garçons ainsi que cinq filles esclaves et cinquante vêtements de toutes sortes.

Roukn Eddin possédait au plus haut degré l'esprit de justice et d'équité. Il avait un esclave doué des plus louables qualités, nommé Ayaz, et il ressentait pour ce jeune homme au visage de lune et dont la beauté éclipsait le soleil la plus vive affection. Un jour, Ayaz, revenant de la chasse, le faucon sur le poing, fit inopinément la rencontre d'une vieille femme portant un bol de lait caillé. L'ardeur du soleil, l'aiguillon de la soif et le besoin de se rafraîchir le poussèrent à se saisir de ce vase et à en boire le contenu. La vieille femme suivit Ayaz jusqu'à la ville et se présenta à la porte du palais du sultan en s'écriant : « Un esclave m'a enlevé sans le payer un bol de lait caillé que je destinais à la subsistance de mes enfants orphelins. » Le sultan donna l'ordre d'informer sur la plainte de cette femme victime d'une injustice. Tout à coup, Ayaz parut : « Voici, s'écria-t-elle, celui contre lequel je porte plainte. » Ayaz, redoutant le courroux du sultan, lui opposa des dénégations. « Si on lui ouvre le ventre, dit alors le sultan à cette femme, et si on n'y trouve pas le lait caillé, tu auras mérité la mort. » La vieille femme consentit à la recevoir. On fit venir aussitôt un chirurgien qui fendit le ventre d'Ayaz et retourna ses viscères et ses intestins qui furent trouvés remplis de lait caillé. Le sultan donna l'ordre de l'achever et la perte de l'objet de sa plus vive affection remplit son cœur d'un profond désespoir :

Ainsi se trouva vérifié ce dicton : « Tout ce qui nous arrive provient de nous-mêmes. » La vieille femme reçut une gratification de mille dinars [1].

Le sultan Roukn Eddin gouverna pendant quelque temps en observant les règles de la justice; mais à la fin, l'esprit de conquête s'éveilla dans son cœur et il se résolut à faire une expédition en Géorgie. J'en dirai le motif. Tamar, reine de Géorgie, qui était semblable à Balqis, avait étendu sa domination sur le pays des Abkhazes et sur Tiflis, capitale de ces contrées. Elle avait appris que Qilidj Arslan avait douze fils et que chacun d'eux était une lune dans le firmament de la beauté et un roi dans le monde de la grâce. Conformément à cet adage : « Le penchant des femmes les porte à l'amour », lorsqu'elle entendait parler d'un prince remarquable par ses charmes et la douceur de son langage, elle s'écriait avec la langue de la passion : « Les oreilles se sont éprises avant les yeux », et elle s'efforçait de faire tomber dans ses filets, soit par l'or, soit par la persuasion, le gibier, objet de ses convoitises. Elle avait envoyé dans le pays de Roum un peintre chargé de retracer les traits de chacun des princes et elle s'était sentie particulièrement captivée par ceux de Roukn Eddin Suleyman Châh : elle envoya donc une ambassade pour demander d'être unie à lui. Qilidj Arslan fit part en secret de cette proposition à son fils et lui demanda s'il y donnerait son consentement. Celui-ci manifesta la plus vive répugnance. « Comment, répondit-il à son père, le roi du monde pourrait-il consentir

---

[1] Le récit de cet acte de cruelle justice que des historiens occidentaux ont attribué à Mahomet II a été inséré textuellement par Kemal Pacha Zadèh dans le 1ᵉʳ livre de son *Nigaristan*. Cet auteur a également copié mot pour mot la fin malheureuse de l'expédition de Roukn Eddin en Géorgie.

à m'envoyer dans le repaire de l'infidélité et de l'erreur pour devenir le maître du pays des Abkhazes et pour acquérir un bien terrestre sans aucun prix? J'espère que Dieu tiendra la promesse qu'il a faite par ces mots : «Dieu nous «a promis un butin considérable[1]», en me permettant de conquérir le royaume des Abkhazes. J'y conduirai mes troupes, je le dévasterai et j'amènerai au palais du sultan cette femme impudique, prisonnière, humiliée, les pieds chargés de chaînes et traînée par les cheveux.» Le sultan Qilidj Arslan savoura le plaisir que lui causaient les nobles sentiments de son fils; il lui prodigua les plus grands éloges et s'excusa de lui avoir fait cette ouverture.

LE SULTAN ROUKN EDDIN SULEYMAN CHÂH SE DÉCIDE À ENVAHIR LA GÉORGIE ; IL EN REVIENT DÉÇU DANS SES ESPÉRANCES. MENTION DE FAKHR EDDIN BEHRAM CHÂH.

Le sultan nourrissait depuis longtemps dans son cœur le désir de tirer vengeance de la reine de Géorgie. Lorsque le pouvoir lui échut, il se dirigea vers les frontières de ce pays à la tête d'une puissante armée. Il avait auparavant expédié des courriers aux seigneurs des différents États et à ses frères pour les exciter à prendre part à la guerre et aux combats. Le premier qui vint se joindre à lui fut Moughis Eddin Toghroul Châh, seigneur d'Aboulouston; son exemple fut suivi par Melik Fakhr Eddin Behram Châh, descendant de Mangoudjik Ghazy et gendre du sultan[2]. Ce

---

[1] Qoran, chap. XLVIII, v. 20.
[2] Fakhr Eddin Behram Châh était le petit-fils de l'émir Mangoudjik, auquel le sultan Alp Arslan avait accordé en 464 (1071) le gouvernement des provinces d'Erzindjan et de Kemakh.

prince offrait un exemple unique de pureté de cœur, de régularité de conduite, de noblesse de sentiments, de continence et de chasteté. Sa clémence et sa bonté n'avaient point de limites. Sous son règne, on ne célébrait ni une noce ni une cérémonie funèbre à Erzindjan sans qu'il envoyât de sa cuisine les mets nécessaires aux repas qu'il honorait quelquefois de sa présence. Au mois de décembre, lorsque les montagnes et les plaines devenues stériles étaient dépouillées de toute végétation, on y transportait, par ses ordres, des chariots pleins de grains qui, répandus sur le sol, dans la montagne et dans la plaine, étaient destinés à nourrir les oiseaux et les animaux sauvages. Nizamy de Guendjèh lui dédia et lui envoya son *Makhzen oul Esrar* (le trésor des secrets). Behram Châh, pour l'en récompenser, lui fit cadeau d'une somme de cinq mille dinars et de cinq mulets à l'allure rapide.

Je reviens à mon récit. Fakhr Eddin expédia partout ses ordres, et conformément à sa volonté, des troupes vinrent de tous côtés le rejoindre à Erzindjan. Ala Eddin Saliqy, seigneur d'Erzen-Erroum [1], mit en avant de vains prétextes pour ne point réunir ses soldats et pour se soustraire à l'exécution d'ordres auxquels il devait soumission et obéissance. Le sultan le destitua et donna son gouvernement à Moughis Eddin Toghroul Châh [2]. Partant d'Erzen-Erroum, le sultan, monté sur un destrier aussi haut qu'une montagne, envahit le pays des Abkhazes à la tête d'une armée

---

[1] Erzeroum.

[2] La dynastie des Saliqy qui posséda la seigneurie d'Erzen-Erroum ou Erzeroum, ne compte que trois princes : l'émir Saliq, son fils Melik Mohammed et Melik Ala Eddin, qui fut privé de son gouvernement en 598 (1201).

dont les soldats étaient aussi nombreux que les étoiles[1]. Les perfides infidèles avaient fait une levée en masse; les deux armées éprouvèrent de si grandes pertes que, sur le champ de bataille, on voyait, de tous côtés, s'élever des collines formées par des cadavres. Une grande victoire sembla se déclarer en faveur des musulmans et il s'en fallut de peu que les mécréants ne s'écriassent : « Ils tournent le dos »[2], lorsque le décret de Dieu, qui avait ordonné un événement prédestiné[3], arracha des mains des vrais croyants les rênes de leurs espérances. Le cheval monté par l'officier portant le parasol du sultan enfonça son pied dans le trou d'une gerboise; il s'abattit et le parasol fut précipité à terre. A cette vue, les musulmans s'imaginèrent que les infidèles avaient réussi, par un stratagème, à percer le centre de l'armée et qu'un malheur était arrivé au sultan. Ils jetèrent leurs traits et leurs sabres : l'attaque se changea en déroute; celui qui frappait fut frappé, celui qui donnait la mort la reçut. Le prisonnier devint émir et l'émir devint prisonnier, et tout cela fut pour Dieu une chose facile. Mèlik Fakhr Eddin, renversé de cheval ainsi qu'une troupe de ses gardes, fut fait prisonnier. Roukn Eddin et Moughis Eddin, suivis d'un détachement de soldats, se réfugièrent à Erzen-Erroum[4]; Roukn Eddin, après y avoir pris quelque repos et avoir pansé ses blessures, prit la route du pays de Roum et

---

[1] Le traducteur turc nous apprend que l'armée de Roukn Eddin Suleyman Châh était formée de contingents fournis par des tribus kurdes et les tribus turkomanes des Gay et des Salor.

[2] Qoran, chap. xvii, v. 49.

[3] Qoran, chap. xxxiii, v. 38.

[4] On peut consulter sur l'expédition de Roukn Eddin en Géorgie l'*Histoire de la Géorgie depuis l'antiquité jusqu'au xixe siècle*, traduite par M. Brosset, Saint-Pétersbourg, 1849, t. 1, p. 456-463.

rentra à Qoniah. Il songeait à organiser une nouvelle expédition et à pénétrer une seconde fois en Géorgie pour faire valoir de nouveau ses prétentions, lorsqu'il fut atteint d'une maladie à laquelle il succomba en l'année 601 (1204). (*Distique arabe :*) «Nous l'avons perdu lorsqu'il avait atteint la perfection et qu'il était arrivé au faîte de la grandeur. Ainsi l'éclipse obscurcit le disque de la lune lorsqu'elle est dans son plein.» (*Distique persan :*) «Ce bas monde n'est en définitive que de la poussière; il nous donne le poison et non pas la thériaque.»

## RÈGNE D'IZZ EDDIN QILIDJ ARSLAN,
### FILS DE ROUKN EDDIN SULEYMAN CHÂH.

Lorsque le sultan Roukn Eddin eut choisi le paradis pour sa demeure, les grands dignitaires de l'État, tels que Nouh Alp, l'émir Mendèh, Tourèh beik, venus de Toqat pour se ranger sous les drapeaux du sultan, étaient investis des plus hautes fonctions et initiés aux secrets de l'État. Ils firent asseoir sur le trône le fils de Roukn Eddin, Izz Eddin Qilidj Arslan, qui n'avait point encore atteint l'âge de l'adolescence. Ces émirs, par reconnaissance pour les bienfaits dont ils avaient été comblés par son père, expédièrent les affaires de l'État, et la prise d'Isparta, l'une des places les plus fortes de la côte de la mer d'Occident[1], eut lieu pendant le règne de cet enfant encore innocent. Les princes musulmans, ceux de l'empire de Byzance et de l'Arménie lui prêtèrent serment de fidélité et continuèrent comme par le passé à verser au trésor royal leur tribut et leurs impôts.

[1] Isparta dépendait au XIIIe siècle de la province d'Anthaliah, qui s'étend le long de la côte de la Méditerranée : elle est aujourd'hui le chef-lieu du district de Hamid.

Les événements qui mirent fin au règne d'Izz Eddin seront racontés plus loin.

Mouzaffer Eddin Mahmoud, Zehir Eddin Ily et Bedr Eddin Youssouf, fils de Yaghy Bissan, partisans de Ghias Eddin Keykhosrau, se conduisaient avec hypocrisie et avaient dévié de la voie de la loyauté et de la fidélité. Ces trois frères étaient les chefs et les commandants des guerriers de la tribu des Oudj [1]. Ils attirèrent dans le parti de Ghias Eddin les émirs des différentes provinces et se lièrent les uns aux autres par des serments, par des lettres et par des engagements. Ils chargèrent le chambellan Zekerya de ramener Ghias Eddin Keykhosrau. Ce Zekerya s'était fait remarquer par son intelligence et ses capacités et par la connaissance qu'il avait acquise de plusieurs langues et de plusieurs dialectes. Ils enfermèrent dans un bâton creux leurs lettres et le texte des engagements qu'ils avaient pris les uns vis-à-vis des autres, et ils firent revêtir à Zekerya un habit de moine. Au moment de son départ, ils lui firent les plus brillantes promesses. Arrivé dans le pays gouverné par Mafrazoum, Zekerya reconnut la demeure du sultan et erra autour d'elle en épiant une occasion favorable. Un jour, au moment de la grande chaleur, il aperçut les jeunes princes se rendant à la promenade, suivis d'une troupe de pages; ils s'établirent sur le bord d'une prairie dont les

---

[1] La tribu turkomane des Oudj était répandue dans toute l'Asie Mineure. L'armée de Frédéric Barberousse rencontra à son entrée en Asie Mineure les Turkomans Oudj qui pillèrent les bagages des Allemands et les inquiétèrent dans leur marche depuis Qoniah jusqu'aux frontières de la Cilicie. Cf. *Géographie d'Aboul Féda,* trad. de St. Guyard, 2ᵉ partie, page 134, Ibn el-Athir, t. XII, pages 38 et 203, et la lettre du Catholicos arménien résidant à Qalaat-Erroum, insérée par Beha Eddin dans son *Histoire de Saladin,* éd. de Schultens, Leyde, 1755, pages 120-123.

herbes fraîches ressemblaient au duvet qui entoure la joue des jeunes beautés, et là, se livrant à des jeux enfantins, ils se mirent à construire un moulin. Zekerya se dressa devant Izz Eddin dont la beauté était sans rivale et dont les traits étaient si charmants que l'artiste qui a dit : « Il vous a formés et vous a doués de beauté[1] », n'avait point créé dans l'atelier de l'existence une figure aussi belle que la sienne, et il lui déroba un baiser qui eût été le viatique du bonheur éternel. Le prince, indigné et échauffé par la colère, courut en toute hâte auprès de son père et lui fit part de ce qui venait de se passer. Le sultan envoya chercher Zekerya et lorsque celui-ci parut, Mafrazoum donna l'ordre de le livrer au supplice. Zekerya, redoutant le déshonneur, découvrit ses sourcils pour se faire reconnaître et souleva le bord du bonnet qui cachait son front. Le sultan le reconnut alors et prescrivit de cesser toute information, en donnant à ce sujet à Mafrazoum un prétexte plausible qui pouvait servir d'excuse; puis il commanda, en langue persane, à un de ses officiers de conduire Zekerya dans un endroit écarté. Lorsque tous les indiscrets se furent éloignés, il envoya chercher Zekerya qui accourut semblable au bonheur et entra d'un air triomphant. « L'action audacieuse que j'ai commise, dit-il au sultan, n'avait d'autre but que celui de m'approcher de vous. — Comment est mon frère? lui demanda Ghias Eddin. — Il est parvenu au faîte de la grandeur, répondit Zekerya; il a conquis le pays des Abkhazes et a pris possession de la Géorgie », et en parlant, il se mit à sourire. Keykhosrau lui en demanda le motif, et Zekerya, se rapprochant, lui exposa la situation dans tous ses détails

---

[1] Qoran, chap. LXIV, v. 3.

et plaça devant lui les lettres et le texte des engagements qui lui avaient été confiés. Ghias Eddin Keykhosrau en prit connaissance, et, bien qu'il eût le cœur en feu par suite des procédés tyranniques de son frère à son égard et des très graves injustices qu'il lui avait fait subir, il versa néanmoins des larmes abondantes en apprenant sa mort, et il donna des marques d'une vive douleur. Il fit ensuite appeler Mafrazoum et le mit au courant de la situation; puis, il consacra trois jours aux cérémonies du deuil, et le quatrième jour, il annonça son dessein arrêté de rentrer dans ses États héréditaires. «J'ai fait pour vous, lui dit Mafrazoum, le sacrifice de tout ce que je possède; prenez toutes les dispositions nécessaires pour votre voyage et je vous accompagnerai en marchant à pied à côté de l'étrier royal.» Mafrazoum avait précédemment uni sa fille au sultan par les liens du mariage et il avait donné son fils pour qu'il fût admis au nombre des officiers de la cour. Au moment de partir, le sultan fit à tous les plus brillantes promesses et se mit en marche. Lorsqu'il arriva à Nicée, le basileus[1] s'opposa à son passage. «Je suis lié, lui dit celui-ci, au fils de Roukn Eddin par des serments solennels; il m'est impossible de permettre au sultan de pénétrer dans ses États.» Plusieurs jours se passèrent en pourparlers : il fut enfin convenu que le sultan Ghias Eddin Keykhosrau ferait aux lieutenants du basileus la remise des villes de Khonas[2] et

---

[1] Le basileus dont il est ici question est Théodore Lascaris qui passa en Asie Mineure, après la prise de Constantinople par les Croisés. Il porta d'abord le titre de despote et se fit proclamer empereur à Nicée en 1206.

[2] Khonas ou Khonaz, patrie de l'historien Nicetas Acominatus, est l'ancienne ville de Colosses, dont les ruines se voient à l'est de Denizly, au pied du Baba Dagh, l'ancien mont Cadmus. Constantin Porphyrogénète nous apprend

de Ladiq, ainsi que de tout le territoire conquis par les Seldjoucides et s'étendant jusqu'aux limites de la province de Qoniah. Ses fils et Zekerya devaient être laissés comme otages et, à ces conditions, le sultan pourrait continuer sa marche; lorsqu'il serait remonté sur le trône et que le territoire, objet de la convention, aurait été remis aux délégués du basileus, les fils du sultan seraient rendus à la liberté et renvoyés. Ces stipulations réglées, le sultan, accompagné par Mafrazoum et par tous ses gens, se mit en route et atteignit le pays occupé par les Oudj.

Quelques jours s'écoulèrent; Zekerya se rendit alors auprès du basileus : « Les fils du sultan, lui dit-il, sont d'une complexion délicate; ils ne peuvent supporter sans ennui l'obligation de rester enfermés dans une maison. » Le basileus leur accorda donc la permission de sortir deux fois par jour et de se promener à cheval dans la charmante plaine de Nicée. Zekerya avait réussi à conquérir par des cadeaux et des présents les sympathies de quelques officiers du basileus, et il obtint d'eux, pour la réalisation de ses projets, des engagements et des stipulations écrites qui furent confirmés par des serments sur l'Évangile et sur la croix. Un jour, au moment de la prière de l'après-midi, les princes montèrent à cheval pour se rendre à la chasse. Tout à coup ils virent se lever devant eux un sanglier qui, effrayé par les épées, les sabres et les flèches, se mit à fuir dans la direction du pays de l'islamisme. Ce fait fut considéré par les jeunes princes comme un augure favorable et ils s'écrièrent : (*Vers:*) « Aujourd'hui, tout dans ce monde favorise nos désirs et, dans son mouvement de rotation, la sphère céleste est

qu'il existait à Khonas une église célèbre dédiée à l'archange saint Michel. Constant. Porphyrogen., *De thematibus*, Bonn, 1840, p. 24.

notre esclave. Notre nom est inscrit dans le diplôme de la royauté émané de Dieu, et nous n'en avons l'obligation à aucune créature. » Ils continuèrent leur route avec l'impétuosité d'un ouragan et la rapidité d'un coup de vent; ils franchirent les plaines et les déserts, et lorsque la clarté du jour succéda aux ténèbres de la nuit, ils étaient arrivés aux frontières du pays de l'islamisme. Le sultan s'y trouvait encore occupé à régler les affaires des Oudj et il s'assurait les sympathies et l'appui des émirs de cette contrée. Zekerya lui expédia un courrier pour le prier de ne point remettre aux délégués du basileus les villes et les territoires dont il avait promis la restitution, car la situation avait changé de face. En apprenant que ses fils, apparaissant comme des étoiles, avaient atteint la frontière sains et saufs et qu'ils se trouvaient sur les confins des États de leurs ancêtres, le sultan lança au ciel de la joie le bonnet de l'allégresse, et, après avoir réglé les affaires des Oudj, il marcha en toute hâte sur Qoniah dans le courant du mois de Redjeb de l'année 602 (février 1206).

### GHIAS EDDIN KEYKHOSRAU,
#### FILS DE QILIDJ ARSLAN, ASSIÈGE QONIAH.

Les habitants de Qoniah, informés de l'approche de Keykhosrau, repoussèrent toute idée de paix[1] et résolurent de le combattre pour rester fidèles à Izz Eddin, fils de Roukn Eddin Suleyman Châh. Inspiré par le démon de l'orgueil,

---

[1] Littéralement : «Les habitants de Qoniah, apprenant l'arrivée du sultan, accordèrent la harpe des subterfuges sur la note de la fidélité à l'égard du fils du sultan Roukn Eddin Suleyman Châh, et ils mirent de côté le *qanoun* de la paix.»

Keykhosrau donna l'ordre d'abattre à coups de hache tous les arbres des jardins qui entouraient la ville et de démolir et d'incendier toutes les maisons de plaisance et les habitations éloignées ou rapprochées [1]. Izz Eddin dit aux habitants de la ville : « Je sais que mon oncle est résolu à se venger: il ne m'épargnera pas et ne montrera aucune pitié pour moi ; je considérerai comme un grand bienfait de me voir accorder la vie sauve. Quant à vous, n'abandonnez pas vos intérêts. » Les habitants de Qoniah envoyèrent un délégué au sultan à l'effet d'ouvrir des négociations. Ils lui demandèrent d'accorder à son neveu le même traitement que celui dont Roukn Eddin avait usé à l'égard des fils de Keykhosrau et de lui donner une province en apanage. Ces conditions étant accordées, Izz Eddin quitterait alors la ville et serait conduit devant Keykhosrau pour être admis à l'honneur de lui baiser la main; puis le sultan ferait son entrée sous les plus heureux auspices. Le sultan donna son agrément à ces stipulations et décida que la seigneurie de Toqat, possédée par Roukn Eddin avant son avènement au trône, serait donnée à Izz Eddin. Des lettres patentes furent aussitôt rédigées. Les notables de Qoniah, après avoir pris connaissance des engagements arrêtés et des diplômes, conduisirent, sans éprouver d'appréhension et en toute tranquillité d'esprit, Izz Eddin auprès de son oncle. Celui-ci envoya à la rencontre de son neveu ses deux fils, Izz Eddin Keykaous et Ala Eddin Keyqobad. Lorsque Izz Eddin Qilidj

---

[1] Ghias Eddin Keykhosrau essuya d'abord un échec devant Qoniah et fut obligé de se réfugier à Okrum, petit bourg des environs de cette ville. La révolte des habitants d'Aqsera, qui chassèrent leur gouverneur et reconnurent l'autorité de Ghias Eddin, détermina les habitants de Qoniah à capituler. (*Ibn el-Athir*, t. XII, p. 131.)

Arslan fut en présence de son oncle, il baisa la terre devant lui et voulut se tenir debout, les mains croisées sur la poitrine, mais le sultan ne le permit pas; il le fit asseoir auprès de lui, et après l'avoir embrassé sur les joues, il le prit sur ses genoux et s'appliqua à le rassurer complètement. Il le fit revêtir d'un habit royal et ordonna qu'après avoir demeuré pendant quelques jours dans le château de Cavalèh, il serait conduit à Toqat[1].

### GHIAS EDDIN FAIT SON ENTRÉE DANS LA VILLE DE QONIAH ET PREND PLACE SUR LE TRÔNE ROYAL.

Le lendemain, au lever du roi des astres, le sultan semblable au soleil fit son entrée dans la ville de Qoniah, où il vaut mieux vivre un jour que mille mois dans une autre cité. Sa tête était abritée par un parasol d'étoffe noire, emblème de l'assistance et de l'appui qu'il accordait aux habitants du monde. Il était entouré de troupes dont la marche était l'image des flots agités de la mer verdâtre et de soldats aussi innombrables que les gouttes de la pluie. Il retira son pied de l'étrier qui assure le repos du monde pour le placer sur le trône de nos nobles aïeux. Cet événement combla de joie les grands et les petits, et l'armée et le peuple firent éclater les transports de leur affection et de leur amour. (*Vers:*) «Lorsqu'il posa sur sa tête la couronne de la grandeur, celle-ci en tressaillit d'allégresse et lui-même en ressentit une joie extrême. Il remplaça partout la misère par l'abondance et la prospérité, et le bonheur

---

[1] Izz Eddin Qilidj Arslan fut gardé prisonnier dans le château de Cavalèh jusqu'à sa mort.

succéda au chagrin dans le cœur des affligés. » Mafrazoum fut comblé des plus grandes faveurs et investi des plus hautes dignités. Melik Izz Eddin Keykaous reçut en apanage Malathia et son territoire, et Melik Ala Eddin Keyqobad, la province de Danichmend avec toutes ses dépendances. Ghias Eddin Keykhosrau envoya aux souverains et aux princes des différents États des lettres et des ambassadeurs, pour leur notifier les faveurs qu'il venait de recevoir du bonheur et l'assistance que lui avait accordée la fortune.

Le cheikh Medjd Eddin Ishaq avait quitté le pays de Roum pour se réfugier en Syrie lorsque le sultan avait pris la route de l'exil; ce prince lui adressa ces vers charmants pour l'inviter à revenir auprès de lui : ( *Vers :*) « O toi dont le caractère loyal et pur est orné des vertus célestes, tu es la couronne de ceux qui siègent dans l'assemblée des frères[1]; tu es l'honneur de tes égaux, la merveille de l'univers. C'est toi, ô Medjd Eddin Ishaq, qui occupes le rang de juge suprême dans l'Islamisme. Que celui qui nous est cher, celui qui est pour nous un digne compagnon, un ange dont la présence nous est aussi nécessaire que notre âme, puisse voir son existence prolongée jusqu'au jour de la résurrection! Que sa considération et son rang s'élèvent sans cesse! Que la main de l'adversité se détourne de lui et que l'œil de l'infortune soit pour lui frappé de cécité! O toi qui as les vertus d'un saint, qui es le prophète de la loi traditionnelle, si je te racontais maintenant les épreuves que m'a fait subir la fortune acariâtre, l'encre qui se trouve à la pointe de mon

---

[1] Il s'agit dans ce passage des associations religieuses dont les membres prenaient le nom de frères et sur lesquelles, comme je l'ai fait remarquer plus haut, Ibn Batouta a donné quelques détails dans le récit de son voyage en Asie Mineure.

qalem se changerait en sang. Tu as vu une assemblée de juges illustres me dépouiller des biens de ce monde et me ravir violemment le pouvoir souverain pour le confier à un homme brutal et dépourvu de toute honte. J'ai erré dans l'univers à l'exemple de Djem, le cœur gonflé de chagrin. Tantôt j'étais en Syrie, tantôt en Arménie; tantôt j'étais sur le sommet des montagnes, tantôt sur leurs pentes. Quelquefois, semblable à un requin, je traversais les mers; quelquefois, pareil à une panthère, je parcourais les déserts. Une fois j'étais à Constantinople, une autre fois dans les camps. On me vit dans le Maghreb et dans le pays des Berbers. La fortune à deux faces me força de mettre l'épée à la main, de monter à cheval et de combattre les Francs. J'ai assisté à des batailles, j'ai pris part à des combats, j'ai asséné des coups et reçu des blessures. Souvent je n'avais pour nourriture que le repentir et le chagrin, et mon esprit était agité par la perte de mes amis. Ceux-ci, comme des faucons auxquels on a arraché les ailes, étaient dispersés et, comme moi, errants dans le monde. Lorsque la bonté divine se manifesta de nouveau pour moi et que le ciel dans son mouvement de rotation me témoigna une sympathie sincère, j'eus des songes heureux; dans ces rêves, je voyais les signes du retour de la fortune et je me dirigeais vers le pays des Turkomans[1]; tout à coup un messager de bonheur se présenta à moi; il m'apprit la mort de mon

---

[1] J'ai traduit les mots اﻻت (بلاد) par « le pays des Turkomans ». Alaman est le terme qui leur sert à désigner les expéditions qu'ils font en territoire ennemi. Les géographes et les historiens contemporains nous apprennent, en effet, que les guerriers des tribus turkomanes de l'Asie Mineure faisaient constamment des incursions dans les contrées occupées par les chrétiens, qu'ils s'y livraient au pillage et en ramenaient des prisonniers qu'ils vendaient comme esclaves.

rival et la vacance du trône. « Allons, me dit-il, sois joyeux, « car tu retrouveras le pouvoir! » Il me remit alors des lettres écrites par les plus grands personnages des provinces et les messages envoyés par les plus nobles seigneurs. « Nous tous, me dit-il, nous faisons des vœux pour toi; « sois heureux, ô toi qui es notre guide, car tous nos efforts « te sont acquis. » A chaque instant, un héraut céleste, inspiré par Dieu, murmurait à mon oreille : « Hâte-toi; « presse ta marche! » Je revins donc sur le rivage de la mer, et dans ce moment-là, quelle crainte pouvaient m'inspirer les flots et les tempêtes? J'abrège mon récit; je traversai la mer; puisses-tu ne jamais voir ce dont j'ai été témoin! J'arrivai heureusement à Bourghoulou au gré de mes désirs, je trouvai une province agitée comme une plume emportée par le vent. Quelques fauteurs de désordre, après avoir sellé le cheval de la violence et de l'injustice, tentèrent de susciter des troubles. N'ayant ni partisans, ni soldats, privés de tout appui, ils furent réduits à l'impuissance, après avoir été rudement châtiés. Enfin, ma fortune remporta la victoire, m'assura la souveraineté, et le royaume fut tout entier réduit sous mes lois. Il est aujourd'hui soumis à mes volontés et aux vôtres. Mes partisans dévoués, grâce à la faveur divine, se sont, avec mes amis, réunis autour de moi. Allons! c'est le moment de revenir ici et de reprendre ta place. S'il reste encore de la terre [de l'exil] sur ta tête, viens la laver ici. »

Lorsque cette gracieuse invitation parvint à celui qui était le modèle des nations, il mit une nouvelle ardeur dans les vœux qu'il formait pour le sultan et il redoubla ses louanges. Keykhosrau, pour lui donner une preuve de sa déférence, se porta à sa rencontre avec le plus grand empressement et lui prodigua les marques de sa bienveillance. Izz Eddin fut conduit à Malathia par le cheikh Medjd Eddin Ishaq et Ala Eddin fut envoyé à Toqat, en compagnie de gens choisis pour leur mérite.

Après son entrée à Qoniah, Keykhosrau commit une action sans précédent qui fut l'objet de la réprobation universelle. Il condamna à mort le cheikh Termizy, que l'on pouvait mettre de pair avec l'imam Aboul Leïs de Samarqand[1]. Cette exécution fut motivée par le fetva rendu par ce magistrat au moment du siège, et les habitants s'appuyèrent sur cette décision pour justifier leur résistance. Ce fetva faisait mention des sympathies témoignées par le sultan aux infidèles et du fait que, pendant son séjour dans leur pays, ce prince avait commis des actes réprouvés par la loi et s'était ainsi rendu indigne du pouvoir souverain. L'effusion de ce sang injustement répandu exerça une influence néfaste. Pendant trois années, les habitants de la banlieue et des environs de Qoniah ne récoltèrent pas leurs moissons et ne recueillirent pas les fruits de leurs vergers. A la fin, le sultan témoigna un vif repentir : il combla de biens les héritiers et les descendants du cadi et il sollicita leur pardon en leur présentant toutes ses excuses.

### CONQUÊTE D'ANTHALIA PAR LE SULTAN GHIAS EDDIN KEYKHOSRAU.

Un jour, le sultan, assis sur son trône, rendait la justice selon une habitude consacrée. Tout à coup, une troupe de marchands, les vêtements déchirés, la tête couverte de poussière, se précipitèrent dans la salle d'audience. « O roi

[1] L'imam Aboul Leïs Nasr ibn Mohammed Samarqandy est l'auteur du célèbre ouvrage intitulé تنبيه الغافلين «l'admonestation adressée aux négligents». L'imam Aboul Leïs mourut en 375 (985).

dont l'étoile brille au faîte du firmament, s'écrièrent-ils, nous sommes une compagnie de marchands, et, pour assurer à nos enfants une subsistance légitime, nous affrontons des périls de tout genre et nous entreprenons de pénibles voyages. Quand nous cherchons à nous assurer ce gain, nos enfants, le doigt continuellement posé sur les lèvres, l'oreille tendue vers la porte et les yeux fixés sur la route, se demandent quand un père pourra voir le visage de son fils et quand un frère pourra recevoir des lettres de son frère. Dernièrement, à notre retour d'Égypte, nous avons passé par Alexandrie et nous nous y sommes embarqués pour nous rendre à la place forte d'Anthalia [1]. Là, nous fûmes en butte à des vexations et, sans que nous ayons été passibles d'aucune amende, les fonctionnaires francs se sont emparés violemment de nos biens, esclaves ou marchandises, objets précieux ou de peu de valeur. « Le sultan qui réside « à Qoniah, ajoutèrent-ils ironiquement, est un prince juste « et victorieux dans ses guerres contre les infidèles; il a étendu « devant lui le tapis de l'équité: portez-lui vos plaintes, qu'il « fasse marcher une armée contre nous; qu'il nous batte et « qu'il nous disperse. » Le sultan fut attendri à la vue de leur misère et de leur dénuement; enflammé de colère, il jura par le Dieu éternel qu'il n'aurait pas de repos tant qu'il ne leur aurait pas restitué leurs biens. « J'ai goûté les amertumes de l'exil, leur dit-il, et j'ai éprouvé les injustices des méchants. (*Vers :*) Je connais votre situation, malheureux que vous êtes! car j'ai porté un bonnet fait du même feutre que les vôtres. » Des ordres pour une prompte levée de

---

[1] Nicétas nous apprend qu'Anthalia était au pouvoir d'un Italien élevé en Grèce, nommé Aldobrandini.

troupes furent expédiés dans les différentes provinces et une armée considérable fut bientôt réunie. Le sultan, s'appuyant sur la bonté divine, se dirigea vers le pays des infidèles à la tête de soldats valeureux, et il atteignit les frontières après quelques journées de marche. La ville d'Anthalia fut investie par ces guerriers audacieux qui, au moment du danger, se seraient précipités dans la gueule des lions. On traça tout autour d'Anthalia un cercle semblable à celui du malheur. Les machines de guerre furent dressées et, pendant deux mois, on se battit devant la place assiégée du matin au soir. Ces combats n'affaiblissant point les défenseurs de la ville, le sultan donna l'ordre de renoncer aux masses d'armes et aux lances et de décocher, sans interruption, des flèches afin de ne laisser aucun répit aux Francs et de les empêcher d'observer du haut des parapets des murailles les mouvements des assiégeants. Il commanda à ces héros invincibles d'appliquer des échelles contre les murailles et de faire briller leur bravoure. Ces ordres, transmis aux troupes, causèrent parmi elles une agitation semblable à celle des sauterelles et des fourmis. En moins d'une heure, des échelles dont la longueur aurait permis d'atteindre le haut du firmament furent dressées contre chaque créneau des murs de la ville. Le premier qui mit le pied sur le faîte du rempart et renversa quelques ennemis fut un des vieux sipahis de Qoniah, nommé Houssam Eddin Boulouq Arslan; avec l'impétuosité d'un léopard, il monta à l'assaut, l'épée à la main, le casque en tête et couvert d'une cuirasse. Il se précipita sur les Francs et fit faire à quelques-uns d'entre eux le voyage de l'enfer. Ceux qui échappèrent à ses coups prirent la fuite sans oser lui résister. Semblables à un tourbillon de vent qui passe sur la montagne, les soldats les plus vaillants se précipitèrent de toutes parts sur le haut des murs, l'épée à la main, et plantèrent au sommet de la muraille l'étendard du sultan ; puis, comme des aigles qui s'abattent sur leur proie, ils se jetèrent dans la ville dont ils ouvrirent les portes après en avoir brisé les serrures à coups de masses d'armes et de massues. Pendant toute la durée du siège, les Francs avaient accablé les musulmans de grossières injures. Pour les punir, le sultan fit, pendant trois jours, passer les habitants au fil de l'épée; le sang des infidèles couvrit alors d'un rouge tapis la surface de la mer verdâtre et les oiseaux et les poissons prirent leur part du festin fourni par les cadavres de ces misérables. L'ordre fut ensuite donné de cesser le massacre et de remettre les épées au fourreau. Le reste des malheureux, épargné par le sabre, fut réduit en esclavage et dépouillé de ses biens. Pendant cinq autres jours, les flots du pillage battirent les murailles de la ville et la submergèrent. Le sixième jour, le gouvernement d'Anthalia fut donné à l'émir Moubariz Eddin Ouzounqach, un des officiers attachés à la personne du sultan qu'il avait suivi dans l'exil. La prise d'Anthalia eut lieu dans le courant du mois de Chaaban de l'année 603 (mars 1207)[1]. Le sultan, suivi de ses gardes, fit son entrée dans la ville et accorda une amnistie; il y sé-

---

[1] Selon Ibn el-Athir, Anthalia capitula le 3 du mois de Chaaban (5 mars). Ghias Eddin avait inutilement assiégé la ville, qui avait reçu un secours de Chypre, et était retourné à Qoniah, après avoir laissé dans les montagnes un corps de troupes chargé d'empêcher le ravitaillement d'Anthalia. Averti de la détresse des habitants qui voulaient se rendre et désiraient voir les Francs évacuer la ville, Ghias Eddin quitta Qoniah, et à son arrivée à Anthalia, il reçut la soumission de la population grecque. Les Francs se réfugièrent dans le château et y furent massacrés jusqu'au dernier. (*El-Kamil fit tarikh*, t. XII, p. 167.)

journa pendant quelque temps pour faire réparer les brèches pratiquées dans les murailles pendant le siège. Il y établit un cadi, un prédicateur, un imam et un muezzin; il fit dresser un mimber et édifier un mihrab. Après avoir pris toutes ces mesures, il se mit en route pour retourner à Qoniah, sa capitale. A la première étape en suivant la côte, il prescrivit aux fonctionnaires du divan royal de s'arrêter à Doudan et de réunir le cinquième du butin formant sa part; il fit appeler les négociants qui l'avaient accompagné dans cette expédition et auxquels les écuries et les cuisines royales avaient fourni les montures et les vivres. Il leur demanda la liste des marchandises perdues par eux afin de leur restituer tout ce qui serait retrouvé parmi les objets pillés par les soldats. Un ordre expédié à Moubariz Eddin lui enjoignit de les rechercher dans ce qui était resté à Anthalia : la valeur de ce qui ne fut pas retrouvé fut prélevée sur la part du sultan, car les injustices dont les marchands avaient été les victimes avaient provoqué cette conquête. Le sultan, voyant tous ses désirs accomplis, revint à Qoniah. Que les grands de la terre prennent exemple sur lui!

### LE SULTAN TOURNE SES ARMES CONTRE LES GRECS ET IL EST ÉLEVÉ AU RANG DE MARTYR DE LA FOI.

Après son retour d'Anthalia, le sultan confia la garde de cette nouvelle conquête à d'anciens serviteurs de l'État. Tous les potentats de l'époque, tous les fiers monarques du siècle se soumirent à ses ordres et s'unirent et s'attachèrent à lui. On ne pouvait supposer que le nœud de cette puissance serait délié et que le soleil de cette prospérité entrerait dans son déclin. Mais le bateleur de la destinée fit voir des tours extraordinaires derrière le rideau et montra des figures qui excitèrent l'étonnement. L'ambition poussa le sultan à diriger une expédition contre la partie du pays de Roum soumise à Lascaris. Le prétexte de cette agression fut le fait, rapporté plus haut, que Lascaris avait mis obstacle à la sortie du sultan hors de ses États et à son entrée dans les pays de l'islamisme. Après l'avènement de Keykhosrau, Lascaris montra peu d'empressement à acquitter le tribut, à exécuter les ordres qu'il recevait et à remplir les obligations qui lui incombaient. Le sultan réunit un jour, en un conseil secret, les ministres d'État pour leur exposer les raisons qui le déterminaient à marcher contre Lascaris. « Si, leur dit-il, nous ne nous opposons pas à ses actes orgueilleux et à ses bravades, la situation deviendra des plus graves. » Les grands dignitaires répliquèrent que « rompre des traités était une action blâmable ne pouvant aboutir qu'à des calamités et qu'un faux serment prémédité livrerait l'État à ses ennemis. Le dessein formé par le sultan ne pouvait avoir pour résultat que la ruine du royaume et le désordre dans le gouvernement. La porte des promesses et des menaces n'était point encore fermée; il fallait donc envoyer à Lascaris des ambassadeurs chargés de lui faire de vives représentations et de sévères reproches. S'il implorait son pardon et s'il présentait des excuses, il faudrait lui appliquer le sens de ce verset : « Je ne vous ferai point aujourd'hui de reproches[1] »; mais s'il persistait dans sa conduite hypocrite et dans son hostilité, il faudrait recourir au remède extrême, à l'application du feu. » « (*Distique :*) User de générosité, repartit le « sultan, quand il faut se servir du glaive, est aussi préju-

---

[1] Qoran, chap. xii, v. 92.

« diciable pour l'honneur que de se servir du glaive, quand
« il faut user de générosité. » Quand on doit piquer avec la
lancette et le bistouri formés d'acier indien, administrer un
sirop de sucre et de jujube n'offre aucune utilité. « Il est
« inutile que tu les avertisses, car ils ne croiront pas[1]. » Des
ordres furent donc expédiés dans toutes les parties du
royaume pour exciter les émirs grands et petits placés à la
tête des troupes à se préparer aux combats et à prendre
part à la guerre sainte contre les infidèles. Conformément
à ces ordres, les chefs de corps, les officiers de troupes
déployèrent le plus grand zèle et se rendirent au camp
suivis d'innombrables soldats dont l'aspect inspirait une
telle terreur, que le lion de la terre allongeait ses griffes et
l'aigle du ciel déployait ses ailes. Lorsque l'armée approcha
d'Alacheher[2], une des plus grandes villes du pays de Roum,
Lascaris fut averti par ses espions de la marche des étendards royaux. Il expédia en toute hâte aux différentes tribus et à leurs fractions, aux gouverneurs des provinces et
des îles, des lettres implorant leur secours. Il put ainsi
réunir des soldats aussi nombreux que les grains de sable,
les fourmis, les gouttes de la pluie et les cailloux du sol.
Ses préparatifs achevés, il se mit en marche pour livrer bataille aux troupes de l'Islam, dont l'armée, de son côté, se
mit en mouvement comme les flots d'une mer agitée. Keykhosrau, resplendissant comme le soleil, était revêtu d'une
cotte d'armes dont la couleur rouge rappelait celle du
rubis de Badakhchan : son arc, difficile à bander, était

---

[1] Qoran, chap. II, v. 5.
[2] Alacheher, l'ancienne *Philadelphia*, non loin du Qouzou Tchay (le Co-
damus), fait partie de la province d'Aïdin.

passé à son bras, et il était aussi dur que le cœur des beautés au sein d'argent; à sa ceinture était attachée une épée dont les reflets ondoyants scintillaient comme les larmes des amoureux. Il montait un coursier aussi puissant qu'un éléphant, assez vigoureux pour traverser le Nil et qui d'une ruade aurait déchiré la cotte de mailles de Cheddad; lorsqu'il galopait, la poussière soulevée par ses sabots transformait le ciel en une voûte terrestre. Le sultan, se tenant à cheval au centre de son armée, jeta un regard sur les lances qui se dressaient de toute leur hauteur, et sur les flèches qui transpercent; il contempla les boucliers impénétrables aux coups, les épées acérées, les lances à la pointe aiguë et les lourdes masses d'armes destinées à frapper les têtes; puis, pour trancher le différend et mettre fin à toute contestation, il mit l'épée de la vaillance à la main, et dans une première charge, il rompit les rangs ennemis et pénétra jusqu'au cœur de leur armée. Il y trouva Lascaris qu'il dédaigna de frapper de son épée; il fondit sur lui, et d'un coup d'une lance de Khatt, il lui fit éprouver les angoisses du jour du jugement dernier : il le désarçonna, et, le précipitant sur le sol, il lui lança pour l'humilier le mot *kendous* qui veut dire « teigneux ». Les gardes du sultan voulurent lui couper la tête, mais il s'y opposa et donna l'ordre de le remettre en selle et de le laisser aller.

Les soldats de Lascaris prirent la fuite en voyant leur chef renversé à terre; mais, par un effet de la prédestination, les gardes du corps et les officiers du sultan s'étaient séparés de lui pour piller et pour prendre leur part du butin. Tout à coup, un Franc inconnu se présenta devant Keykhosrau; celui-ci, supposant qu'il faisait partie de ses troupes, ne fit point attention à lui. Lorsque le Franc l'eut

dépassé, il fit volte-face, et d'un coup de javeline, il envoya
l'âme de Keykhosrau dans les jardins du paradis. Il lui en-
leva ses effets, ses armes et ses vêtements; chargé de ces
dépouilles, et suivi de quelques soldats, il se présenta devant Lascaris. Celui-ci reconnut aussitôt les vêtements et
demanda d'où ils provenaient. « J'ai remis, dit le Franc,
celui qui les portait entre les mains de Rizwan. — Peux-tu,
lui demanda Lascaris, le retrouver et rapporter immédiatement son corps? — Je le puis, » répondit le Franc.
Lascaris le fit accompagner par quelques-uns de ses plus
braves soldats qu'il chargea de relever et de ramener le ca-
davre du sultan. En le voyant, il fondit en larmes et éclata
en sanglots, puis il donna l'ordre d'écorcher vif le Franc.
Lorsque les généraux et les chefs de l'armée de Keykhosrau
apprirent qu'il était tombé martyr de la foi sur le champ
de bataille, ils devinrent la proie du trouble et de l'effare-
ment. La fuite leur parut un butin dont ils devaient s'emparer; le moral et le courage des troupes de Lascaris se
relevèrent et elles se mirent à la poursuite des musulmans
en déroute. Un grand nombre de ceux-ci furent tués;
d'autres furent noyés ou disparurent dans les marécages et
dans les fondrières[1]. Inch, l'écuyer tranchant, fait prisonnier,
fut amené devant Lascaris. Lorsque ses regards tombèrent
sur le corps béni de son maître, il éclata en sanglots et se
roula dans la poussière de ses pieds. Il fut débarrassé de
ses liens par l'ordre de Lascaris et rendu à la liberté. Le
corps du sultan, parfumé avec du musc et de l'eau de rose,

---

[1] Selon l'auteur d'une histoire des Seldjoucides que j'ai déjà citée, la
bataille dans laquelle Keykhosrau perdit la vie eut lieu le 23 du mois de Zoul-
hidjèh de l'année 607 (7 juin 1211).

bien qu'il eût péri martyr de la foi, fut inhumé provisoirement dans le cimetière des musulmans. Lorsque les nuages accumulés par les événements se furent dissipés, son corps fut apporté à Qoniah et confié à la garde de Rizwan, dans le monument funéraire élevé par ses ancêtres.

# مختصر سلجوق نامهٔ
## امیر ناصر الدین یحیی بن محمد

ذکر ولی عهد کردن سلطان قلج ارسلان غیاث الدین کیخسرو را

چون حلهٔ ارجوانی جوانی سلطان سعید قلج ارسلان برداء قشیب مشیب مبدل شد و مرکب خوش رو حیوة کاهل و هنگام وداع و تفرقهٔ اجتماع رسید غیاث الدین کیخسرو را که کهترین اولاد بود و از میان یازده برادر بملازمت پدر شرف اختصاص یافته حاضر کرد و گفت ای فرزند بدانک من از این فناء فنا می روم و متاهب زاد راه معاد می شوم و تو بحمد الله نوباوهٔ باغ شاهئ و شکوفهٔ حدیقهٔ الطاف الهئ تخت را چون تو به نشینی نیست و بر تو دیدیم و کزینی نیست ترا بر اخوان از آن گزیدم که در خور شاهی ترا دیدم پس سر ملکی که ودایع حفند ترا می کنارم و ملک و جان را بتو و رضوان می سپارم یا بنی لا تشرک بالله ان الشرک لظلم عظیم یا بنی اقم الصلوة و امر بالمعروف و انه عن المنکر و اصبر علی ما اصابک ان ذلک من عزم الامور و لا تصعر خدک للناس و لا تمش فی الارض مرحا ان الله لا یحب کل مختال فخور ای فرزند بادشاهانرا از عدل پرسند ان الله یامر بالعدل و الاحسان و ایتآء ذی القربی و ینهی عن الفحشآء و المنکر و البغی یعظکم لعلکم تذکرون دنیا فرار با هیچ کس

قرار نگرفت خندهٔ او چون گریهٔ ابر بی دوام است و گریهٔ او چون خندهٔ
برق بی آرام ان اضحك ساعةً ابكی سنةً واذا اتی بسیّئةٍ جعلها سنة
چون آن وصایا‌ء بلیغ بدو تبلیغ فرمود فرمود تا ارکان حضرت و اعیان
سلطنت مجتمع شدند وچون صفهٔ بار را بخاص و عام عاص دید فرمود
که آفتاب اقبال من بدرجهٔ زوال رسید و یقین است که ملک بی مالك
و شهر بی شهریار نماند

یکی بگذرد دیگر آید بجای     جهان را نماند بی کدخدای

و فرزند کیخسرو منوچهر چهر با آداب شاهانه متحلّی است و در حلبهٔ این
مضمار بر اخوان و ملوك سایر دیار سابق و مجلی من ولایت عهد بدو دادم
و در این دولت برو كشادم و حکم اورا در عهد حیوۃ خود در ولایت
و رعیت مجری گردانیدم و اورا وارث تاج و نگین ساختم و خود را از میان
بکنار انداختم می باید که شما با او بیعت کنید و چون جمرهٔ صما برهوا
و ولاۓ او ثبات قدم نمایید اعیان دولت بعد از بکا و عویل و سکوت طویل
انقیاد اوامر سلطان را از لوازم دیدند گفتند سلطان غیاث الدین
قهرمان ماست ظاهر و باطن در حضور و غیبت او یکسان داریم و با
مخالفان دولت او چون شمشیر و سنان طریق حدت و خشونت سپریم
و ایمانی که اهل ایمان را در نقض آن تأویل ممکن نگردد با آن مواثیق
ضم کردند و بعد از محالفت بر رفع مخالفت و نصب رایت موافقت و احکام
احکام نصرت و معاضدت اورا بر سلطنت نشاندند

نشست شاه مبارك قدم بمین قـدوم
فراز تخت شهی در بسیط خطهٔ روم

## ABRÉGÉ DU SELDJOUQ NAMÊH.

سروران اطراف بر یمین و یسار تخت ایستادند و درم و دینار بی شمار نثار
کردند و خلع و تشریفات گرانمایه از خزانه‌خانهٔ بطبقات امرا وکبرا رسید
و بدان نیل میل همگنان زیاده گشت و ده روز داد عیش و طرب
دادند و در شیوهٔ عشرت جز جرعهٔ ساق هیچ باقی نگذاشتند آنکه روی
بعمارت بلاد و امصار نهاد و اخبار باطراف مملکت پراکنده شد و این
حکایت در سنهٔ ثمان و ثمانین و خمسمایه بود

ذکر اجتماع اخوان بخدمت ملک رکن الدین و تحریض او بر منازعت

چون خبر بمسامع اخوان رسید باعث حسد در باطن جسد هر یک
ظاهر شد و هر برادری بر آذری نشست هرچند هریک قطری داشتند و بر
مملکتی مستولی بودند توقات را با توابع رکن الدین سلیمانشاه و نکیسار را
با مضافات ناصر الدین برکیارقشاه و آبلستان را مغیث الدین طغرلشاه
و قیصریه را نور الدین سلطانشاه و سیواس و اقسرا را قطب الدین ملکشاه
و ملطیه را معز الدین قیصرشاه و اراکلیه را سنجرشاه و نگیده را
ارسلانشاه و اماسیه را نظام الدین ارغونشاه و انگوریه را محیی الدین
مسعودشاه و برغلو را غیاث الدین کیخسرو متصرف بودند و هیچ چیز
باندک و بسیار از اعمال آن دیار بدیوان سلطنت پدر عاید نمی شد
هر سال یک بار بخدمت پدر آمدندی و با حصول مقصود باز گشتندی فی
الجمله چون ملکان را سودای ملکداری و غوغای شهریاری در حرکت آمد
همه در خدمت رکن الدین سلیمانشاه که برادر بزرگ بود جمع شدند و تزییف
رأی و تقبیح اندیشهٔ پدری می کردند که با وجود آب زلال تیم ببقایهٔ زبال و با
استعداد صولت پلنک استنجاد بحیلت لنک روباه کرده است ، بیت ، نمی

شویم بدین حکم از پدر راضی   کجا بریم چنین ننگ وچون کشیم این عار
از این نوع سخنان مغشوش کالعهن المنفوش یاد کردند ملك ركن الدين بنابر
آنك از دها و عقل بهرهٔ تمام داشت در جواب فرمود كه خدایكان عالم
خلد الله ایامه شهریاری کامکارست هرچه فرماید و هرکود سپهرش رغبًا
ورهبًا کردن نهد وچون ذات شریف او سبب تکوین طینت ما بوده
است عدم ارتسام احکام و امتثال مثالش موجب عقوق و رفض حقوق
باشد

رضاء او نفروشم بملك روى زمين   كه خاك تودهٔ فانى ندارد آن مقدار

سیما که سیاه کریمش متغیر و مشرع ناز و نعیم متکدر شده است
نقض احکام اورا برخاستن وبدان وسیلت مضغهٔ افواه و ضحکهٔ اشباه
شدن از رأی سدید بعید باشد غیاث الدین هرچند پسین خردست اما
در مکتب و علمناه من لدنا علمًا آداب شاهی را نیکو تحصیل کرده است
و از قوت بفعل آورده والله یؤید بنصره من یشاء چون برادران این نصایح
شنیدند مادهٔ سودایی که بدماغشان راه یافته بود مخسم شد خاسر
وخایب هریکی بر سر ملك خود آیب کشتند در اثناء آن حالات خبر
رسید که سلطان قلج ارسلان بدار الجنان پیوست وغیاث الدین
باستقلال بر مسند شاهی [و] بر تخت نشست

ذكر استماع سلطان ركن الدين
وفات پدررا وصرف اهتمام بر انتزاع ملك از قبضهٔ تملك برادر

چون ملك ركن الدين در شهور سنه ثمان وثمانين وخمسمايه از وفات
پدر خبر يافت دل را بنار احتراق افتراق بتافت وبعد از شرايط عزا ولوازم
بكا مسرعان بجميعت اجناد اغوار وانجاد باعوان واعضاد روانه كرد
وخويشتن از توقات بى جيعت عزيمت ساخت چون باقسرا رسيد لشكر
بى حد بدو پيوسته بود همه در خدمت ركاب چتر همايونش بقونيه رسيدند
واهالى آن سپر ممانعت در روى كشيدند ومدت چهار ماه هر روز شصت
هزار مرد كماندار با عساكر ملك ركن الدين در مضاربت ومقاتلت بودند
عاقبت بخدمت ملك رسول فرستادند وقرار صلح نهادند بر آن جلت كه
سلطان غياث الدين با فرزندان واتباع واشياع بهر طرف كه طاير فكرش
پرواز كند روانه كردد وبسلامت بمقصد رسد آنك ملك در شهر در آيد
وبر ولاء او بيعت كنند بر وفق ملتمس عهدنامها اصدار فرمود وفرستاد
باتفاق دربندكى سلطان عرض كردند بهل احاد واستحسان افتاد وفرمود
تا دو نفر ديكر از اهل شهر كه در مداخل امور ولاج وخراج باشند جهت
تأكيد بخدمت ملك روند وعهدنامه ودست خط اشرف مؤكد باقسام
اقسام وايمان غلاظ حاصل كنند در حال چنان كردند سلطان چون
عهود را مطالعه كرد روع روع وجيشان جاش را تسكين داد واز سر
ضطرار جلا اختيار فرمود

ذکر جلاء غیاث الدین کیخسرو و واقعاتی که در غربت دید

در سنه ست و تسعین و خمسمایه غاز شام که دراری کواکب در چمن لازوردی کنبد نیلوفری بر مثال ازهار طری ظاهر شدند سلطان با کوکبهٔ از خواص از شهر بدرآمد وراه اقشهر بعزم ستنبول درپیش کرفت از غایت استعجال و پریشانی حال ملکان عز الدین کیکاوس و علاء الدین کیقباد را در آن حال از خدمت پدر غیبت افتاد و سلطان بدیشان نپرداخت و از شهر بیرون تاخت چون بدیه لادیق از اعمال قونیه رسید رعایاه آن بر غلامان خواص او استخفاف کردند و بعضی را مجروح کردانیدند و اسباب را در معرض تلف آوردند سلطان از آن حالت متغیر شد و راه لارنده کرفت و نامهٔ متضمن عتاب از سر شتاب ببرادر نبشت واز اهانت و اذلال عرق نجبت شاهی شکایت کرد روز دوم چون رکن الدین در شهر درآمد و بر تخت نشست قصاد نامه را رسانیدند اکرچه از فرط غضب در جوش آمد اما جهت مصلحت وقت کظم فرمود و بانک بر ایشان زد که هر آیینه با مخالفان دولت و مخلفان آن شیعت چنین باید کرد و درخفیه ببعضی از خواص ایما فرمود تا ایشان را استمالت کند و مناداة در دادند که هرکه برادر سلطان را غارتیده و مردم او را رنجانیده باشد بیاید و آن را سبب قربت و زلفت داند آن مجاهیل بدین تشاویل اعتزاز کردند و بر همدیکر در مبادرت مسابقت می کرفتند تا عاقبت باجمعهم بر درکاه جمع کشتند و هریک هرچه ستده بود جهت ترویج سوق خود با خود آورد سلطان هر فوجی را بقوی سپرد و ملکان را حاضر کردانید و هر دو را بر سر تخت برزانوی خود نشاند و نوازش فرمود و میان اقامت و رحلت تخییر کرد سفر

وحقوق پدر را اختیار کردند وبی اختیار قطرات عبرات بر رخسار چون گلنار مدرار کردانیدند سلطان را از آن حال رقت غالب شد وبرغبت صادق با خلع نفیس از کمرها مرصع و ما یوافقها ویجانسها با مردم خود بخدمت پدر روانه کرد وفرمود تا جناة طغاة را از شرفات سور صلب وکسوت حیات را از بدن جنبششان سلب کردند وآتش در دیه زدند چنانک هنوز لادیق سوخته می خوانند وفرمود که هرکه بر سلجوقیان استخفافی کند سزاء وجزا ازین نوع مشاهده کند سلطان تا وصول فرزندان توقف کرد چون رسیدند نوازش عم عرضه کردند وقصاد سلطان رکن الدین اعذار گونه تقدیم داشتند بحسن اصغا استماع فرمود وبا نوازش باز کردانید وخویشتن در ممالک ارمن کی در آن زمان از آن لیفون تکفور بود نورد نمود

ذکر وصول سلطان غیاث الدین بارمنستان

چون لیفون را از قدوم سلطان آگاهی دادند چون تشنه باب زلال از سر اجلال استقبال کرد وچون نظر بر چتر مبارک انداخت پیاده شد و در اعزاز سلطان به تن زبان گشت سلطان را یکماه الجا توقف افتاد واز آنجا روی بآبلستان نهاد ملک مغیث الدین طغرلشاه پسر قلج ارسلان در بندگی وخدمت شرایط اخوت بر غایت رسانید وقاضی وائمهٔ شهر را در خلا احضار کرد واقرار فرمود که ملک آبلستان وتوابع چنانک پدر من ارزانی داشته بود من که طغرلشاهم اقرار کردم که ملک خداوند وبرادرم سلطان غیاث الدین کیخسروست وصک را در بزم عام بخدمت سلطان نهاد سلطان [گفت] که قبول کردیم وباز بدو بخشیدیم

بگواهی حاضران بعد چند روز عزم ملطیه کرد چون ملك معزّ الدین قیصرشاه را اعلام کردند بضیافت واستقبال مشغول شد وبا جملهٔ خویشان واتباع پذیره رفت وچون از دور سلطان را بدید پیاده شد وبدست بوس شتافت وعذر غدر برادر واجلاء او از ممالك وخلو سریر سلطنت از فرّ وابهت سلطان درخواست وتفجّع وتلهّف نمود وبتعظیم تمام در شهر در آورد وسراء سلطنت را با جملهٔ اسباب بیوتات در تصرّف نوّاب وحجّاب سلطان بازگذاشت وهر روز بنوعی از انواع ابداع بندگی می نمود شبی در اثناء منادمت پیش سلطان رفت وبزانو در آمد وعرض داشت که مرا در خاطری می آید که باجازت سلطان بنزد ملك عادل که خسر بنده است وسلطان بدین قرضهٔ ملطیه قناعت فرماید تا ایّام بوس ونحوس منقرض شدن آنكه باز بنده بدین دیار آید وسلطان بمراد بر سریر سلطنت نشیند سلطان را ازین سخن تبسّم آمد فرمود که ملك عادل پادشاه عاقل است وبسبب خوشی تو اولی آن باشد که من نزد او روم واستشارتی کنم تا چه اشارت کند ملك جای خود نکاه دارد ومنتظر باشد تا بازیگر افلاك از پردهٔ غیب چه نقش بیرون آرد بعد از آن عزم حلب فرمود معزّ الدین از حرم خود یك کله بند بقیمت پنجاه هزار دینار بیرون آورد وخزانه‌داران سلطان تسلیم کرد وغیر آن اسباب بی کران مرتّب ومهیّا کردانید

## ABRÉGÉ DU SELDJOUQ NAMÈH. 71

ذكرِ پیوستن سلطان بملك شام

چون ملوك شام را خبر شد كه صبح فلك شاهی بر ممالك ایشان طلوع كرد اموال واحمال باستقبال فرستادند وهمه لشكر وجمیعت متوجه خدمت شدند وپیاده شده شرف دستبوس دریافتند وقدمت قدوم البدر بیت سعوده خوانان گفتند سلطان عالم بخانه وآستانه خود آمد تا در اجل تأخیری ودر كنانهٔ امكان تیری باشد هرچه داریم در وجه دفع وحشت خاطر اشرف نهیم لله كه حماء نفس را از مداخلت افكار منزعج حمایت فرماید وبر موجب قول امیر المؤمنین كرم الله وجهه كه ان للحن غایات وسبیل العاقل ان ینام عنها حتی یتجاوزها ونظم قابوس را كه در زمان التواء رایت دولت فرموده است

وفی السماء نجوم غیر ذی عدد وليس يكسف الا الشمس والقمر

سبب تسكین دل غمگین سازد هر روز در آن مدت سلطان را ملكی مهمانی كردی وتقدمهٔ لایق ولیه عرض داشتی نكاح سلطان را در خاطر عزم آمد ملوك بقدر امكان خدمات كردند وروز چند برسم وداع ملازم ركاب سلطان بودند آنكه با تشریفات كرانمایه مراجعت كردند چون بحدود آمد رسید ملك صالح كه بكریمهٔ از اولاد قلج ارسلان داماد سلطان بود فرزندان را با جملهٔ حشم پذیره فرستاد وسرای سلطنت را بدانچه آراسته بود از خزاین وآلات بیوتات وغلمان وجواری ترتیب كرد وبعد دو روز با كوكبهٔ خواص استقبال فرمود چون نظرش بر چتر مبارك افتاد پیاده شد حاجبان پیش دویدند وباز سوار كردانیدند چون نزدیكتر شد باز عزم

کرد که پیاده شود سلطان بقسم مانع شد و از پشت اسپ دستبوس فرمود چون نزدیك شهر رسیدند ملك صالح پیاده شد وعنان سلطان گرفته در رکاب میمون می رفت چون بر درسرا رسیدند فرزندان ملك صالح طبقه ها بر دینار نثار کردند و چون بر تخت نشست ملك صالح مفاتیح قلاع وبقاع ممالك خود را بخدمت سلطان نهاد سلطان از علو همت او متعجب شد و ستایش بی کران فرمود و گفت قبلناها و بافضل المنن قبلناها ثم رددناها الیك متعك الله بها و بامثالها آنکه خوان نهادند وبر داشتند و سلطان بجرم همایون بدیدن همشیره تحول فرمود چون ملکه را نظر بر جمال سلطان افتاد روی بر قدم برادر نهاد و گفت هرچه من پرستار را هست نثار رکاب شهریار کردم در این شهر اقامت فرماید و انتظار لطف کردگار و مواتات اقدار کند شاید که مصلحت خلا بوده باشد عسی تکرهوا شیئًا و هو خیرکم زمانی برادر و خواهر درین مصاحبت و محادثت نفس زدند آنکه سراجه خلوت رفت طاوسان خصاری در خدمت شهباز فضاء شهریاری در جلوه گری در آمدند و بنظر قبول ملاحظت یافتند ساعتی با آن مخدرات بر مخدهٔ دعب بغنود بعد از آن عزم بزم فرمود و بجاورهٔ زیر و بم اوتار نغم غبار غم را از حواشی روزگار می سترد وزمام طبع بخوشدلی سپرد بعد از مدتی نشاط اخلاط کرد وروی ببسیط آن بساط آورد چون ملك بلبان ازیمن قدوم سلطان خبر یافت فرزندان و اشیاع خود را پنج روزه راه پیش باز فرستاد وخویشتن بر اثر روان شد و پیاده در رکاب سلطان تا آستانهٔ خانه بیامد واز انواع نفایس تا جان عزیز هرچه داشت موطاء قدم مالك خود گردانید و مفاتیح قلاع و تفاصیل خزاین بقاع را بخدمت سلطان آورد و ایمان غلاظ یاد کرد که در آن باب رعونت

## ABRÉGÉ DU SELDJOUQ NAMÈH.

نکرده است سلطان فرمود که عرصهٔ فتوت ملك از آن فسیح‌ترست
هرچه کوبد هزار چندانست امید بفضل باری چنانست که انهار سعادت
در ارم مرام ما جاری شود و بی فرجامی ایام را انجامی باید آید و عذر
الطاف ملك خواسته شود بعد از مدتی که آنجا اقامت فرمود
توجه بجانب جانیت نمود و مدتی آنجا بود و از آنجا بعزم ستنبول در
کشتی نشست نکاه بادی از مهب تجری الرياح بما لا تشتهی السفن
بوزید و حالت وجأهم الموج من کل مکان عادت یافت و کشتی بساحل
دریاه دیار مغرب انداخت کام نا کام لنکرها در انداختند و با دیدهٔ
تر و لب خشك رخت از آن تری بر خشکی کشیدند مدتی در آن اطراف
طواف می کرد و در مقابلهٔ شراست اخلاق مغاربه به هشاشت الطاف
مشارقه اظهار می‌گردانید و در کنف رعایت امیرالمومنین عبد المومن
رضی الله عنه از کید نکد ایام آمن بود و بکرات و مرات بتفقد و تعهد آن
حضرت مخصوص شد عاقبت باجازت حضرت خلافت عنان بصوب
ستنبول گردانید

### ذکر رسیدن سلطان از طرف مغرب بجانب ستنبول،

فاسلیوس آن عهد مقدم سلطان را مغنم بزرك شمرد و مشارکت بل که
استقلال در ملك خویش واجب دید و در وقت اجتماع باهم بر تخت
می نشستند و مباسطات و ملاطفات می نمودند اتفاقا فرنكی بود بمردانكی
و صرامت مذکور و بدلاوری و شهامت مشهور که بتن تنها بر هزار مرد کارزار
تاختن می آورد و کارزار می کرد هر سال ده هزار دینار مواجب او بود مكر
روزی با اصحاب دیوان از قبل جامكی قال و قیل کرد بخدمت فاسلیوس

آمد و شکایت مطول وعربدهٔ بی طایل آغاز کرد فاسلیوس بفرنکی می
گفت امروز سلطان حاضرست ماجرا را در توقف فردا بر وفق
رضه تو تدارك تقدیم رود فرنك پاس نمی داشت وصلابت پیشانی وجرات
کم نمی کرد سلطان در تاب رفت و از تکفور پرسید که این امیر چه می
گوید در جواب فرمود که مگر اهل دیوان در اتصال معلوم او اهمال
کرده اند سلطان فرمود تا این غایت بندگان را گستاخ چرا باید
کردن فرنك با سلطان سفاهت نمود سلطان در خشم رفت و دستارچهٔ
بر دست پیچید و بیك مشت که بر بنکوش زد فرنك را بی هوش از کرسی
در گردانید فرنکان و رومیان غوغا کردند و بر سلطان حمله آوردند
و قصد اهلاك کردند فاسلیوس ایشان را منقار باز کوفت و خویشتن از تخت
فرو آمد و آن فتنه را بنشاند وجملهٔ امم را از سرا بیرون راند و در خلوت
با سلطان ملاطفت آغاز کرد و تسکین غضب می فرمود سلطان را از فرط
حمیت آتش بر سر دویده بود آب در دیده آورد و هر نفس بادی سرد
بر درد و خاکساری روزگار خود می کشید فاسلیوس را گفت ترا معلوم است
که من پسر قلج ارسلان و از نژاد الب ارسلان و ملکشاهم از مشرق
تا مغرب جهانرا اجداد واعمام من گشودند و همواره اجداد تو خراج و باج
سوی خزانه خانهٔ ایشان می فرستادند و تو با من همین طریق می رفتی
اکنون اگر تو روا داری که چون قضاء آسمانی مرا بزمین تو انداخت بر من
چنین استخفافی رود برادرانم که هریکی صاحب کشوری اند چون بشنوند
اصل لحم اخی لا ادعه لغیری بر خوانند و بدین بهانه لشکر کشند و دیار
ترا مرایض سباع وصباع گردانند فاسلیوس در جواب شتاب نکرد تا
سورت غضب سلطان کمتر شد آنکه از در اعتذار و استغفار در آمد

## ABRÉGÉ DU SELDJOUQ NAMÈH. 75

وكفت هر حكمى كه سلطان فرمايد بر لشكر وكشور من جاربست سلطان فرمود كه تصديق اين تصور انكه باشد كه از هرچه كويم عدول نفرمايد فاسليوس تجديد قسم كرد كه از احكام سلطان مجاوزت نكند سلطان فرمود كه دستى سلاح چنانك اختيار من باشد واسپى كه لايق مردان وشايستهٔ ميدان بود حاضر كرداند واشارت فرمايد تا فرنك با من در ميدان آيد اكر فرنك پيروز جنك شود من از بلا وعناء غربت خلاص يابم واكر ظفر مرا باشد فاسليوس از جرأت واساءت فرنك بر آسايد فاسليوس كفت كه حاشا كه بچنين حالت رخصت دهم اكر والعياذ بالله از صدمت فرنك شاه را در جنك نكبتى رسد نام من بر حماقت بر آيد كه سلطانى را در مقابلهٔ احاد اجناد آورد و درين مقام از بيم انتقام برادران تو مقام نتوانم كرد سلطان ايمان غلاظ ياد كرد كه اكر در اين قضيه فاسليوس توقف كند من بى توقف خود را هلاك كنم چون الحاح سلطان بغايت رسيد از زردخانه برك وعدت شاهانه حاضر كردند سلطان يكى دست سلاح اختيار كرد وفرنك را خبر كردند كه فردا روز آزمايشست فرنك همه شب اسباب جنك مهيا كردانيد وخود را بر زين وپشت اسپ محكم بست وبعزم جنك در عرصهٔ ميدان آمد خلايق آن ديار از صغار وكبار وقارى واى ومسلم وذمى دو كروه شدند برخى بطرف سلطان ميلان نمودند وقومى بطرف فرنك نكران جنك شدند روح الامين هر لحظه نداء وينصرك الله نصرًا عزيزًا بكوش سلطان مى رسانيد چون كوه آهنين با فاسليوس در قلب ايستاده بود ومن يتوكل على الله فهو حسبه بر خواند وچون آفتاب در برج شرف بهر طرف سيران فرمود وچون بدر زاهر كرد عساكر بر مى آمد فرنك اول بنيزه حمله كرد

سلطان بسیر دفع فرمود بار دیگر همین عمل باز آورد سلطان رد کرد بار سوم سلطان حمله برد و بیك صدمهٔ جان فرسای فرنك را از پای در آورد و بیك كرزكاوسار رخسار پرستندهٔ سم خر عیسی را در خاك افکند چنانك انینش بمقیمان خطهٔ اسفل سافلین رسید

بِضَرْبَةٍ لَمْ تَكُنْ مِنْهُ مُخَالِسَةً ۞ وَلَا تَعَجُّلَتْهَا جُبْنًا وَلَا فَرَقًا

اسب فرنك را از نكایت كرز كرین كرین نبود و فرنك بسبب آنك خود را بر اسب تنك بسته بود بی هوش و مدهوش آونكان بماند مسلمانان و فاسلیوس و تجار و امرا كبار كه حاضر بودند آواز آفرین بر چرخ برین رسانیدند فرنكان خاكسار خواستند كه غوغا كنند فاسلیوس لشكر را بدفع ایشان مثال داد و بعضی را سیاست فرمود و دریای متموج فتنه ساكن شد سلطان را از میدان بخانهٔ خود برد و پیشكش فراوان تقدیم داشت و آن شب تا انفلاق عمود صباح عود و راح را بكار داشتند و حیط غبوق را بصبوح موصل كردانیدند روز دیكر با جلهٔ آلات بزم كه مذخراباه و اجداد فاسلیوس بود بسرا سلطان حاضر شد و آن روز احیا موات عشرت در اراقت دم دین كه در شرع ندای محلل است واجب دیدند و در پایان مستی فاسلیوس بر زبان راند كه مهر خسرو اسلام با دل و جان من نه چنان پیوند كرفته است كه بهیچ حال صورت انفصال پذیرد و اكرچه یكدم بی جمال مبارك پادشاه بودن وبال می دانم اما مصلحت شاه جهان را بر ارادت خود راجح می بینم اكر روزی چند تا نایرهٔ حقد و حسد فرنكان خامد شود نزدیك ملك مفرزوم كه از اكابر قیاصرهٔ روم است رنجه شود و بهرچه در دایرهٔ امكان آید این بنده بجانب جناب

# ABRÉGÉ DU SELDJOUQ NAMÈH.

عالی در فرستادن تقصیر نکنند واو خود آنچه شرط تعظیم است بجای آرد لعل الله یحدث بعد ذلک امرًا این کلمات در مسامع اشرف خدایگان مکان پذیر شد وکار راستی فرمود وروزی چند با خدم وحشم روی بدان جزیره نهاد وبدور جام باده گلگون از جور دور گردون یاد نمی آورد وملکیان عز الدین وعلاء الدین را چون از مکتب فراغت می یافتند بشکار برو یحر روزگار بسر می بردند اکنون وقت است که بذکر پادشاهی سلطان رکن الدین شروع افتد

### ذکر ایام پادشاهی رکن الدین
### سلیمان شاه وتقریر بعضی از مناقب کریمش

سلطان قاهر رکن الدین سلیمانشاه پادشاهی بود که در روضهٔ دولت از اولاد قلج ارسلان بل که از احفاد سلجوق چنو دوحهٔ بالا نکشیده بود کرزی کران وشفقتی برعیت بی کران عفتی بغایت وورع وپرهیزکاری بی نهایت در حلم چون کوه با وقار ودر حکم چون قضا مبرم کردون کذار

بقسوة الباس منه رقة الغزل  حلو الفكاهة مرّ الجد قد مزجت

در انواع علوم ریان وباستزادت آن بضاعت صادی وعطشان وازجملهٔ نتایج طبع او این دو بیتی است که در حق برادر خود قطب الدین ملکشاه ملک سیواس واقسرا بسبب معاداتی که باهم داشتند گفته است

تا چون نقطت بدایره درنکشم   ای قطب فلک وارازتو سرنکشم
کر برجت ازکاسهٔ سربرنکشم   از دوش کشیده باد کیخت تنم

چون سلطان غیاث الدین از دروازهٔ قونیه بیرون رفت سلطان رکن

الدین را اعیان و معتبران استقبال نمودند و از تبسطه که کرده بودند عذرها
خواستند از مصحف اعضا و سورة اغماض آیت لا تثریب علیکم الیوم بر
خواند و از کذشته درکذشت و با طالع مسعود در ظل ظلیل چتر
همایون در شهر شد و سریر خسروی را بفر قدوم خود آیین و زیب کسروی
بخشید بخاش بجدی بود که پنج سالۀ خراج لشکری را که بیکبار بخدمتش
آوردند بحضور رسولان بسرچوکان بر خاص و عام تفرقه کرد فضلا و شعرا
و هنرمندان را بلطف تربیت از مومات فقر و فاقت بریاض دعب و نعمت
رهنموی می فرمود امام الکلام ظهیر الدین فاریابی قصیدۀ که مشهور ست
و مطلعش که

زلف سر مستش چو در مجلس پریشانی کند
دل اگر جان در نیندازد هم کران جانی کند

بخدمتش فرستاد در وجه جایزه دو هزار دینار و ده سر اسپ و پنج
سر استر و پنج نفر غلام و پنج نفر کنیزك و پنجاه قد جامه از هر نوع بقصاد
او تسلیم فرمود و انصاف و معدلتش بغایتی بود که آیاز نامی غلامی محمود
سیرت داشت که کوشۀ خاطرش بل همگیٔ دل سوی عشق آن ماه روی
مهرکسل مایل بود مکر روزی بر دست باز باز همی آمد از شکار در دست با
پیرزنی که کاسۀ ماست داشت مقابل افتاد از فرط تأثیر تاب آفتاب
و استیلاء عطش و اعواز آب کاسه را در ربود و درکشید پیرزن بر اثر تا شهر
دوان شد و بر در سرای سلطان آمد و فغان بر داشت که غلامی کاسۀ
ماست را که در وجه نان ایتام خود نهاده بودم بستد و بها نداد سلطان
فرمود تا کشف حال آن مظلومه کنند در آن میان ناکاه غلام حاضر شد

پیرزن کفت خصم اینست غلام از بیم پادشاه منکر شد سلطان فرمود که
اکر شکم غلام شکافته شود و ماست نخورده باشد سزاء تو جز قتل
نخواهد بودن پیرزن راضی شد درحال بجراح فرمان رسید که شکم اورا
بشکافد و تقلیب احشا و امعا کرد و از آن قبل که از ماست پر بود قتل
غلام لازم آمد و فرمود تا سیاست کردند و غماء سلطان در فراق جانان
توبر تو شد و مثل از ماست که بر ماست در حق او صادق کشت تا
پیرزن را هزار دینار انعام فرمود و بر این جهت مدتی پادشاهی راند عاقبت
سودای جهانگیری در سویدای دلش منبعث شد و عزم غزو کرج مصمم کرد
و سبب آن بود که تامار ملکهٔ کرج که بر مملکت ابخاز و دارالملک تفلیس
چون بلقیس پادشاهی و نفاذ اوامر و نواهی داشت شنیده بود که سلطان
قلج ارسلان را دوازده پسرست هر یکی بر آسمان ملاحت ماهی
و در جهان صباحت شاهی و او بحکم اما النساء فمیلهن الی الهوی مرجا
که نشان شهزادهٔ خوب رخسار چرب کفتار یافتی بزبان تعشق برو
الاذن تعشق قبل العین احیانا برخواندی و بزریا بسخن صید مقصود را
در دام آوردی بدیار روم نقاشی فرستاده بود و نقش صورت هر یکی از
شهزادکان تصویر کرده و از آن جات جواذب عشق او بر سلک رکن الدین
سلیمانشاه در حرکت آمده و عاشق صورت او شده بنابر آن فرستاده
و طلب پیوندی کرده قلج ارسلان در خلوت قضیه را با سلیمانشاه کفته
و استرضا و استنطاق کرده و او از غایت انفت در آن باب تا باب حبل
عتاب را تاب داده که جهت مملکت ابخاز که بر تقدیر تیسیر و حصول
مقصد دنی دنیوی است شاه عالم روا می دارد که بنده را بمصطبهٔ
کفر و ضلال فرستد امید هست که وعدهٔ وعدکم الله مغانم کثیرة در

باب فتح انجاز انجاز یابد ولشکر کشم وخاك آن دیار بر باد دهم وآن
فاجره را درقید اسار وخسار مأخوذة بالنواصی والاقدام بدركاه پادشاه
آرم پادشاه را از بزك منشی پس از لذات وراحات بمذاق جان ودل رسید
آفرینها کرد وعذرها خواست

ذكر عزم سلطان ركن الدین سلیمانشاه
بغزو کرجستان ومراجعت از آنجا بر خلاف ارادت
وذكر ملك فخر الدین بهرامشاه

آن کینهٔ دیرینه درسینهٔ سلطان تمکن یافته بود چون نوبت سلطنت
بدو رسید با سپاهی گران روی بدان حدود نهاد وپیشتر مسرعان بملوك
اطراف وبرادران ارسال فرمود که استعداد قتال وجدال کنند بیش از
همه مغیث الدین طغرلشاه ملك ابلستان بدو پیوست وهمچنین نیز ملك
فخر الدین بهرامشاه که داماد سلطان واز احفاد منکوجك غازی بود
وبظلف نفس وحسن سیرت وعلو همت ونقاء جیب وطهارت ذیل
وفرط مرحمت وشفقت فرید ووحید جهان بود ودر ایام پادشاهی او در
ارزنجان هیچ سور وماتم واقع نشدی که از مطبخ او برگ ونوای نبودی
یا خود تشریف حضور نفرمودی ودر موسم دی که جبال وبراری را غلایل
وحواصل از انعام عام در بر فکندندی فرمودی که حبوب را بکردون
در کوه وهامون بردندی وپاشیدندی تا طیور ووحوش را از آن طعمهٔ
مرتب بودی کتاب مخزن الاسرار را نظامی گنجه بنام او کرد وبخدمتش
تحفه فرستاد پنج هزار دینار وپنج سر استر رهوار جایزه فرمود با سر سخن رویم
اوامر اصدار کردانید واو نیز بر موجب رای از هر طرف لشکر دعوت فرمود

ودر حدمت سلطان بارزنجان توجه نمود وعلاء الدين سليق که ملك
ارزن الروم بود در احتشاد اجناد وارتسام اوامر مطاع ومنقاد تعلل می
نمود سلطان بعزل او فرمان داد وآن مملکت را بمغيث الدين طغرلشاه
سپرد وازآنجا با لشكری بعدد ستاره بر سمندانی چون کوه پاره درممالك
انجاز توغل فرمود آن کفره فجره با جم غفير نفير عام نمودند ودرميان دو
لشكر چندان كشش رفت که درصحرای معرکه هر جا ازکشته پشته بديد آمد
فتحی بزرك از پرده غيب چهره خواست كشاد ونزديك بود که کفار ولوا
علی ادبارهم بر خوانند ولكن حكم وكان امر الله قدرًا مقدورًا زمام مرام
از دست اهل اسلام در ربود وپای اسپ چترداربسوراخ يربوع فرو شد
وچتربر زمين افتاد چون چشم حشم ومبارزان معرکه بر آن حالت آمد
پنداشتند که مکر مكر دشمن در قلب اثر کرد وبا سلطان نکبتی رسيد
مرميات ومشرفيات انداختند وحالت کر بفر مبدل شد ضارب مضروب
وقاتل مقتول گشت فصار الاسير اميرًا والامير اسيرًا وكان ذلك علی الله
يسيرًا و ملك فخر الدين را با فوجی از حشم ازپای درآوردند ودستکير
کردند وسلطان با ملك مغيث الدين وكوكبة از سپاه بارزن الروم افتاد
وبعد از حصول استراحت واسو جراحت روی بروم نهاد وبقونيه رفت
وآنجا عزم عودت واعادت دعوت می کرد در آن ميان بسبب مرضی که
عرض جوهر وجود او شد بجوارکردکار پيوست در شهور سنه احدی
وستمايه

فقدناه لما تمّ واعتم بالعلی     کذاك كسوف البدر عند تمامه
سرانجام کيتی بجز خاك نيست     وزو بهره زهرست وترياك نيست

ذكر ايام سلطنت عزالدين قلج ارسلان پسر ركن الدين سليمانشاه

چون سلطان ركن الدين بدار السلام پيوست امراء دولت چون نوح الب وامير منده وتوره بيك كه از محروسه توقات در خدمت رايات سلطنت آمده بودند ومتقلد مناصب بزرك كشته ومستودع اسرار شاهى گشته عز الدين قلج ارسلان پسر سلطان را كه هنوز بحد بلوغ بليغ نيافته بود بر تخت نشاندند وحق گذارى نعمت پدر بمشيت مصالح پسر بيش گرفتند وفع ولايت سبريه كه از معظمات قلاع سواحل درياء مغرب است در ايام دولت آن طفل معصوم ميسر شد وملوك اسلام وقياصرهٔ روم ونكافرهٔ درج برِ ولاء او بيعت كردند واناوات واحمال بر قرار سابق از اطراف بخزانه متواصل بود وفى ما بعد خاتمت آن دولت در موضع خود گفته آيد اما مظفر الدين محمود وظهير الدين ايلى وبدر الدين يوسف پسران ياغى بسان بحكم آنك هوادار غياث الدين كيخسرو بودند جادهٔ نفاق را مسلوك مى داشتند واز طريق وفاق تنكب مى كردند واين سه برادر سرور وفرمان روا عسكر اوجها بودند امراء اطراف را بر ولاء سلطان مايل گردانيدند وسوكند دادند وخطوط وحجج بستند وزكريا حاجب را كه بوفور كفايت مشهور بود وبكثرت دها ومعرفت لغات والسنه مذكور نامزد طلب سلطان كردند وآن عهود ومكتوبات را در تجويف عصائى نهادند وبدو دادند ودرو جامهٔ قسيسان پوشانيدند ومواعيد جميل مستظهر گرده روانه گردانيدند چون بملك ملك مفرزوم رسيد واز خانهٔ سلطان نشان يافت بر اطراف آن طواف مى كرد وفرصت مى طلبيد كه گاهى شهزادگان را ديد كه با فوجى از غلامان بسيران رفته بودند وبر لب

مرغزاری که چون شاهدان خط سبزش کرد عذار دمیده بود بر عادت
اطفال بنا آسیابی آغاز نهاده بودند زکریا نزد ملك عز الدین که در حسن
بی قرین بود و نقاش صورکم فاحسن صورکم در کارگاه وجود چنو نگاری
ننگاشته فراز شد و بوسه که توشه حیوة ابد باشد در ربود شهزاده از فرط
رنجش و تاب بخدمت سلطان شتاب کرد و حال را عرض داشت
سلطان اورا طلب فرمود چون درآمد مفرزوم فرمود تا حکم سیاست
برانند از بیم اراقت آبرو حاجب ابروی آشنایی کشاده کردانید و طرف
کلاه از پیشانی بر داشت سلطان اورا شناخت و در تفحص حال
اهمال فرمود و عذری که مناسب وقت باشد از مفرزوم بخواست و بزبان
پارسی بیکی از خواص فرمود که اورا جایی باز دارد چون سرای از اغیار
خالی شد سلطان زکریا را طلب فرمود چون بسعادت و اقبال دوان
و خرامان از در درآمد و گفت نتیجهٔ این جرأت این قربت بود سلطان
فرمود که برادرم چونست جواب داد که در اوج عظمت مملکت اجاز
گرفت و ولایت کرج را مسلم کرد و در میانهٔ تکلم تبسم کرد سلطان گفت
خنده بر کجاست نزدیکتر شد و احوال برمتها تقریر کرد و خطوط و عهود را
در پیش سلطان نهاد چون مکاتبات و عهود را مطالعه فرمود که چه دلش
از جور برادر بر آذر بود و ازو ظلم بی کران دیده آب از دیده روانه کرد
و بر وفات او متأسف شد پس مفرزوم را طلب داشت و واقعه را بدو باز
گفت سه روز شرایط عزا بجای آورد روز چهارم فرمود که عزیمت ممالک
موروث مصمم است مفرزوم گفت هرچه دارم فدا کردم کردم اسباب
رحلت را مرتب فرمایید و بنده نیز در ملازمت رکاب همایون پیاده روانه
کردد و پیش از آن دختر را در حبالهٔ تزوج سلطان آورده بود و پسر را

ملازم حضرت سلطنت كردانيده سلطان جله را مواعيد جميل فرمود
وعزيمت ساخت چون بازنيق رسيد فاسليوس مانع شد كه من با پسر
سلطان ركن الدين يميني مغلظ عهد كرده ام امكان ندارد كه كذارم كه
سلطان بقصد ملك او روانه شود روزى چند درين قيل وقال بودند آخر
الامر بر آن قرار كرفت كه هرچه سلجوقيان از ولايت روم تا حدود قونيه
كشوده اند چون خوناس ولاديق وديكر بقاع بنواب فاسليوس تسليم
كنند وسلطان فرزندان را با زكريا برسم نوا آنجا بكذارد وخويشتن
بكذرد وچون بر تخت نشيند ومواضع مذكور بمعتمدان باسليوس تسليم
كنند فرزندان از انجا روانه شوند برين تقرير سلطان ومفرزوم وكافهٔ
خواص عزيمت ساختند وباطراف اوج رسيدند وچون روزى چنـد
بكذشت زكريا نزد فاسليوس رفت وكفت پادشاه زادكان نازك طبع اند
ونشستن در خانه ملالت يابند فاسليوس اجازت داد كه هر روز دو بار
بسيران سوار شوند ودر مروج انيق از نيق تنزه كنند وچند كس را از
خواص فاسليوس را بانعام واحسان معمور كردانيد وبانهام وكتابت در حيز
دعوت كشيد وبانجيل وصليب سوكند داد روزى نماز ديكرى شاهزادكان
سوار شدند وروى بشكاركاهى نهادند نكاه كرازى فراز آمد واز بيم
تيغ وشمشير وتير برسمت ممالك اسلام توجه نمود بدان تفأل كردند وكفتند

امروز جهان بكام ما شد  كردنده فلك غلام ما شد
منشور ممالك از خداوند  بى منت كس بنام ما شد

پس راه پيش كرفتند با صرصر وبا نكبا در سبسب وبيدا مبارات ومجارات
مى نمودند چون ظلمات ديجور بكسوت نور مبدل شد بحدود ممالك اسلام

رسیده بودند سلطان هنوز بتلافی مهمات اوچ وتالیف اهواء امراء آن طرف مشغول بود زکریا بخدمت سلطان اولاق روان کرد که قلاع وبلاد را نسپارد که کار از آن کذشت وشهزادکان در ضمان سلامت چون نجوم بتخوم ممالک رسیدند وبحدود ملک جدود پیوستند سلطان ازین خبر کلاه شادمانی بر فلک کامرانی انداخت واز مهمات اوچ فراغت یافته بتعجیل بطرف قونیه شتافت در رجب سنه اثنین وستمایه

ذکر محاصرت غیاث الدین کیخسرو بن قلج ارسلان قونیه را

اهالی قونیه چون از قدوم سلطان خبر یافتند در بردهٔ وفاداری سلطان پسر رکن الدین سلیمانشاه چنگ حیل ساز کردند واز قانون صلح تنکب نمودند شیطان نخوت سلطان را بر آن باعث شد که فرمود تا جملهٔ باغها را بتبر ضرر وفاس قطع کردند وقصور ودوّرک نزدیک ودور شهر بود خراب کردند وآتش در زدند سلطان قلج ارسلان با ایشان کفت که من می دانم که عم من بر قدم انتقام ایستاده است ابقا ومحابا نخواهد کردن اکر مرا بجان آمان دهد نعمتی بزرک باشد شما مصلحت خود را بی فایده از دست مدهید ایشان بخدمت سلطان فرستادند وقوع باب صلح کردند بشرطی که سلطان با برادر زادکان همان کند که سلطان رکن الدین با شهزادکان کرده بود ومملکتی بدو مفوض کردانند وچون صلت رحم فرموده باشد واین معنی برعایت رسانیده اورا بخدمت آرند تا بشرف تقبیل دست تجیل یابد وشهریار بفال فرخ در شهر در آید سلطان را این رای موافق آمد وولایت توقات را چنانک سلطان رکن الدین در عهد ملکی داشت برو مقرر فرمود ومنشور مسطور شد چون اعیان قونیه عهود ومناشیر را دیدند شهزاده را

بی اندیشه وغم بخدمت عم بردند سلطان عز الدین وعلاء الدین را پیش باز فرستاد وچون پسر سلطان رکن الدین روی عم دید زمین را بوسه داد وخواست که دست بسته بر پای ایستد سلطان نگذاشت ونزد خود نشاند وبوسه بر رخسارش داد وبر زانو نشاند واستمالت تمام فرمود وتشریف شاهانه داد وفرمود که روزی چند بقلعهٔ کاوله اقامت بماند بعد از آن کامران بهروبسه توقات رود

### ذکر دخول سلطان غیاث الدین کیخسرو بن قلج ارسلان در قونیه وجلوس بر سریر سلطنت

روز دیگر که شاه ستارگان طلوع کرد پادشاه چون خورشید در زیر چتر سیاه که پشت وپناه جهانیان بود در شهر قونیه که یك ساعت حیوة درو خیر از الف شهر است در دیگر بلاد با جیوش چون دریاه اخضر جوشان وحشمی چون اعداد امطار بی پایان در آمد وپای از رکاب زمین آرام بر تخت ابه کرام نهاد وانواع افراح بارواح خاص وعام رسید واهواء لشکری ورعیت بر محبت وولاء او التیام یافت

چو تاج بزرکی بسر بر نهاد     از او شاد شد تاج واو نیز شاد
بهر جا که ویران بد آباد کرد     دل غمکنان را ز غم شاد کرد

ومعزوم را بمنزلت علیا ومرتبت قصوی رسانید ومحروسه ملطیه را ملك عز الدین کیکاوس وملك دانشمند را باسرها ملك علاء الدین کیقباد مفوض فرمود وملوك وسلاطین اطراف نامها ورسولان فرستاد واز موانات سعادت ومساعدت دولت اعلام داد وشیخ مجد الدین اسحق را که

در وقت جلاء سلطان از ممالك روم بديار شام انتقال كرده بود بدين
ابيات رايق دعوت فرمود

صحت ذات طاهر سروى
تاج اصحاب مجلس اخروى
عز اقران يكانهٔ آفاق
صدر اسلام مجد دين اسحاق
آن عزيز ورفيق شايسته
وآن چوجان فرشته بايسته
باد تا روز حشر پاينده
حرمت ورتبتش فزاينده
دست آفت ز عرض او مصروف
چشم فتنه ز ذات او مكفوف
اى ولى سيرت اى نبى سنت
كر بكويم كه اندرين مدت
چه كشيدم ز جور چرخ حرون
سدّ بر نوك ملك كرد خون
ديدى آن مجمع صدور كرام
كه زمانه چكونه كرد حرام
بادشاهى ز ما بسطام ببرد
بيكى تند بى حفاظ سپرد
من چوجم دل بغصه آكنده
شده اندر جهان براكنده

گاه در شام وگاه در ارمن
گاه اطلال جای وگاه دمن
گاه همچو نهنگ در دریا
گاه همچو پلنگ بر صحرا
که ستنبول جای وگه لشکر
گاه مغرب مقام وگه بربر
مدتی کار من زدهر دو رنك
تیغ و پشت سمند و حرب فرنك
رزمها دیده حربها کرده
طعنها داده ضربها خورده
گاه گاهم غذا ندامت و غم
از بی دوستان طبع دژم
دوستانم چو باز پرکنده
همچو من در جهان پراکنده
باز چون لطف حق جمال نمود
گردش چرخ هم وفا فرمود
خواب همه صواب می دیدم
اثر آن بخواب می دیدم
عزم کردم بجانب الامان
کاندر آمد مبشری بامان
خبر مرك خصم و فترت ملك
گفت هین شاد شو بروی ملك

# ABRÉGÉ DU SELDJOUQ NAMÈH.

نامهٔ اکابر اطراف
با پیام خلاصهٔ اشراف
گفت ما جمله داعیان توییم
مهدیا هین که ساعیان توییم
هر دمم هاتف ازرهٔ الهام
گفت عجل وحرك الاقدام
بازگشتم ز ساحل دریا
وآنکهی چه مخوف بحر وشتا
قصهٔ کوتاه بحر ببریدم
تو مبیناش آنچه من دیدم
آمدم سوی برغلو بمراد
ملکی یافتم جویی در باد
مفسدی چند عزم کین کرده
اسپ ظلم وجفا بزین کرده
چون خدا بود یار وحافظ وپشت
خرد کشتند گاه زخم درشت
عاقبت بخت ما مظفر شد
مملکت سر بسر میسر شد
مملکت رام ما ورام شماست
درجهان نام ما وکام شماست
نیك خواهان ز فضل داور ما
مجمع دوستان ما بر ما

هین که وقت است جایی اینجا جوی
گر سرت در کلست اینجا شوی

چون این لطایف بخدمت قدوة الطوایف رسید در آمدن مسارعت نمود وسیر بسری پیوسته در اوراد دعا و ثنا بیفزود سلطان را در استقبال قدوم میمون او اعطاف الطاف در هزت آمد و درعزت جانبش مبالغت فرمود و ملک عز الدین بمرافقت شیخ بمحروسه ملطیه فرستاد و علاء الدین کیقباد را با جمعی از کفاة بتوفقات روانه کرد و در وقت دخول در شهر سلطان را نادرهٔ صادر شد که هیچ کس پسندیده نداشت و آن کشتن قاضی ترمذی بود که اورا بدل امام ابو اللیث سمرقندی می نهادند و سبب آن بود که ممانعت اهل شهر را در وقت محاصرت بفتوی آن حوالت کردند و گفتند او می گوید که غیاث الدین را از آن قبل که تولا بولاء کفار نمود و در دیار ایشان مناهی شرع را ارتکاب کرد سلطنت نمی رسد و از شوی اراقت آن دم بناحق مدت سه سال ساکنان ضواحی و نواحی قونیه از مزروعات و بساتین بری نخوردند عاقبت از کرده پشیمان شد و مخلفان و اعقاب قاضی را بنواخت و عذرها خواست

### ذکر عزیمت سلطان غیاث الدین کیخسرو بر فتح انطالیه

سلطان روزی بر عادت معهود بر تخت نشسته بود و داد می داد ناگاه جماعتی تجار بدادگاه در آمدند جامها چاک زده و خاک بر سر کرده که ای شاه بلند اختر ما طایفهٔ تجاریم که در طلب منال عیال از وجه حلال سر در معرض خطر نهاده و سفرهاء شاق در پیش گرفته ایم اطفال ما را

بسبب آن کسب پیوسته انکشت بلب کوش بدر چشم براه مانده باشد
که تا کی پدری روی پسری بیند ویا نامۀ از برادری ببرادری رسد از
دیار مصر بر بندر اسکندریه گذشتیم واز آنجا بکشتی بثغر انطالیه آمدیم
حاکمان افرنج مارا در رنج داشتند وبی صدور جریمه ناطق وصامت مارا
از قلیل وکثیر بظلم وعدوان بستدند واز سر طنازی گفتند آنك سلطان
عادل غازی در قونیه نشسته است وبساط معدلت کسترده تظلم را نزد او
برید تا لشکر کشد وسفاء صدور ما تقدیم دارد سلطان را بر ذلت وقلت
ایشان رقت آمد وآتش عصبیت زبانه زد بدارای دارنده سوکند خورد که از
پا ننشینم تا اموال شما را بدست نیارم من مرارت غربت چشیده ام
ونکایت ظالمان دیده

من می دانم حال شما مسکینان     زیرا هم ازین غدکلامم بودست

پس باطراف ممالك بدعوت عساکر فرمانها اصدار فرمود ودر اندك مدت
لشکر بسیار جمع شد وباستظهار فضل کردگار با لشکر جرار روی بدیار
کفار نهاد بعد از طی چند مرحلۀ معدود بدان حدود رسید سپاهی
آوازا ودلیرکه هنگام اقتحام ممالك در دهان شیر در آیند پیرامن دایرۀ
انطالیه چون دایرۀ السؤ از هر سو در آمدند ومنجنیقها نصب کردند واز
بام تا شام دو ماه متواتر مقارع ومحاصر بودند چون بهیچ نوع فتور بمردان
سور راه نمی یافت سلطان فرمود که عوض کرز وسنان با تیر وکمان جنك
آغازند وامان ندهند که هیچ فرنك از شرفات باره نظر بر دلاوران جنك
تواند کرد وپهلوانان جرب حرب کنند ونردبانها بر باره نهند وعیار مردی را
بر محك امتخان باظهار رسانند چون این فرمان بمسامع مجامع عساکر

رسانیدند بیکبار چون ملخ ومور در شور آمدند و در کمتر از یك ساعت نردبانهای که با اوج فلك از غایت درازی هم رازی کردی بر بدنی نهادند اول کسی که قدم صدق گزارد ودست برد نمود حسام الدین بولق ارسلان بود از سپاهیان قدیم قونیه که با تیغ وخود وخفتان بر بارۀ سنك چون پلنك بر دوید وخود را در میان فرنك انداخت ونفری چند را سوی سقر سفر فرمود باقیان ترك قرار کرده راه فرار گرفتند دلاوران لشکر از هر طرف با تیغ پولاد چون باد که برکوه کذرد بر باره بر آمدند و سنجق سلطان را بر شرفات باره نصب کردند آنکه بشهر فرو رفتند وبزحف تمام بزخم گرز وکوپال اقفال را بشکستند ودر باز کردند باقی عساکر چون عقبان کواسر در شهر در آمدند وبنابر آن که در مدت محاصرت فرنگان زبان بناسزا دراز کرده بودند سلطان فرمود که سه روز کشش کردند واز خون کفار ملتها بساط احمر بر روی بحر اخضر گسترده ماند ومرغ وماهی را اشلا وجیف آن حافیان ضیافتی بسزا مهیا شد بعد از آن فرمان رسید که تیغها از رقاب در قرایب کنند وبا آن نهیب زدکان که بقایاء سیوفند بسی ونهاب خطاب کنند پنج روز دیگر امواج تاراج وبحار غارات در تلاطم وتصادم بود روز ششم امارت انطالیه را بمبارز الدین ازنفش که از غلامان خاص سلطان بود ودر غربت ملازمت رکاب همایون کرده ارزانی داشت واین حکایت وفتح در شعبان سنه ثلث وستمایه اتفاق افتاد پس فرمود تا با حشم خود در شهر در آید وآمان دهد ومدتی سلطان نیز آنجا اقامت فرمود تا رخنها که در وقت محاصرت در باره راه یافته بود مرمت گرفت وقاضی وخطیب وامام ومؤذن ومنبر ومحراب نصب رفت وبعد از اتمام احتیاط عنان بر صوب دار الملك قونیه تافت چون یك

منزل از سواحل قطع فرمود نواب دیوان سلطنت را فرمود تا در منزل دودان اقامت کنند و اخساس خاص را بتحصیل رسانند و بازرکانان را که تظلم کرده بودند و در بیکار ملازمت نموده و مرکوب و ماکول از اصطبل و مطبخ خاص داشتند طلب فرمود و نسخ اموال را باز خواست تا هرچه در غنایم عساکر موجود باشد ستانند و بامیر مبارز الدین فرمان نوشتند که باقی را آنجا طلب کند و هرچه مفقود باشد از وجوه خاص برساند چه سبب چنان فتح رفع ظلامهٔ ایشان بود و آن کسی بر عدو جهت جبر حال ایشان شد و سلطان بمرادات بقونیه بپیوست چنین کنند بزرکان چوکرد باید کار

ذکر عزیمت سلطان بغزو بلاد روم و ترقی از آنجا بدرجهٔ شهادت

چون سلطان از غزو ثغر انطالیه مراجعت فرمود و آن مملکت جدید با تصرف بندکان قدیم سلطنت بپیوست جباران دهر و کردنکشان عصر سر بر خط فرمان و قدم بر جادهٔ عهد و پیمانش نهادند و در خاطر هیچ کس نمیکذرد که عقدهٔ آن دولت انحلال یابد و آفتاب آن سعادت زوال پذیرد بازیکی تقدیم از پس پرده لعبهاء غریب نمود و نمشهاء عجیب آشکار کرد تا نواهض همت و بواعث عزیمت سلطان را بر غزو بلاد روم که بلشکری منسوبست در حرکت آورد و سبب آن بود که چنانک پیش از این ذکر رفته است سلطان را در خروج و دخول از بلاد او و ممالک اسلام مانع میشد و این زمان که بر تخت کامکاری تمکن یافت در ارسال اتاوات و ارتسام اوامر و خدمات تلکؤ و توقف مینمود روزی سلطان با ارکان دولت خلوت کرد و در باب تدارک کارلشکری سخن راند و فرمود که

اگر تلافی فضول وغرور او حمله تقديم نرود ممکن که بجایلی بزرگ مفضی باشد اکابر دولت کفتند نقض عهود مذمومست وعاقبت آن شوم واليمين الغموس يدع البلاد بلاقع حاصل اين انديشه جز خرابی مملکت وپريشانی حالت دولت ميتواند بود راه وعد ووعيد درين باب بسته نشده است رسولان بايد فرستادن وعتاب بليغ وبازخواست عنيف کردن اکر از راه استغفار باسر اعتذار آيد آيت لا تثريب عليکم اليوم بر بايد خواند واکر بر نفاق وشقاق اصرار نمايد اخر الدواء الکی را حجت وبرهان بايد ساخت سلطان فرمود که

ووضع الندی فی موضع السيف بالعلی
مضر کوضع السيف فی موضع الندی

آنجا که زخم نيشتر مبضعات هندی بايد سکنجبين سکری عناب فايده ندهد سواء عليهم الانذرتهم ام لم تنذرهم لا يومنون فرمانها باطراف ممالک فرستاد واکابر واصاغر امراء عساکر را ترتيب غزا وجهاد تحريص داد بر موجب امر اعلی باستعدادی هر چه تمامتر کافهٔ لشکر کشان وسروران وسپهداران با عديد وانصار بلشکرگاه حاضر شدند بر هئتی که از هيبت آن شيرزمين چنکال وعقاب آسمان پر وبال بيفکندی دربندکی رکاب همايون سلطنت روان شدند چون بحدود آلاشهر که از معظمات بلاد روم است رسيدند جاسوسان خبر حرکت رايات سلطنت بلشکری رسانيده بودند فربادنامها بقبايل وعشاير وحکام بلاد وجزاير ارسال کرد ولشکری بعدد رمل والنمل والمطر والحصی مما لا يعد ولا يحصی فراهم آورد وبتعبيهٔ تمام روی بقتال لشکر اسلام نهاد وازين طرف عساکر

سلطان چون بحر مایج هایج کشتند وسلطان چون آفتاب رخشان
قزاکندی چون لعل بداخشان پوشیده وکمانی سخت چون دل سیم بران
در بازو فکنده وپلارکی روان چون اشك عاشقان بر میان بسته بر اسپی
پیل زور نیل کذار که بیك جفته رخنه در سبغ شداد انداختی ودروقت
دویدن از کرد حوافر بر آسمان زمینی دیکر ساختی سوار کشته در قلب
ایستاده بود چون تطاول ربع وتعدی تیر ووقاحت سپر وسلاطت تیغ
وخشونت سنان وسر زنش کز کران مشاهده کرد جهت قطع دعاوی
وفصل خصومات حسام حیت بر کشید وصف هیجا را بیك حمله بر درید
در میان معرکه بقلب دشمن رسید لشکری را ایستاده دید تیغ ازو دریغ
داشت دست بنیزهٔ خطی نهاد وهم در صدمهٔ اولی جهر طامة الكبری
بدو نمود واز پشت اسپ بر روی زمین انداخت وبر سبیل عتاب
خطابش یا کندوس فرمود یعنی ای کل بندکان خاص خواستند که سرش
از تن جدا کنند مانع شد وفرمود تا باز سوار کردانیدند ویله کردند
چون لشکر لشکری را نکبت ملك معلوم شد انهزام کرفتند وبحکم تقدیر
تمامت جانداران ومفارده از سلطان جدا شدند وبسلب اسلاب
مشغول کشتند آنکاه فرزکی ناشناس با سلطان مقابل افتاد سلطان
بزعم انك از حشم منصور باشد بدو التفاتی نمود چون از سلطان در
کذشت عطفهٔ کرد وبضربهٔ حربه جان نازنین اورا بفردوس رسانید
واسباب وسلاح وملبوس را فراهم آورد وباکوکبهٔ از سپاه لشکری آمد
چون لشکری آن پوشش را بدید در حال شناخت پرسید که این ملبوس
از کجاست جواب داد که ماکش را برضوان تسلیم کردم لشکری فرمود که
در این زمان راه بدان مقتول توانی بردن وجثهٔ اورا آوردن کفت توانم

چند کس از دلیران جند با او فرستاد تا قالب مطهر سلطان را بر گرفتند
ونزد لشکری آوردند چون بدید بکا وعویل آغاز کرد واز باب این حالت
فرمود تا فرنک را زنده پوست بر کندند چون امرا وسروران لشکر را معلوم
شد که سلطان درجهٔ شهادت یافت سراسیمه وخیره بماندند وهزیمت را
غنیمت شمردند ولشکر لشکری را انتعاش وارتیاش ظاهر شد ودر پی
منهزمان اهل اسلام افتادند وخلق بسیار در آن ملاحم بعضی بقتل
وبرخی بغرق وکوهی بخشف در اوحال ومخاضات تلف کشت واینه
چاشنی کیر را اسیر نزد لشکری بردند چون اینه را نظر بر جثهٔ مبارک
سلطان افتاد فریاد بر آورد وخود را در خاک قدم سلطان می مالید
لشکری فرمود تا بند از او بر داشتند واو را تسلیب داد وسلطان را
اگرچه درجهٔ شهادت یافته بود بمشک وکلاب مطیب کردند ودر مقابر
مسلمانان برسم عاریت نهادند وبعد از انقشاع غمام واقعه بقونیه بردند ودر
کنبدخانهٔ اباء واجداد برضوان تسلیم کردند

# Extrait de la traduction turque
## du Seldjouq Namèh.

ذكر استماع سلطان ركن الدين وفات پدررا وصرف اهتمام بر انتزاع
ملك از قبضۀ تملك برادر و تمكن او بر سرير مملكت سلطنت

چون ملك ركن الدين سليمانشاه آتاسی وفاتی خبرين ایشتدی چوق فراق
وحسرت یاشلرین عزا وبکا شرایطن یرینه کتوردی اما چون ایما
تكونوا یدرککم الموت معناسی خاطرنده مقرر و محقق اولمشدی ایرشسردی
جراقی فراق وسایل سوایل آماق برله اطفا ایدوب تبکیه تسلیه یه تبدیل
قلدی و تعجیلله کندو اجناد و اعوان و نوکر و عساکره آدملر کوندروب قاتنه
اوقدی که اولماسون که قلان قرنداشلر زربت و مصیبتی غنیمت و فرصت
بلوب هر بری تفرد و استقلال اختیار قلار اول سببله ممالك مهالكه ایرشه
و اضطراب و اضطرار و هرج و مرج ظهور بولا دیو چری دیرلمدن کندوزی
توقاتدن چقدی و بیوردیکه هر کش یراق و استعدادین کوردکدنصکره
موكب همایون عقبنجه مسارعت و مبادرت قلوب یولده بیزه ملحق اولالر
و چون اقسرا محروسه سنه ایرشدی بی عد و حد چری و بعضی قرنداشلری
و بکار و ملکار ایرشدی زیرا او کوردی مجموعنی مواعید جمیله برله مستظهر
قلمشدی و هر بیرینوك ارادت و التماس و فقجه احکام وتقریرلر ویرمشدی

رغبت تمام ونیت صادق برله آنك اسعاد واعانتنه اخلاص واعتقاد
قوشغین قوشتدیلر وآنك ركاب همایونی خدمتنده دارالملك قونیهیه واردیلر
وقونیهنوك خلق ممانعت ومدافعت قلقانین یوزلرینه دوتب سواش ومحاربه
ومنازعهیه مشغول اولدیلر وهر گون التمش بیك تیراندار ملك ركن
الدین چریسی ایله تكلجقدن اخشامه دكین مقاتله ومحاربه قلورلردی
شویله که ملك ركن الدین قونیهنك باغات وبساتینی یقیننه وارمغه
اقتداری یوغدی بو حال اوزرنه درد آی کچدی قونیهنك یكتلری دیرلوب
مشورت اتدیلر نه مقدار که جهدموز واردی ایدروز اولا که سلطان
غیاث الدینك ناموس شیشه سنیا وعهد وبیمان که انوكله ایدوب دوروز
دولیه و ما دام كه جانموز تنده در اول عهد وبیماندن دونموز سلطان ركن
الدینك بونده سلطان اولمسی ممكن دكلدر دیدلر واولوركه آنلروك
سوزلرینه اعتبار اولنور ایدی وپادشاهاروك مشورتنه كیروب محل مكالمت
ومخالطت بولورلر ایدی طشره سلطان ركن الدین خدمتنه آدم كوندردلر
وبتی یازوب ایتدیلر که ایكوكز داخی بیزوم پادشاهزادهلرموزدنسز سزوك
ناموسكوز محافظی مصلحتی بر خدمتكارلر اوزرنه مهما امكن واجب ولازمدر
اكر ملك ركن الدین شول عهد اوزرنه كه آتاسی حیاتنده قرنداشی
ولایتیچون ایدوبدر ثابت قدم اولا والی محاربه ومحاصرتدن چكوب چریتی
قونیه اوزرندن كوچوره بیز سلطانه نعل بها واخراجاتیچون كه سفرده
اولمشدر بالفقره اشبو تفصیلجه خدمت ایدهلوم

## ABRÉGÉ DU SELDJOUQ NAMÈH.

| زربفت | اطلس استانبولى | نقد |
|---|---|---|
| ایکی یوز دونلی | هر لوندن اوچیوز طونلق | بیش یوز بیك التون |

| اسب | كتان | چوقات |
|---|---|---|
| اوچ یوز باشی | هر نوعن اون بیك ارشون | هر نوعن اوچ بیك ارشون |

| قویین | صغیر | قاطر | دوه |
|---|---|---|---|
| اون بیك باشی | ایکی بیك باشی | ایکی یوز باشی | اوچ یوز باشی |

ترتیب ایده لوم وخزانه واصطبل ومطبخ عامره کوندره لوم وآگر البته دنیا عرضى سببى ایچون قرنداشندن اعراض ایدوب مقصودى سلطانلقده ایسه آند ایچسون كه هیچ وجهله آنوك مضرتى سلطان غیاث الدین کیخسرو وآنوك اوغوللرینه وخزاین واتباع واشیاع ونوكرنه ایرشمیه قویه که مالى

واسبابی واولادی وتعلقاتله قونیه دن چقوب هرنه پیره دیلرسه کیده و بر
دخی اوچ بیك مسلح پیاده آنوك همایون ركابی خدمتنجه بدرقه وقلاوز
كوندره لوم تا اول مملكته دكین كه آنوك مقصدی در پیتوره لر آندنصكره
بر قپولری آچلوم سلطان شهره كیروب مبارككیله تخته كچسون دیو
بو معنی ملك ركن الدین حضورنده مقبول ومسموع اولندی فی الحال
والزمان سوكند نامه یازلمغه اشارت قلدی ایمان غلاظ وشداد برله وامرا
وكابرله مشهود ومشحون ارباب دول واقلام حضورنده قلمه كلدی وشهر
سرورلرینوك هر برینوك آدنه مسالك براتی وتیمار ومناصب احكامی یازیلوب
وپیمانی تازه قلوب تاكید له آند ویرسون كه بو قول وقرار اوزرنه بر ذره
مخالفت اتمیه وبكا یول ویره اوچ طرفنه كیدم كیرو ایكی كشی كوندردلر
ویردیلر چون عهدنامه واحكام شهر خلقنه ایرشدی جمع اولوب سلطان
غیاث الدین خدمتنه واردلر وخدمت وصراعت پیرین اوپب دعا وثنا قلدلر
وایتدلر سلطانوك شریف ذاتی روزگار غدار غوادثنندن محروس و همایون
حضرتی انواع خرملق وشادكاملق برله مالوف ومانوس اولسون پادشاه
اسلامك عالی رایه اعلاه الله تعالی مقرر اولسون كه محاصرات مدتی
اوزاندی وبراق وذخیره آز قالدی وملك ركن الدین داخی اخوت وقرابت
جهتیچون هیچ نوعله رشاد وثواب طریقنه كتوریمدوك وآنوك غوغا وغلبه سن
سلطنت وممللكت اوزرندن كتوریمدوك وآنك قاتنه آدم كوندروب حضرتكوز
بابنده مكالمه قلدوق وجهد وسعی ایدوب بلدردك كه حضرتكوز سلطنتی
بابنده قسم یاد اتمشوز حق تعالی یی وانبیای آنوك اوزرنه طائق دوتمشوزكه
اكر اول ایمانه مخالفت ایدرسوز اهل ایماندن اولمیاوز دیدوك هیچ بر وجهله
رضا ویرمز چون كوردك كه سلطنت سوداسنك غوغاسین خاطرندن خالی

## ABRÉGÉ DU SELDJOUQ NAMÈH. 101

قلزو هیچ بر طرفدن بو حاله چاره و درمان اولمز ایتدوك چون مقصودی
البته سلطنتدر عهد ایدوب سوکند نامه کوندرسون که اصلاً ورأساً آنوك
اذیه و بلیتی قرنداشلرینك واركان دولتنوك زحمتی هیچ وجهله سلطان
غیاث الدینه و اولادنه و تعلقاتنه اولوسنه و کچیسنه و مال و خزینه‌سنه
و مواشی و مراكبنه ایرشمیه ویول ویره که مباركلك و سلامتلغله هر یره
که مصلحت کوره عزیمت قلا و بو قوللردن داخی اوچ بیك یایلو
و اوقلو خدمتکوزه قصد ایتدوکوز مقامه دکین بدرقه قوشاوز و شهر قاپولرنی
پادشاه اول مقامه واروب بیزه نشان کوندرمینجه اچماوز و سلطان ركن
الدین داخی بو تدبیری صایب کوروب بر قوللر سوکندنامه و عهدنامه
و مناشیر کوندردی آکر فرمان اولورسه بو قولی ومیثاق رعایت ایده‌لوم اولا
که پادشاهك طالعی که هبوطه رجعت ایتمشدر بر مدتدن صکره ینه
شرف سعادتده واقع اولا واکر فرمان اولمزسه ینه قتال و جدال قیام
کوستروب خانمان و اهل و اولادموزی پادشاه یولنه فدا ایده‌لوم دیدلر
سلطان جواب ویردیکه بو درد آی ایچنده که مقارعت و منازعته مشغول
اولمشوز سیزوك اخلاص و اطاعتکوز و وفادارلغکوز بکا معلوم و محقق اولدی
وبنوم ایچون چوق رنج و لعب چکدکوز و لطف و کرم و عهد و بیمانده
تقصیر ایتدکوز مصلحت اولدرکه شمدن کرو زحمتی اوزکوزدن کیده‌رم دیدی
و بر کشی داخی کوندروك وارسون قرنداشمله آکیلیدن عهد و اروب
آکیلیدن آند و یروب تأکید عهد و میثاق قلدلر و اول ایکی کشیه
سلطان ركن الدین ایکی کشی داخی قوشوب سلطان غیاث الدین
خدمتنه شهره کوندردی عهد و سوکند نامه کنوروب سلطان غیاث الدینه
ویردیلر چون سلطان مطالعه قلدی خاطری مطمئن اولوب شهر خلقنه

ايتدى بکا سزوك بايالر بکوز کرکمز بن کندو نوکرم و جماعتله رحلت قلوب غربت يولنه کيدرم وحق تعالى يه توکل قلوب اضطراردن جلا اختيار ايدەرم لعل الله يحدث بعد ذلك امرًا بجموعکوزى تکريه اصرلدوم ددى کرکدرکه بن کندوکومدن صکره قرنداشوم خدمتنه واراسن وآنى اکرام واجلال برله تختنه کچوره سر ددى وآنلره وداع ايدوب اهل واعيال وتعلقاتيله کوچدى وفراق اودينك حرقتندن بجموعنك جکرى کباب اولوب اشك خوناب يوزلرى اوزره روان اولدى

# L'OURS ET LE VOLEUR,

## COMÉDIE EN DIALECTE TURC AZÈRI

### PUBLIÉE SUR LE TEXTE ORIGINAL
### ET ACCOMPAGNÉE D'UNE TRADUCTION

#### PAR

### A.-C. BARBIER DE MEYNARD.

# AVERTISSEMENT.

En offrant au public ce nouveau spécimen du dialecte turc parlé dans toute la région qui s'étend de Tébriz à Tiflis et des frontières de l'Arménie au littoral de la Caspienne, j'ai été guidé moins par le mérite littéraire et la *vis comica* de ce drame bouffon que par l'intérêt linguistique qu'il présente. J'ai déjà eu d'ailleurs l'occasion de m'expliquer sur ce point dans le *Journal asiatique* [1].

Si l'auteur Feth Ali Akhounzadè est connu en Europe depuis quelques années, il le doit surtout à son traducteur persan. C'est de la version persane publiée à Téhérân que deux orientalistes anglais ont tiré la comédie du *Vézir de Lankorân*, la perle du recueil. C'est de cette même édition persane que j'ai extrait trois autres pièces avec la collaboration, hélas! trop vite et trop cruellement interrompue, du regretté S. Guyard. Tout récemment enfin, sur le texte publié par nos soins, M. A. Cillière, ancien élève de notre École des langues orientales, a calqué une traduction d'une fidélité irréprochable, précédée d'une étude approfondie sur les essais du théâtre en Perse et dans le Caucase [2].

---

[1] *L'Alchimiste*, comédie en dialecte turc azèri. *Journal asiatique*, janvier 1886, p. 5 et suiv.

[2] La version persane a été lithographiée à Téhérân (1871 à 1874). — Voir aussi : *The vazir of Lankorân*, a Persian play by W. H. D. Haggard and G. Le Strange. Londres, 1882, in-12. — *Trois comédies traduites du dialecte turc azèri en persan et publiées d'après l'édition de Téhéran*, etc., par C. Barbier de Meynard et S. Guyard. Paris, 1886, in-12, chez Maisonneuve. — *Deux comédies turques* traduites pour la première fois en français, d'après

Les travaux que je viens d'énumérer me dispensent de revenir sur l'œuvre originale et sur ses différents traducteurs. Je me bornerai à rappeler au lecteur que si la comédie que je lui présente aujourd'hui est inférieure à certains égards à celles qui ont été publiées jusqu'ici, elle a comme celles-ci le mérite d'offrir un tableau de mœurs locales peint d'une touche naturelle et gaie, et peut-être est-elle plus intéressante encore pour l'étude comparée des dialectes turcs, parce que le style se rapproche davantage de la langue populaire. On y remarquera à chaque page les traits suivants caractéristiques du turc azèri : 1° sons rudes et gutturaux; 2° altérations fréquentes surtout par métathèse; 3° formes archaïques communes avec les dialectes *turki;* 4° orthographe plus indécise encore que celle de l'osmanli; 5° influence du persan sur le lexique et la syntaxe; emploi fréquent du relatif *ki*, etc.

Pour de plus amples détails, je prie le lecteur de se reporter aux détails que j'ai donnés dans le *Journal asiatique*[1]. Il trouvera en outre, dans les notes concises placées sous le texte, quelques particularités intéressantes. Pour les mots d'un emploi inconnu ou rare, j'ai suivi la version persane, mais non sans avoir recours au contrôle du savant le plus versé dans la connaissance des dialectes turcs, mon confrère et ami M. Pavet de Courteille, qui a bien voulu me fournir des exemples tirés de ces dialectes. Je me suis limité ici au strict nécessaire pour ne pas dépasser les limites qui m'ont été d'ailleurs tracées avec une libéralité que je ne saurais trop reconnaître. Cette même considération me faisait un

---

l'édition originale de Tiflis et la version persane de Mirza-Dja'fer, par A. Cillière, attaché au Ministère des affaires étrangères, 1888, in-12, chez E. Leroux.

[1] Voir p. 4 et suiv.

devoir de serrer le texte d'aussi près que le permet le rigorisme de notre langue. Le mot à mot auquel je me suis astreint presque partout suppléera, dans une certaine mesure, aux observations de détail que chaque ligne aurait provoquées. Mon texte est établi sur l'édition unique et aujourd'hui presque introuvable, qui a paru à Tiflis en 1858.

J'ose espérer que cet essai, malgré ses imperfections et ses lacunes, sera accueilli avec la même indulgence que celui qui l'a précédé dans le *Journal asiatique* et qu'il contribuera à propager l'étude d'une famille de langues, riche en variétés dialectales et bien digne de l'attention des philologues.

## حکایت خرس قولدور باسان

یعنی تمثیل کذارش عجیب که کیفیّتی اوچ مجلسده بیان اولوب اتمامه یتر

افراد اهل مجالس

دیوان بکی
کمالوف اونک دلمانجی
مشهدی قربان
تارویردی اونک اوغلی
برزاد اونک قرداشی قزی
نجف
نماز
زالخا اونک آروادی
بایرام جوان اوغلان
ولی خاتون اوغلی
اوروج نصیب اوغلی
صونا برزادک قاین آناسی
کوخا
ماطوی قزاق
فرانس فوق حافظ جانوران
کریم یساول
تراکمه لر و قزاقلار

# L'OURS ET LE VOLEUR[1],

### PIÈCE EN TROIS ACTES.

#### PERSONNAGES :

Le Gouverneur;

Kemaloff, drogman du gouverneur;

Mechhèdi Qourban;

Tariverdi[2], son fils;

Périzade, nièce de Mechhèdi Qourban;

Nedjef; — Namaz;

Zalikha[3], femme de Namaz;

Baïram, vaillant jeune homme;

Véli, fils de Khatoun;

Ouroudj, fils de Naçib;

Çona, belle-mère de Périzade;

Le maire;

Matvei (Mathieu), cosaque,

Franz Fuchs[4], dompteur;

Kérim, huissier du gouverneur.

Turcomans, Cosaques.

---

[1] Le titre exact est «l'ours qui terrasse le voleur»; la traduction «l'ours gendarme», que j'ai indiquée ailleurs, est trop libre et ne répond pas à la donnée générale de la pièce.

[2] Abréviation de *Tanri-verdi*, Dieudonné; on prononce vulgairement *Tarverdi*.

[3] Prononciation vulgaire pour *Zuleikha*.

[4] On a donné ici un équivalent allemand à ce nom qui, dans le texte, est écrit une fois *Foukht*, et partout ailleurs *Foukh*, avec la prononciation gutturale du ڃ.

## اوّلنجى مجلس

واقع اولور درهنك ایچنده بر بیوك بالوط آغاجنك دیبنده که پرزاد اوتوروبدر داش
اوستنده یاننده قیوراق کیمش ویراقلامش بایرام كوزین اوکا تكش

بایرام آخر که بو بالوط آغاجنك دیبنده مکا میسّر اولدى که سنكله
كوروشوب دانشوب اوركمى بوشالدام نیه كرو باخرسن

پرزاد آى امان قورخرام

بایرام قورخما من سنى چوخ آکلمنم ایندى پرزاد مکا دى كورم سن
كیده‌جکسن تاروبردیه بو تاته آرواد اولاجاقسن صکره قزلار ایچنده
كورنجکسن که كویا سنكده ارك وار

پرزاد نه ایلیم الملدن نه کلور آتام اولوبدر بر آنام ایله قالمشم عومك اختیارنده
قارداشم یوخ بر کومکم یوخ عوم ایستری که منى اوزکیه ویرسون آتامدان
قالان سوروىی ایلخنى اوزکیه تابشورسون

بایرام بس معلوم اولر که عوك سنى آختارمیر آنجاق سنك سوروك ایلخیك [1]
آختارر اونك ایچون ایسترسنى اوز اوغلنه او نجکه او ماینافه ویره که عرنده
بر سرچه وورُدوق بر قوزى اوغورلادوق یوخدر

پرزاد نه ایلیم یازونى بوزماق اولماز هلبت منم ده قبامده بیله یازیلمشمش که
کرك من نجك آروادى اولایدام

---

[1] On écrit aussi : ايلغى et ايلخى ; le sens ordinaire est «troupe de chevaux, haras»
mais on trouve aussi la signification d'«animal, bête», dans le *Koutatkou bilik*, p. 116.

## ACTE PREMIER.

Un vallon. — Périzade est assise sur un rocher, au pied d'un grand chêne; près d'elle Baïram, en tenue de guerre et tout armé, la regarde attentivement.

Baïram. — Enfin j'ai pu te rencontrer au pied de cet arbre, te parler, t'ouvrir mon cœur! Pourquoi détournes-tu la tête?

Périzade. — Pitié, je tremble.

Baïram. — Ne crains rien, je ne te retiendrai pas longtemps. Dis-moi, Périzade, tu vas donc épouser ce poltron[1] de Tariverdi, pour te vanter ensuite parmi les filles d'avoir trouvé un mari?

Périzade. — Hélas! que puis-je faire? Mon père est mort, je reste seule avec ma (belle-)mère sous la dépendance d'un oncle; je n'ai pas de frère, pas de soutien. Mon oncle consentira-t-il jamais à me donner à un étranger? voudra-t-il que le bétail et les chevaux, héritage de mon père, passent à un étranger?

Baïram. — Ainsi ce n'est pas toi qu'il recherche, ce sont tes troupeaux, tes chevaux. C'est pour cela qu'il veut te donner à son fils, ce *tadjik*, ce niais de Tariverdi qui, de sa vie, n'a tué un moineau, ni dérobé un agneau.

Périzade. — Que faire? Peut-on changer sa destinée? Il était sans doute écrit sur mon front que je deviendrais la femme d'un *tadjik*.

---

[1] Le texte porte le mot *tat*; ce nom et celui de *tadjik* désignent ici les populations de race persane qui habitent le pays de Bakou et les pentes nord du Caucase jusqu'aux

بايرام يعنى نه درددر نجكه آرواد اولماقدان ايسه اوزكى بوكوله توللميوب بوغولسان يى دكل مى

يزداد البتّه يوز قات بوغولماقم تاروبرديه آرواد اولماقدان يى درسندن چكترم اكرسن رخصت ويرسن بركون بو دردىله اوزى ساغ قوىمانام

بايرام اللّه ايلسون سوزكلشى من بيله ديرم سن اوليماندان صكره داخى من نيه دنيا اوزبنده كزرم سنك اولومكا هيچ وقت راضى اوله بلنم وتاروبرديه ده آرواد اولماقكا تابلاشمانام كوىى صباح بر كلّه تاروبردينك بويىنه ووررام صكره اوزمك ده باشمه هر نه كلسه كلسون

يزداد بس ايله ده بر كلّه ده مكا وور مىدە اولدور سندن صكره من داخى نيه كرك دنياده ساغ قالام

بايرام سن نه ايچون ساغ قالياسن سن ساغ قالورسن صكره بارى بر باشقه آبرلو[1] ووران يخان اوغلانه كيدرسن هيچ اولماسا تاى توش طعنه سى چكمزسن

يزداد آبايرام اللّهى سيورسن منم اوركمى قانه دوندرمه منم اوز دردم اوزمه بس دراكر من ووران يخان اوغلانه نصيب اولسايدم سكا نصيب اولوردم

بايرام مكا نصيب اولماقك اوز الكده در اكر ايسته سن

يزداد نجه اوز المده در

---

[1] Ce mot est peut-être une contraction de آبدارلو ou آبرولو, mais on n'en a pas signalé d'autre exemple.

Baïram. — Est-ce un malheur (inévitable), et plutôt que de devenir sa femme, ne vaut-il pas mieux te précipiter dans ce lac et y trouver la mort?

Périzade. — Oui, une pareille mort est cent fois préférable à un époux tel que Tariverdi, mais c'est pour toi que j'ai peur. Permets que je renonce à la vie, je suis si malheureuse!

Baïram. — Dieu t'en préserve! J'ai parlé sans réflexion. Toi morte, que ferais-je encore sur cette terre! Non, je ne consentirai jamais à te perdre et ne souffrirai pas que tu sois la femme de Tariverdi. Demain matin, je lui loge une balle dans les reins, puis arrive que pourra!

Périzade. — Alors, garde une autre balle pour moi. A quoi bon vivre ici-bas quand tu ne seras plus?

Baïram. — Pourquoi ne pas vivre? Tu vivras, tu en épouseras un autre, un jeune homme brave et vaillant, et du moins tu ne subiras plus les railleries de tes compagnes.

Périzade. — Pour l'amour de Dieu, Baïram, ne me déchire pas le cœur, j'ai assez de mes chagrins. Si je devais appartenir à un vaillant jeune homme, c'est à toi que j'appartiendrais.

Baïram. — Il ne dépend que de toi d'être ma femme, si tu le veux.

Périzade. — Il ne dépend que de moi? Et comment?

---

abords des plaines du Kouba. Ces deux noms ont toujours dans notre texte une acception méprisante. Quoique l'auteur ne donne aucune indication à cet égard, il est probable que l'action se passe chez les Tartares établis sur les rives de l'Araxe et dans le bassin de la Koura, dont ils occupent la région orientale, en aval de Tiflis.

بابرام بیله که مکا اذن ویرسکی کوتورم قاچم

برزاد هارا

بابرام قراباغه ایروانه باشقه اوزاق یره

برزاد (برآز فکر ایدوب) خیر آنام راضی اولماز آنامك کوزینك آغی قاراسی بر منم منی اوزاق آپارسن آنامك کونی قارا اولور

بابرام بس قوی سنی آپارم محالزك او بری باشنه

برزاد ایچ او بوش ایشدر عوم دولتلو زورلو کشیدر بو یاخونده هیچ وقت منی سنك الکده قویماز باشکا یوز مین قالمقال آچار اوستکه تقصیر یخار دیوانه سالار نه بلر نه ایلر

بابرام بس نجه کرك اولسون سن کیده سن تاروبردیه آرواد اولاسن منده قراقدان[1] باخام

برزاد بس نه قایرم بر یول کوسترمن ایله ایدم

بابرام چوخ یاخشی اگر من برحیله قایرم که تاروبردی آرادان چخاسن آزاد قالاسن اوکا راضی سن می

برزاد بشرطیکه تاروبردینی اولدورمك اولیه

بابرام یاخشی اولدورمك اولماسون بیله اوله که تاروبردی بوردن اوزاخلاشا اوزکه یره دوشه

___

"De loin"; — قارا یول, qara yol "longue route", Radloff, t. I, p. 36.

Baïram. — Consens-y et je t'enlève, fuyons.

Périzade. — Où?

Baïram. — Dans le Karabagh, à Érivan, ou dans quelque autre pays lointain.

Périzade (après avoir un peu réfléchi). — Non, ma mère n'y consentirait pas. Ma mère, je suis sa seule consolation ; si tu m'entraînes loin d'elle, le jour deviendra noir à ses yeux.

Baïram. — Eh bien, laisse-moi du moins te conduire tout au bout de notre territoire.

Périzade. — Hélas, ce serait en vain ; mon oncle est riche et puissant. Si près d'ici, il ne me laissera pas en ton pouvoir ; il te jettera cent mille reproches à la tête, portera plainte, te traînera devant le divan, que sais-je !

Baïram. — Alors qu'arrivera-t-il ? Tu épouseras Tariverdi et je te regarderai de loin !

Périzade. — Mais que faire ? Indique-moi un moyen, j'obéirai.

Baïram. — Très bien. Si je trouve une ruse qui nous débarrasse de Tariverdi et te rende libre, y consens-tu ?

Périzade. — A la condition qu'il ne soit pas question de le tuer.

Baïram. — Soit, on ne le tuera pas. On fera en sorte qu'il s'éloigne, qu'il parte pour l'étranger.

برزاد ياخشى بوكا من راضيم

بايرام بس دوركيت تزنماز آروادى زالخانى بورا كوندر كلسون اونكله دانشم

برزاد بو ساعتده كوندررم (كتك ايستيرم)

بايرام (اونك الينى توتوب) بر دايان سوز ديرم

برزاد نه ديرسن

بايرام آظالم منم اوركم اود توتوب آلشريانر ايله منى بيله قويوب كيدرسن

برزاد بس نجه ايليم

بايرام بارى اوركمه براٰز سوسپ كيت

برزاد اودرسو قباقكده چايدان آخر ايچ نه قدر ايستيرسن

بايرام منم اوركك يانقوسى سو ايله سونن يانقودر

برزاد بس نه ايله سونر

بايرام بر جوت[1] اوپوش ايله

برزاد (الين دارتر) ايچ بسدرسنى الله هله ظرافت وقتى دكل قوى كيدم ايندى منم دالوجه كلن اولور

(بايرام اونك بوينى قوجاقليوب بر جوت اوپوش آلر بوراخر برزاد تولانه توللنه اوبعبه قاچر)

---

[1] Du persan جُفت «paire, couple»; voir aussi plus loin, p. 130, l. 9.

Périzade. — Pour cela, j'y consens.

Baïram. — Eh bien, va, envoie-moi sur-le-champ Zalikha, la femme de Namaz, il faut que je lui parle.

Périzade. — Sur l'heure, je te l'envoie. (Elle veut s'éloigner.)

Baïram (la retenant par la main). — Reste encore, j'ai un mot à te dire.

Périzade. — Qu'est-ce donc?

Baïram. — Ah! cruelle, mon cœur n'est que flamme, il brûle, me laisseras-tu donc ainsi!

Périzade. — Que puis-je y faire?

Baïram. — Calme un peu l'ardeur de ce pauvre cœur.

Périzade. — Tiens, voilà de l'eau, le ruisseau est devant toi, bois à ton aise.

Baïram. — Ce n'est pas avec l'eau qu'on peut éteindre l'incendie de mon cœur.

Périzade. — Et avec quoi donc?

Baïram. — Avec deux baisers.

Périzade (retirant sa main). — Allons, trêve, par Dieu. Ce n'est pas le moment de plaisanter. Laisse-moi partir : on vient sur mes traces. (Baïram la prend dans ses bras, lui donne deux baisers et lui rend la liberté. Périzade retourne en courant au campement.)

بايرام (دالوسنجه) زالخانى تزكوندر بورده كوزتلیرم

بايرام (بالغز) آخ تارويردى تارويردى كمان ايدرسن كه يرزادى قوب باجاقام سکا كيده بوکده غريب احقدر بر فکر ايلزکه آخرنه هنرم وار من بايرام ايله ميدانه کرم اونك کمی آتا بلنم وورا بلنم ايسکی آتك آرباسين بوله بلنم آدم هيچ بر قوچاقلوقده سويلميوب بر قولدورلوقده چكلميوب عمرمده بر آت اوغورلامامشم بر اوسکوز قوومامشم کيجه وقتى قورخودان آلاجوقك چتنندن باشمى ديشفارو چخارا بلنم بو اورك ايله نجه بايرام کمى آداسك سووکلوسنه کوز تکرم واللّه اکر يرزاد اذن ويرسه بر کون اونى ساغ قوپمانام

(بو حالده) زالخا (دالوسى طرفندن) سلام مليك بايرام کيمله کاپ ايلرسن[1]

بايرام (دالو چووردولوب) آ زالخا سن سن کيم ايله کاپ ايلرم تاروبردينك قراسنجه سويلنرم

زالخا تارويردى سکا نه ايليوبدر

بايرام داخى نه ايليه جکدر کوپمى قرا ايدوب صبر قرارمى کسوبدر نه کوندوز ديجله بلرم نه کيجه يانا بلرم آز قالوب دلى ديوانه اولوب مجنون کمى داغه داشه دوشم کرم کمى آلشام يانام

زالخا آخر نيه نه سببيله

بايرام او سببيله که بو تجك بو ماپماق ايسترکه يرزاده ار اوله سنى اللّه زالخا دوغرو سويله يرزاد کمى قز هيچ روادر مى که بيله تجکه کيده

[1] *Kiap eilemek* «parler, jaser», mot inconnu dans les autres dialectes.

Baïram (lui crie de loin). — Envoie vite Zalikha, je l'attends ici. (Il reste seul). Ah! maître Tariverdi, tu t'imagines que je laisserai Périzade devenir ta femme. L'étrange imbécile, il ne se dit pas ceci : « Quelle est ma valeur pour que j'entre en lice avec Baïram? Je ne sais pas, comme lui, monter à cheval ou tirer ; je ne saurais même trouver de l'orge pour deux chevaux. Je n'ai jamais détroussé ni volé personne ; de ma vie, je n'ai dérobé un cheval, ni enlevé un bœuf aux troupeaux. La nuit, la peur m'empêche de sortir la tête hors des toiles de la tente. Avec un cœur comme le mien, comment oser jeter les yeux sur l'amante d'un homme tel que Baïram ! » Vrai Dieu, si Périzade me le permettait, ce Tariverdi n'aurait plus un jour à vivre.

Zalikha (arrivant par derrière). — Salut à toi, Baïram, avec qui bavardais-tu?

Baïram (se retournant). — Ah! c'est toi, Zalikha? Avec qui je bavardais? J'en avais après Tariverdi.

Zalikha. — Tariverdi! Qu'est-ce qu'il t'a fait?

Baïram. — Que pouvait-il faire de pire? Il assombrit pour moi la lumière du jour, il détruit ma patience, mon repos. Je n'ai ni trêve le jour, ni sommeil la nuit. Peu s'en faut que je ne devienne fou ; que comme Medjoun je n'erre parmi les rochers et les montagnes, ou que, comme le ver luisant, je ne sois que flamme et que feu.

Zalikha. — Mais enfin pourquoi? Pour quel motif?

Baïram. — Parce que Tariverdi, ce *tadjik*, cet imbécile veut être l'époux de Périzade. Pour l'amour de Dieu, Zalikha, parle-moi franchement, est-il permis qu'une fille comme Périzade devienne la femme d'un rustre de cette espèce?

زالخا كيم ديرْ كه يرزاد تارويردیه كیدهجكدر يرزادك اوركين من بلرم او سندن باشقه بر آدامه اولسهده كيتنر تاروبردى اونك كوزنده چبنجه ده كوروكمس

بايرام بوندن نه حاصل كه تاروبردى اونك كوزنده چبنجه ده كوروكمس اما چبن شيرينیه حريص اولان كمى تاروبردى يرزاده حريص دربوكون صباحدر آناسى مشهدى قربان كابينين كسدروب اوكا ويرهجك

زالخا قزك كوكلى اولماسه نجه اونى اره ويرمك اولور

بايرام ايج زالخا نه دانشرسن اللهى سيورسن قزاوشاقنك الندن نهكلهجك اونك خواهشنه كيم باخاجاق اوّلدن برآز اوف توفّ[1] ايلرصكره چارهسى كسلورتن قضايه ويررآنجاق من آه وزاربله درده كرفتار قالّام

زالخا بس سنك فكرك ندر

بايرام منم فكرم بودر كه ايندیدن باشمك چارهسين كورم تاروبردينى آرادان كوتورم

زالخا يعنى اونى اولدورهسن

بايرام يوخ اوكا يرزاد راضى اولر من اوزم ده صلاح كورمم اولدوركدن نه حاصل من اوزم ده قانلو قاچاق اولّام يرزاد منم المدن ده چخار

زالخا دوغرو ديرسن بس نجه تاروبردينى آرادان كوتورمك ايسترسن

---

[1] Onomatopée dans le sens de «soupir, gémissement»; on trouve اوف قیلدی «il soufflа» dans Rubgouzi, p. 217.

ZALIKHA. — Qui prétend qu'elle sera sa femme? Je connais, moi, le cœur de Périzade : dût-elle mourir, elle ne sera jamais à un autre qu'à toi. A ses yeux, Tariverdi ne vaut pas un moucheron.

BAÏRAM. — Et quand même elle le considère ainsi, Tariverdi la convoite comme la mouche convoite le miel. Aujourd'hui ou demain, Mechhèdi Qourban, son père, lui constituera une dot et lui donnera cette femme.

ZALIKHA. — La marier, quand son cœur s'y refuse !

BAÏRAM. — Hélas, Zalikha, peux-tu parler ainsi? De grâce, que peut faire une jeune fille? Qui tiendra compte de ses désirs? Tout d'abord elle poussera quelques soupirs; puis sa résistance cessera, elle se résignera au destin, et moi je resterai avec mes larmes, mon chagrin, mon désespoir.

ZALIKHA. — Eh bien, que te proposes-tu de faire ?

BAÏRAM. — Je suis décidé à n'agir désormais que d'après mon intérêt : je ferai disparaître Tariverdi.

ZALIKHA. — Le tuer!

BAÏRAM. — Non, Périzade n'y consent pas et moi-même je n'y vois pas d'utilité. A quoi bon le tuer, devenir assassin, être obligé de fuir et perdre à jamais Périzade ?

ZALIKHA. — Tu dis vrai; mais alors par quel moyen le faire disparaître ?

بايرام باخ من نچه اونی آرادان کوتورمك استیرم او سزه چوخ کلر سنك
کشیك نماز ایله چوخ کزر اکر سن وغاز مکا کومك ایدوب بر ایش ایله‌سکر
اوزمك کرد آتمی باغشلارام نماره وبریانی بوزاولو اینك ده سکا ویرم

زالخا دوغرودان بر اینك

بایرام شك سز شبهه سز

زالخا یاننده ده بوزاوی

بایرام بلی بوزاوی ایله اینان که دوغرو دیرم

زالخا بز نه كوك ایدك

بایرام مثلاً تارویردینی بر بهانه ایله ایوکزه چاغرون ایناندرون که یرزاد سندن
اوتری بی اختیار در اما آ سکا کلر که تای توشینك طعنه‌سندن قورخر
اوندن اوتری که دیرلرسن بر تجك وقورخاق آدامسن هامی بلرکه سنك
الکدن هیچ بر ایش کلمر بر اوغورلوقده بر قولدورلوقده بر قوچاقلوقده آدك
چکلمیوب در آتماقك معلوم دکل وورماقك معلوم دکل هانسی قرن سنك
کمی اوغلانی سیورسنده بر هنرکوستر بر آدام سوی یول کتور بارچا
کتوریا برآت اوغورلا بر مال اوغورلا دیسونلر که فلان کس ده بو هنرك
صاحبی در اوندان صکره قرن ده اوکونسون که سنك کمی اری وار تارویردی
اجق در بوسوزلرك هامسنه ایناناجاق سار ساقلوق ایدوب اوزین سالاجاق
خطا بلا یه یرزاد قالاجاق مکا

زالخا واللّه یاخشی فکر ایدوبسن سنك کمی اوغلاندن اوتری كوك چالشام

Baïram. — Voici comment je m'y prendrai : il vient souvent chez vous, il fréquente beaucoup Namaz, ton mari. Si Namaz et toi vous me prêtez assistance et agissez selon mes intérêts, je donnerai à ton mari mon cheval kurde, à toi une jeune vache qui vient de vêler.

Zalikha. — Vrai, une vache?

Baïram. — Sans doute, certainement.

Zalikha. — Et avec son veau?

Baïram. — Oui, avec son veau, crois bien que je dis la vérité.

Zalikha. — Et nous, que faut-il faire?

Baïram. — Par exemple, appelez chez vous Tariverdi sous un prétexte quelconque. Inspirez-lui confiance en disant : « Périzade est folle de toi, mais elle ne veut pas t'épouser, parce qu'elle craint les méchants propos de tous, jeunes et vieux. En effet, chacun dit que tu es un *tadjik,* un poltron ; chacun sait que tu n'es bon à rien ; aucun vol, aucun pillage, aucune razzia n'ont illustré ton nom. Tu ne sais ni tirer, ni frapper. Quelle jeune fille aimerait un garçon de ton espèce? Fais tes preuves, dépouille quelqu'un, apporte de l'argent ou quelque bonne prise ; enlève un cheval, un troupeau. Que l'on dise enfin : « Un tel ! il a du courage » et que cette jeune fille soit fière d'un mari tel que toi. » — Tariverdi est un niais, il croira tout cela, fera quelque sottise, se jettera dans quelque mauvais pas et Périzade me restera.

Zalikha. — Par Dieu, le projet est beau. Il faut s'employer pour un brave de ta sorte.

بایرام دُرُست آڭلادوڭ می دیدوكوم سوزلری

زلخا خاطر جمع اول

بایرام صكره هر نه اولسه مكا بلدررسن

زلخا كیدوب دیوان بكی یه خبر ویره جكسن

بایرام یوخ چوغوللوق¹ پیشه سنی اوستمه كوتورمنم ایش اوزی اوز باشنده آچلور آنجاق من ایسترم خبردار اولام اوركم بر آز توختیه

زلخا چوخ یاخشی صكره هر نه اولسه سكا بلدررم ایندی كیدرم ایشم وار مال كلن وقتدر

بایرام كیت آل بو یایلوق ده سكا پیشكش اولسون

زلخا یا نه یاخشی یایلوق در ایچنده كی ندر

بایرام ایچنده كی ده كشمشدر اونی ده ویر اوشاقلار كا

زلخا آكشی اوغول سنك كمی اولماق كرك سنك قاداك دكسون تارو بردینك بویرینه عمرده اونك الندن من بر چوروك آلماده آلمامشم ساغلوقیله قال مرادكا یتش (كیدر)

بایرام (دالوسنجه) وعده كی اونوتمیه سن

زلخا (كرو دونوب) سنده بر اینك دیمش سن ده اونوتما

---

¹ « Délation »; on trouve le mot چوغول dans le *Cheïbani-namèh*, p. 242; M. Vambéry l'explique moins exactement par *Bösewicht* «scélérat».

BAÏRAM. — Tu as bien compris mes paroles?

ZALIKHA. — Sois sans inquiétude.

BAÏRAM. — Quoi qu'il arrive ensuite, tiens-moi informé.

ZALIKHA. — Est-ce pour aller aviser le Gouverneur?

BAÏRAM. — Non, je ne suis pas fait pour le métier de dénonciateur. D'ailleurs, la chose s'ébruitera d'elle-même. Je veux seulement tout savoir pour être un peu tranquille.

ZALIKHA. — Très bien, tout ce qui arrivera, tu le sauras. Et maintenant je pars, j'ai affaire, c'est l'heure où le bétail rentre.

BAÏRAM. — Va. Tiens, prends ce mouchoir, je te le donne.

ZALIKHA. — Oh! le beau mouchoir! et dedans, qu'y a-t-il?

BAÏRAM. — Quelques *kichmich*[1], donne-les à tes enfants.

ZALIKHA. — Brave jeune homme, il faudrait que tout le monde te ressemblât et prît part à tes soucis. — Tariverdi, je le jure, ne m'a, de ma vie, donné même une pomme pourrie. — Adieu, porte-toi bien et puissent tes désirs s'accomplir! (Elle sort.)

BAÏRAM. — N'oublie pas ta promesse.

ZALIKHA (se retournant). — Tu as dit « une vache », toi aussi ne l'oublie pas.

[1] Espèce de raisin de Corinthe dont les grains sont très petits.

بايرام بلی بر سوتلو جنس اینك كه مثلی اولميا

زالخا ياننده ده بوزاوی

بايرام البتّه بزاویله

زالخا آكشی سنك كمی قوچاق اوغلانی سووكك اولورمی ساغلوقیله قال شاهبازم

بايرام كیت خوش كلدون الله ایندی نه قایرَم كیدم دره ده بارمی اودان زاددن آختارم بر آز فكرمی داغیدم

وضع تماشاخانه تغیر كاهوب نمازك ایوینك صورتی بر یا اولر

## نماز وزالخا

نماز سن دیرسن كه بو ایشدن اوتری بايرام اوزینك كرد آتنی مكا باغشلیاجاقدر

زالخا شكسز باغشلیاجاقدر

نماز عقلا كسر بايرامه اللی قزل منم یانده ساناديار كرد آتنی صاقادی اونی مكا پیشكش ایلری

زالخا برزاددن اوتری او ایندی جانندن كچر آت مال نه شيدر

نماز بلكه آلادا صكره ويرميه

Baïram. — Oui certes, une vache laitière, une bête sans pareille.

Zalikha. — Avec son veau?

Baïram. — Oui, avec son veau.

Zalikha. — Ah! comment ne pas aimer un vaillant jeune homme comme toi! Adieu, mon faucon royal.

Baïram. — Adieu. Merci de ta visite. — Mon Dieu, que vais-je faire maintenant? Allons dans la vallée voir s'il y a quelque gibier et dissiper un peu mes tristes pensées.

### (DEUXIÈME TABLEAU.)

La scène change et représente la maison de Namaz.

Namaz. — Zalikha.

Namaz. — Tu dis donc que, pour cette affaire, Baïram me donnera son cheval kurde?

Zalikha. — C'est certain, il te le donnera.

Namaz. — Je me refuse à le croire. On a compté devant moi à Baïram cinquante ducats d'or et il n'a pas voulu le vendre. Pourquoi m'en ferait-il cadeau?

Zalikha. — Pour Périzade, il donnerait aujourd'hui son âme. Que lui importent cheval et troupeaux!

Namaz. — C'est peut-être pour nous séduire, puis il ne donnera rien.

زالخا آلتماز بايرامي تانيرسن اونك كمي كوزل سوزي بوتون اوغلان تمام اوبهده وارمي

غاز ياخشي اولدي من اوزمده ايستردم كه تارويردني بر خطايه سالم آتاسي مشهدي قربان مكا بورج ويردوكي پولني اوستنه يساول قويدروب آلدي منده اوكا بر حايف چكمشم اوركم دينجلمز

زالخا داخي نيه دوررسن بيله فرصت اولورمي آت آلورسن همي حايف چكرسن تاروپردي ياخونده‌دركيت چاغركلسون بزده چورك يمكه صكره من هامي ايشي دوزلدورم

غاز خوب ديرسن والله كيدم (كيدر)

زالخا (يالقز) والله اگر تاروپردي منم سوزلرمدن قولدورلوقه كيتسه بيچاره‌نك هيچ تقصيري يوخدر او نيلسون كه بو ويران اولمش اوكه‌نك قزلاري قولدورلوق اوغورلوق باجارمياني سيومزلر ديوان بكيه دين كرك كه بيچاره كده‌لري نيه اوغورلوقدان قولدورلوقدان اوتري اينجدرسن باجاررسن اوكه‌مزك قزلارينه قدغن ايله كه قولدور اولميان اوغلانلاردان نحله‌لري¹ كيتمسون اونده من ضامن كه قورت قويون ايله اوتليه

(بو حالده) غاز (تارويرديله ايجرو كرر) آي ارواد نيك واركتور كورك آجشوق

زالخا بي نيم اولاجاق آجشدكز نيه تارويردي كلده كيدوب چورك يمدكز منم اوستنه كلدكز

---

¹ Du persan زهٔه «bile, fiel».

Zalikha. — Il ne nous trompe pas. Tu ne connais pas Baïram. Trouverait-on dans tout le campement un jeune homme aussi beau et aussi loyal que lui?

Namaz. — Alors c'est bien. Moi aussi je cherchais à faire prendre Tariverdi en faute : son père Mechhèdi Qourban, pour quelque argent qu'il m'a prêté, a mis l'huissier à mes trousses; si je n'en tirais une petite vengeance, mon cœur ne s'en consolerait pas.

Zalikha. — Qu'attends-tu davantage? Une si belle occasion se présentera-t-elle encore? Gagner un cheval et te venger! Tariverdi est dans le voisinage, va, appelle-le, qu'il vienne dîner avec nous. Ensuite je me charge de tout le reste.

Namaz. — Tu as raison, j'y vais. (Il s'éloigne.)

Zalikha (seule). — En vérité, si Tariverdi, confiant en mes paroles, part pour son coup de main, le pauvre garçon ne sera pas coupable. Est-ce sa faute si les filles de ce malheureux pays ont en aversion quiconque ne s'entend pas à voler et à piller! On devrait dire au Gouverneur : «Pourquoi punir les pauvres jeunes gens quand ils ont battu les grands chemins? Si vous le pouvez, défendez plutôt aux jeunes filles de tenir rigueur à ceux qui ne volent pas et je vous réponds qu'on verra le loup paître avec l'agneau.» (Namaz entre avec Tariverdi.)

Namaz. — Qu'as-tu à manger? Sers-nous, nous avons faim.

Zalikha. — Comment veux-tu que j'aie quelque chose! Si vous aviez faim, que n'êtes-vous allé dîner chez Tariverdi plutôt que de venir ici?

نماز هرنیك وار كتور اوزون دانشما (كیدر ایوك بوجاقنده یراقلارینه باجاقه مشغول اولر)

زالخا آخشامه داخی برزاد قالمیاجاقدر

تاروبردی آی زالخا نه قایم[1] اولوبسن

زالخا نیه قایم اولیم سندن من نه خیر کورمشم باری بر دلكا كتوره سن که طویومده سكا برزاد باغشلارام

تاروبردی نجه طوی

زالخا طوی بلرسن طویونده دی کورم مکا نه باغشلیاجاق سن

تاروبردی یاخشی اونده سکا بر جوت باشماق باغشلارام کوررم چوخدان ایاغ یالین کزرسن

زالخا (اوزین كناره توتوب) نجه مردار ساقات[2] آدامدر (قایم سس ابله) ساغ اول چوخ راضیم طویك توی باشلاناجاق

تاروبردی پاینده

زالخا نیه بیله کیچ

تاروبردی برزاد یوباندرر دیر هله جهزی حاضر دكل

---

[1] La version persane donne à ce mot le sens de سخت «dur, serré», qui se rapproche du sens arabe «ferme, solide».

[2] La version persane traduit ce mot par نحسی «funeste», mais dans le recueil de Radloff, t. I, p. 176, il paraît signifier «lent, tardif».

Namaz. — Apporte ce qu'il y a et ne bavarde pas. (Il passe dans le coin de la chambre et se met à fourbir ses armes.)

Zalikha. — Il ne restera rien pour le souper.

Tariverdi. — Tu deviens chiche, Zalikha.

Zalikha. — Pourquoi ne le serais-je pas? Quel bienfait ai-je reçu de toi? M'as-tu jamais promis quelque chose pour le jour de ton mariage?

Tariverdi. — Quel mariage?

Zalikha. — Tu me le demandes? Voyons, que me donneras-tu?

Tariverdi. — Soit, ce jour-là, je te donnerai une paire de souliers, depuis longtemps je te vois marcher nu-pieds.

Zalikha (se détournant, et à part). — Quel avare et fâcheux personnage! (A haute voix.) Bonne santé! je te remercie. Et quand se fera la noce?

Tariverdi. — A l'automne.

Zalikha. — Pourquoi si tard?

Tariverdi. — C'est Périzade qui le retarde en disant que son trousseau n'est pas prêt.

زالخا دوغرودان می بلکه باشقه سبب وار

تاروبردی نه باشقه سبب اولاجاق

زالخا بلکه قزسنی سیومیر اورکی اوزکه‌سنه باغلودر

تاروبردی ایچ بو نه دانشسر قرمنی سیومر غریب سویلرسن نجه قرمنی سیومر

زالخا یعنی سن دینده نه چوخ زادسن نیه کرک سنی سیوه‌سن عمرکده نه براش توتوبسن نه آد چخاروبسن که قزلارسنی سیوسونلر

تاروبردی نه آد چخارمشم

نماز آرواد نه دانشرسن نه ایشك وار

زالخا سسك کس سنلك زاد یوخدر

تاروبردی نماز سنلك زاد یوخدر دوغرو دیر یاخشی زالخا سویله کورك من نه آد چخارمشم یعنی نه آد چخاردا جاقام

زالخا هیچ اوغورلوقه کیدوبسن می

تاروبردی خیر اوغورلوقه کیتدوکم یوخدر ندن اوتری اوغورلوقه کیده‌جکم اوزمك دولتم مالم آزدرمی

زالخا دولتك چوخدر آما قوجاقلوقك یوخدرك هیچ برآدام سویوبسن می هیچ برآدام ووروبسن می

ZALIKHA. — Est-ce vrai? Peut-être a-t-elle un autre motif.

TARIVERDI. — Un autre motif?

ZALIKHA. — Il se peut qu'elle ne t'aime pas, que son cœur ait un autre attachement.

TARIVERDI. — Oh! qu'est-ce qu'elle dit! Périzade ne pas m'aimer! Voilà un étrange propos, et pourquoi ne m'aimerait-elle pas?

ZALIKHA. — Avec cela que tu es un grand personnage! Pourquoi t'aimerait-elle? Qu'as-tu fait de beau dans ta vie? Quelle gloire as-tu acquise pour être aimé des jeunes filles?

TARIVERDI. — Comment quelle gloire?

NAMAZ. — Femme, que dis-tu? Est-ce là ton affaire?

ZALIKHA. — Tais-toi, cela ne te regarde pas.

TARIVERDI. — Elle a raison, cela ne te regarde pas. Voyons, Zalikha, parle, quelle gloire ai-je acquise ou aurais-je dû acquérir?

ZALIKHA. — Es-tu jamais allé voler?

TARIVERDI. — Non, jamais; à quoi bon voler? N'ai-je pas assez d'argent, de bétail?

ZALIKHA. — Tu es fort riche, mais ta valeur est nulle. Tu n'as jamais détroussé ni tué personne.

تاروىردى خيرنه آدام سوىمشم نه آدام وورمشم سىره كىدنلرى دارا چكلنلرى كوزم كورمں

زالخا قوچاق آدام هيچ زاددان قورخماز چكمك قورخاق آدامك ايشىدر آخر اودركه يرزاد باجارمں سكاكىده هاى ديرسن قورخاقسن ىجكسن

تاروىردى كىم دىر

زالخا هاى ديرں آروادلار قزلار كشىلر حتّى بالاجا اوشاقلارده هاى حايفسلانرلاركه تاروىردى ىجه كوزل اوغلاندر هيچ تابى يوخدر امّا چه فايده قورخاقدر ياسّاردر

تاروىردى كىم ديرں كه من قورخاقام هيچ وقت قورخاق دكلم برآز چكىن احتياطلو آدامام يوخسه منده قورخاقلوق هاردا ايدى

غاز آى آرواد بس درآز دانش

زالخا سسك كس سنك ايشك يوخدرں

تاروىردى آكىشى سنلك نه وار دىمسنه كورم بو آرواد نه دانشر بس بيله هن يرزاد اونك ايچون مكاكلمك ايسىمں دىرلركه من قورخاقام والله آجقم ايله توتركه ايسترم بو ساعتده يوله دوشم كىدم آدام سوىام هامىه بلدرم كه منم حقّمده ناحق كمان ايدوبلر

زالخا هنركى كوستركورك آدام ديلنده چوخ زاد دير

Tariverdi. — Jamais, en effet. Je ne fais aucun cas de ces gens qu'on mène en Sibérie ou à la potence.

Zalikha. — Un brave ne redoute rien ; ces précautions sont d'un poltron. Enfin voilà la raison qui fait que Périzade ne veut pas de toi pour mari ; tout le monde dit que tu es un poltron, un *tadjik*.

Tariverdi. — Qui dit cela ?

Zalikha. — Tout le monde, les femmes, les filles, jusqu'aux petits enfants, tout le monde dit avec regret : « Quel beau garçon, ce Tariverdi ! il n'a pas son pareil, mais à quoi bon, c'est un poltron, un fainéant. »

Tariverdi. — Qui dit cela ? Non, je ne suis pas un poltron. J'agis avec prudence, je prends des précautions ; mais où est ma poltronnerie ?

Namaz. — Allons, femme, c'est assez, tais-toi.

Zalikha. — Silence toi-même, cela ne te regarde pas.

Tariverdi. — Eh ! l'homme, de quoi te mêles-tu ? Laisse-moi écouter ce qu'elle dit. Ainsi donc Périzade ne veut pas m'épouser parce qu'on prétend que je suis poltron. Par Dieu, cela me met si fort en colère que j'ai envie d'aller sur l'heure détrousser un passant, afin qu'on sache bien que tous ces propos à mon égard sont absurdes.

Zalikha. — Fais tes preuves de courage ; vois-tu, les gens ont la langue longue.

تاروېردى ســن بر یر نشان ویر من بو ساعتده یوله دوشم

زالخا دوش شماخى یولنه بش یوز سوداكر كلوب كیدربرین ایكی‌سین سوى مالین كتور كورك كه دوغرودان قوچاقسن¹ یا لووغالق ایدرسن

تاروېردى كوره‌سن سوداكر طایفه‌سى یراقلو اسبابلو یوله چخاریا ایله بوم بوش

زالخا بیله توتاق كه یراقلو اسبابلو اولارلار سن كه آغاجیله قباقلارینه چخمیاجاقسن البته سنكده یاراق اسبابك اولاجاق

تاروېردى معلوم كه اولاجاق اما تك كیمك بر آز چتن دكل مى

زالخا سن ده یولداش كوتور بزده آدمى قوچاق اوغلان وارایچ سن هارا بیله ایش هارا

تاروېردى من هارا بیله ایش هارا والله وررسن كه دوغرو دیرم غاز بورا كل سنى الله مكا یولداش تاپ

غاز یولداشى نه ایلرسن

تاروېردى كزمكه كیده جكم

---

¹ *Qotchaq* «brave, hardi» se retrouve dans l'*Histoire de Perse*, édition de Tebriz, p. 88 : مینك نفر قوچاق آتلو ایله «avec mille braves cavaliers». — Le mot suivant, لووغالق «vantardise», peut venir du persan لاف qui a le même sens.

Tariverdi. — Désigne-moi un lieu et j'y cours.

Zalikha. — Cinq cents marchands parcourent, chaque jour, la route de Chamakhi [1]. Attaque un ou deux d'entre eux et rapporte leurs dépouilles, que l'on sache si vraiment tu es brave ou si tu n'es qu'un hâbleur.

Tariverdi. — Dis-moi, les marchands voyagent-ils armés ou sont-ils sans défense ?

Zalikha. — En supposant qu'ils soient armés, assurément tu n'iras pas à leur rencontre avec un bâton; toi aussi tu auras tes armes.

Tariverdi. — Sans doute, mais aller comme cela tout seul, c'est un peu difficile, n'est-ce pas?

Zalikha. — Prends des compagnons : il n'y a pas disette d'hommes, les braves ne manquent pas ici. Mais hélas! tout cela n'est pas ton affaire.

Tariverdi. — Pas mon affaire! par Dieu, tu verras si je dis vrai. Namaz, viens; trouve-moi des compagnons, je t'en conjure.

Namaz. — Des compagnons! Et que veux-tu faire?

Tariverdi. — Un tour de promenade.

---

[1] En russe, *Chamakha*. C'est la ville la plus importante de l'ancienne province de Chirvân; elle est célèbre pour la fabrication de ses tapis.

نماز آقشی بوش بوش دانشما سندن کاروان ووران اولماز

تاروبردی والله دوغرو سوزمدر یولداش تاپ

نماز سارساق سویله من صلاح کورمم سنك ایشك دکل

تاروبردی آقشی نه طور آدامسن سنك نه ویچکا سن مکا یولداش ویر صکره کورکه ایشمدریا یوخ

نماز چونکه ال چکمرسن ولی خاتون اوغلونی اوروج نصیب اوغلونی چاغروق آپارورسن

تاروبردی ایله ایکیجه‌سنی

نماز ایکسی بسدر

تاروبردی دوغرودان بسدر اولسون دی آدام کوندر اولاری چاغرسون

نماز زالخا کیت اولاری بورا چاغر

زالخا آقشی سن اونك سوزنه نه اینانرسن تمام او لوغالق ایلر

نماز کس سسك تاروبردی کیمدن کسوك ایسکیت درالی قولی می اوزکه ارسکندن کیچك در

زالخا من اونی تانیرم او هیچ وقت بو ایشه کرشمز

تاروبردی من کرشنم کوررسن نچه کرشرم کیت اولاری تز چاغر صکره معلوم اولور

Namaz. — Mon cher, pas de discours inutiles : tu n'es pas homme à attaquer les caravanes.

Tariverdi. — Parbleu, je parle sérieusement, trouve-moi des compagnons.

Namaz. — Allons, pas de sottises, tout cela ne vaut rien. Ce n'est pas ton affaire.

Tariverdi. — Mon cher, tu es un drôle d'homme : qu'est-ce que cela te fait? trouve-moi des compagnons, tu sauras ensuite si c'est ou non mon affaire.

Namaz. — Puisque tu n'y renonces pas, je vais appeler Véli, fils de Khatoun, et Ouroudj, fils de Naçib; tu les emmèneras.

Tariverdi. — Seulement ces deux-là ?

Namaz. — Deux hommes suffisent.

Tariverdi. — C'est vrai, c'est assez. Envoie quelqu'un les chercher.

Namaz. — Zalikha, va toi-même et appelle-les ici.

Zalikha. — Quoi, mon ami, tu te fies à ses paroles! tout cela n'est que vantardise.

Namaz. — Tais-toi. Tariverdi est-il inférieur aux autres? A-t-il les mains et les bras plus courts?

Zalikha. — Ah! je le connais, il n'osera jamais.

Tariverdi. — Moi! tu verras bien si j'oserai. Appelle-les vite et tu verras après.

زالخا یاخشی كیدرم (اوزبین كنا ره توتوب) احق های سوزمزه ایناندی انشا الله كیده جك (كیدر)

غماز (آهسته) باخ تارویردی اكر بختك باراولسه هزنه كتورسن كرك اوزك برابری مكاده پای ویره سن ها عایبدر مندن كزلمك كتوردوككنز شیلك باشین باتورماق ایزین ایتورمك منم بویما بشرطیكه هر زاددان مكا یاروپای اولسون

تاروبردی ایچ مجت تكلمش كور عصاسین دایادی هله قوی كورك نه اولور

غماز آكشی سنك الكدن نه كلمز من احق آرواد طایفه سی دكلم كه سنی تانیيام مكرسن آپی قران امیر اصلانك نوه سی دكلسن

تاروبردی غمازسنی الله اونك ایشلرندن ایشدوبسن كه نه لر ایدوبدر

غماز نیجه ایشتممشم صفر دایم اونك دوستی دكل ایدی اونك ایشلرین بر به بر مكا نقل ایتیوبدرمی انشاء الله بزده اولار كمی بربرمزی سیوه جیوك امیدم بودركه اكا دوشن اووی مندن كزلمیه سن

تارویردی اولسون تكی بر باره آداملار منم حقمده چورك سوزلر دانشماسونلر من ایله هامسنی سكا ویررم من كه یول مال دربندنده دكلم

غماز هامسنی مكا ویررسن والله عجب دیرسن بارك الله ایندی بلدم كه دمار كده امیر اصلان قانی وار وعده كی اونوتمیه سن

Zalikha. — Bien, j'y vais. (A part.) L'imbécile! il me croit sur parole! j'espère qu'il partira. (Elle s'éloigne.)

Namaz (tout bas). — Vois-tu, Tariverdi, si la fortune te favorise, tout ce que tu prendras, tu en feras part égale avec moi. Il serait honteux de cacher, d'enfouir ton butin et d'en dissimuler la trace. Compte sur moi, à condition que de tout j'aurai la moitié.

Tariverdi. — Eh! «l'aveugle frappe de son bâton avant que la mosquée soit debout![1]» Attends au moins qu'on sache comment tout cela ira.

Namaz. — Avec toi, qu'est-ce qui ne réussirait pas! Je ne suis pas comme ces sottes de femmes; je te connais, n'est-ce pas. N'es-tu pas le petit-fils d'Émir Aslan, le tueur d'ours?

Tariverdi. — Vrai, Namaz, tu en as entendu parler? Tu connais ses prouesses?

Namaz. — Si je les connais! Mon oncle Safer n'était-il pas son ami? Ne me les a-t-il pas racontées? J'espère que nous serons amis comme eux et je compte bien que tu ne me cacheras rien de ton butin.

Tariverdi. — Soit! que certaines gens ne débitent pas de mensonges sur moi et je te le donnerai tout entier; je ne m'inquiète pas de gagner de l'argent.

Namaz. — Tout entier! Vrai? Voilà qui est bien parler! Dieu merci, je vois maintenant que le sang d'Émir Aslan coule dans tes veines. N'oublie pas ta promesse.

[1] Proverbe dans le sens du nôtre : «Vendre la peau de l'ours avant de l'avoir tué».

تاروبردی آکشی سن یولداش ویر آخرینه باخ

غماز اودر یولداشلرك کلرلر (بو حالده زلفا ولی خاتون اوغلی واوروج نصیب اوغلی داخل اولرلر)

ولی واوروج سلام الیك

غماز الیك سلام

ولی غماز نه وارخیر اوله بزی نه عجب چاغردوبسن

غماز تاری وبردی توقّع ایلرکه اونکله کومکه کیده سکز

اوروج نجه کومکه

غماز داخی نه سوروشماق کومك دینده اوزك بلرسن

ولی من عمده کومکه کیتدوکم یوخدر قویون قوزی اوغورلوقندان باشقه منم المدن بر زاد کلمز اوروجی بلرم

اوروج من جکز[1] یوخ ییرم من ها وقت قولدورلوقه کیتدوکم وارمن هیچ قویون قوزی اوغورلوقنی ده باجارمانام

غماز اولان نه دانشرسکز مگر ایکیت دکل سکز تفنك آتماق بلرسکز

ولی تفنك آتماق بلروك اووه قوشه آدامه تفنك آتماق نه بزم ایشمزدر

---

[1] Diminutif de من «moi», employé ici comme terme de respect équivalant au *ben-deñiz* des Ottomans.

Tariverdi. — Procure-moi des compagnons et tu verras après.

Namaz. — Les voilà qui arrivent. (Zalikha entre avec Véli et Ouroudj.)

Véli et Ouroudj. — Sur toi le salut!

Namaz. — Le salut sur vous!

Véli. — Namaz, de quoi s'agit-il? Rien que de bien, n'est-ce pas? Pourquoi nous as-tu fait venir?

Namaz. — Tariverdi désire vous emmener faire un tour.

Ouroudj. — Comment, un tour?

Namaz. — A quoi bon le demander? Vous savez bien ce que cela veut dire.

Véli. — Moi, de ma vie, je n'y suis allé. Je suis incapable d'autre chose que de voler un mouton, un agneau. Pour Ouroudj, je n'en sais rien.

Ouroudj. — Moi, pauvret, que je meure si j'y suis allé davantage; je ne saurais même pas enlever un agneau.

Namaz. — Enfants, que dites-vous? N'êtes-vous donc pas des braves, ne savez-vous pas tirer un coup de fusil?

Véli. — A la chasse, sur un oiseau, oui; mais sur des hommes, ce n'est pas notre affaire.

نماز كيم سزه ديركه آدامه تفنك آتون آتلانورسكز چخارسكز كومكه دوشرسكز
پوشت يولنه بردن قبافكزه دوه كاروانى يا ارمنى بازركانلرى راست كلور كوبا
قورخوتماق ايچون باشلاربنك اوستندن تفنك بوشالدورسكز بونده هيچ بر
ضرر يوخدر اولار قورخوب هر بر طرفه قاچاجاق ماللرى بوللرى توكولوب
قالاجاق يغشدروب كوتوروب قايدارسكز نه چتن ايشدر

ولّى ايچ بزهارا بيله ايش هارا بز بر چوبان آدامق بزه قولدوردرلوق نه يراشر

تاروبردى نماز بوراكل بلرسن مى جبر ايله كوررسن كه قورخلار داخى نيه
قسنيرسن هاى منم كمى كه اولميا جاقدر بوراخ كيتسونلر

نماز خير قوى كورم ولى عايب دكل باش باش قاچررسكز آرتوق نكه مكر باش
يارار اوّلا ماكز بولكز آرتار ايكجى آدسان چخارد ورسكز

اوروج من جكز يوخ يبرم منم نيه كرك دور آدسان

ولّى بلى بو كيجل اوروجه آدسان چوخ لازمدر

نماز آكده نه غيرتسز آدام سكز تاروبرديله هيچ دوز چورك داديميوسكز
مكر سن بلرسكز كه بزم اوبه مزده بوندن دولتلو آدام يوخدر سزك هميشه
ويچكزه كلمزى آز آدامى اوندن خير كوروب

تاروبردى نماز نيه قسنيرسن كورك من اوزمده هله بر آز فكر ايلك ايستيرم

نماز خير نمك بچراملق ايدر لر كچك اولان كرك بيوك سوزنه باخا

Namaz. — Et qui vous dit de tirer sur des hommes! Vous montez à cheval pour faire un tour de promenade. Au détour de la route, vous rencontrez par hasard une caravane, des marchands arméniens. Comme qui dirait pour les effrayer, vous déchargez vos fusils par-dessus leur tête : il n'y a pas de mal à cela. Ils prennent peur, se sauvent et laissent leurs biens épars entre vos mains : vous rassemblez le tout, l'emportez et revenez ici. Est-ce donc bien difficile?

Véli. — Eh! qu'avons-nous à voir dans tout cela? Nous ne sommes que des bergers : voler n'est pas notre métier.

Tariverdi. — Viens, Namaz. Tu sais, ne les force pas, n'insiste pas. Pourquoi les tourmenter? Tout le monde n'est pas comme moi. Laisse-les s'en aller.

Namaz. — Attends, laisse-moi voir. Véli, il n'y a pas de mal : vous refusez, soit. Seulement, il y aurait là du profit, beaucoup d'argent à gagner. Et en second lieu, vous en retireriez de la gloire.

Ouroudj. — Moi, le diable m'emporte, je n'ai que faire de la gloire.

Véli. — Oui, ce pouilleux d'Ouroudj n'en a guère besoin.

Namaz. — Imbéciles, que vous avez peu de courage! Vous n'avez pas été les hôtes de Tariverdi; vous ne savez pas qu'il n'y a pas plus riche que lui dans la tribu pour faire vos affaires. N'a-t-il pas obligé déjà beaucoup de gens?

Tariverdi. — Namaz, pourquoi insister? Laisse, je veux aviser un peu à tout cela moi seul.

Namaz. — Non, c'est de l'ingratitude; le petit doit obéissance au grand.

ولّی اوروج نه دیرسن کیدكمی

اوروج نه بلم واللّه کیدرسن کیدك

ولّی آکشی اولورکه بر آت بهاسی المزه دوشه ایکی ایل دربر آت استیرم آلام یول تاپرم

غاز البتّه آت بهاسی‌ده الکزه دوشر آت‌ده دوشر بیله خیردن آدام قاچاری

ولّی داخی نه ایلك چونکه تاروردی چاره‌سز خواهش ایدر اونك سوزی سنجه دشمنك بوینی سنسون من حاضرام

اوروج منده حاضرام یولداشدان آیریلیق که اولماز

تاروردی آما بر درست فکر ایدون

غاز (اونك سوزینی کسوب) تاروردی سزدن راضیلیق ایدر و توقّع ایدر که تر فرصتی فوته ویرمیوب کیدوب یراقلانوب کله سکر کزمك ایچون هیچ بیله یاخشی وقت اله دوشمز

ولّی اوروج کیدك (کیدربر)

تاروردی غاز بلرسن می برزادی لاپ اونوتدق منم آنام بس مشهدی کشیدر هیچ راضی اولورمی که من قولدورلوقه کیدم

Véli. — Ouroudj, qu'en dis-tu? Y allons-nous?

Ouroudj. — Est-ce que je sais! Si tu y vas, j'irai.

Véli (à Namaz). — Y gagnerons-nous de quoi acheter un cheval? Voilà deux ans que j'en désire un et ne puis l'acheter faute d'argent.

Namaz. — Assurément, vous aurez le prix d'un cheval et le cheval. Comment renoncer à de tels avantages!

Véli. — Que faire? Puisque Tariverdi l'exige absolument, périsse celui qui irait à l'encontre de sa volonté! Je suis prêt.

Ouroudj. — Moi aussi je suis prêt, je ne me sépare pas du camarade.

Tariverdi. — Mais pensez-y bien . . . . .

Namaz (l'interrompant). — Tariverdi est content de vous. Il compte que, sans perdre de temps, vous allez prendre vos armes et revenir; il ne pourrait y avoir de moment plus propice pour la promenade.

Véli. — Allons, Ouroudj. (Ils s'en vont.)

Tariverdi. — Tu sais, Namaz, nous avons tout à fait oublié une chose : mon père est *mechhèdi* [1]; pourra-t-il jamais consentir à ce que j'aille voler?

---

[1] C'est-à-dire «il a fait le pèlerinage de Mechhèd». Cette ville, chef-lieu du Khorassan, renferme le tombeau de l'imam Ali, fils de Mousa Riza, qui est visité, tous les ans, par une affluence considérable de dévots. Les docteurs chiites affirment qu'une

غازْ آكشى آتاندان رخصت آل كيت

تاروبردى عجب دانشرسن آتامه ديم كه مكا رخصت ويرقولدورلوقه كيدم

غازْ ايله نيه ديرسن دى كه آرانده[1] تاخل سولاماقه كيدرم البتّه رخصت ويره‌جكدر صكره چنچ بوشت يولنه داخى نه وار بونده

تاروبردى نجه بونده نه وار

غازْ يعنى بوندان آسان نه وار

تاروبردى عجب آسان زاد تابوبسن من والله آنجاق آتامدان قوررخرام او جهتدن بو ايش مكا چوخ چتن كلر

غازْ آدام كه قورخاق اولدى بو طور بهانه كتورور كتميرسن اوزك بيل (بو حالده زلفا داخل اولر)

غازْ زالخا كيت اوشاقلاره دى كه داخى جفا چكمسونلر تاروبردى كولدى

تاروبردى من كه ديمدم كوليرم

زالخا من بو ساعتده يرزاد ايله كوروشدم هاى ايشى قولاغنه پچلدادم نجه سيوندى نجه سيوندى ديديكه ايندى الله شكر داخى ديمزلركه تاروبردى قورخاقدر بوندن صكره من اوتانمانام ديم كه اونى سيورم بو وقتده‌دك تمام قزلار مكا طعنه ايدردى هربريسنى كورنده باشمى آشاقه سالدم

---

[1] «Champ, campagne»; le mot *âran* se trouve dans le غزات در ملك چين, p. 127: كه يوز نجه كافر قورتولدى آران.

Namaz. — Eh bien, va lui en demander la permission.

Tariverdi. — Singulier conseil! j'irais demander à mon père l'autorisation de voler!

Namaz. — En ces termes, non pas. Dis-lui que tu vas aux champs pour arroser les semailles, il te le permettra et tu iras sur le chemin des caravanes. Qu'importe tout cela?

Tariverdi. — Comment qu'importe?

Namaz. — Oui, qu'y a-t-il de plus facile?

Tariverdi. — Tu arranges singulièrement les choses. Mais moi j'ai une telle peur de mon père que cela me paraît très difficile.

Namaz. — L'homme qui a peur trouve de semblables prétextes. Ne pars pas, cela te regarde. (Il aperçoit Zalikha qui entre.) Zalikha, va prévenir les hommes de ne pas se déranger : Tariverdi recule.

Tariverdi. — Je n'ai pas dit cela.

Zalikha. — Je viens de causer avec Périzade et l'ai mise au courant de tout. Quelle joie! quelle joie! « Dieu soit loué! a-t-elle dit, maintenant on ne dira plus que Tariverdi est un lâche; je pourrai avouer, sans rougir, que je l'aime. Jusqu'à présent, toutes les filles du pays se riaient de moi et je baissais le front devant elles. »

visite faite à ce tombeau équivaut à sept pèlerinages de la Mekke et qu'un faux serment prêté sur le sépulcre de l'imam entraîne la mort. — Cf. *Chrestom. persane*, publiée par C. Schefer, t. II, p. 115.

نمّاز آشكار زاد دركه بزم قزلارمز هيچ بر اوغلانى سيومزلركه آدم سويمامش
يول كسممش اوله ايله بريسى بو زالخا آخر بوده كوزل سايلردى

زالخا اللّهى سيورسن اتمزى توكه آز دانش

نمّاز واللّه دوغرو ديرم ايله بريسى بو زالخا مكر مكا اولدن كلادى اكر
قولدورلوقه ال قويماسيدم آرواد بيله درمى

زالخا ياخشى بسدركين ايشى ايندى چورچلوك ايليوب دانشماق سكا
قالوبدر

تاروبردى من كنمكه مضايقه ايلرم امّا اوستنده هيچ بر ياراق يوخدر بلرم نجه
ايدم يراق ايچون ايوم كيتسم آتام دوياجاقدر

نمّاز ابوه نيه كيدرسن منم قلجمى تفنكمى طپانچمى كوتور خانچالده اوز
بيلكده وار قوى من سنى كيندرم يراقلاندرم (باشلار يراقلارى اونك اوستنه تاخاقه)

تاروبردى داخى باشقه نه كوتورم

نمّاز اولان بسدر بولاريله بر قوشون قرماق اولور داخى آرتوق نيكا كركدر

زالخا واه آمان تاروبردى نجه هيبتلو اولدون سنى كورن كمى آدملار
قاچاجاقلار (بو حالده ونى و اوروج داخل اولولر)

اوروج بزده حاضروق

Namaz. — Il est de fait que nos filles n'aiment pas un jeune homme tant qu'il n'a pas détroussé quelqu'un, ni volé par les chemins. Zalikha que voici est comme les autres, elle aussi trouve que c'est beau.

Zalikha. — Pour l'amour de Dieu, ne ternis pas ma réputation, tais-toi.

Namaz. — Je dis la vérité, Zalikha est comme les autres. Est-ce qu'elle m'aurait épousé si je n'avais pas fait mon coup de main. Pas vrai, femme?

Zalikha. — Soit, en voilà assez. C'est bien de toi d'aller jaser sur le passé.

Tariverdi. — Je ne refuse pas de partir, mais je n'ai pas mes armes. Que faire? Si je vais les prendre à la maison, mon père s'en apercevra.

Namaz. — Pourquoi aller à la maison! Prends mon sabre, mon fusil et mon pistolet; tu as ton poignard à la ceinture, laisse-moi t'arranger et t'armer. (Il se met en devoir de lui attacher ses armes.)

Tariverdi. — Qu'emporterai je encore?

Namaz. — Cela suffit : avec de telles armes on mettrait une armée en déroute. A quoi te servirait d'en avoir davantage?

Zalikha. — Bon Dieu, Tariverdi, que te voilà devenu terrible! Rien qu'à te voir on prendrait la fuite. (Entrent Véli et Ouroudj.)

Ouroudj. — Nous sommes prêts.

تاروبردی كیدكمی

نماز كیدون كیدون اوغروكز خیر اولسون الی دولو قایداسكر

زالخا تاروبردی برزادیله قوشا قارباسن چوخلو اوغول قنر كوره سن اوغلانلارك ده سنك كمی قوچاق اولسون

تاروبردی غم ابله اولاجاقلار شكسز اولاجاقلار یا صاف آدمی باتوررام یا آدام سویمامش قانیاجاقام (كیدربر)

نماز زالخا بلرسن می من شرطلشدم كه تاروبردی هرنه كتورسه یارسین مكا ویرسین

زالخا تاروبردی یعنی بر زاد كتوره جكدرمی كه یارسین سكا ویره سن نیه بیله خام خیال اولرسن شك یوخدر كه اونك قول چین ازوب یوله سالاجاقلار

نماز خیركیم بلراولورکه اوغرینه بر خیر كله قورخاق همیشه اوزبندن قورخاقه راست كلور آخرده ایش هربچه قورتارسه بزم خیرمزدر بر طرفدن آت بر طرفدن یول (كیدر البی اووشدورا اووشدورا)

پرده سالنر

Tariverdi. — Allons, partons-nous?

Namaz. — Partez, partez. Bonne chance, et revenez les mains pleines.

Zalikha. — Tariverdi, puisses-tu vivre longtemps avec Périzade et avoir beaucoup de garçons et de filles! Puissent ces enfants être des héros comme leur père!

Tariverdi. — Ne crains rien, ils le seront, n'en doute pas. Ou j'y perdrai mon nom ou je ne reviendrai qu'après avoir détroussé mon homme. (Ils s'en vont.)

Namaz. — Tu sais, Zalikha? C'est chose convenue avec Tariverdi : tout ce qu'il rapportera, la moitié sera pour moi.

Zalikha. — Lui! rapporter quelque chose qu'il partagerait avec toi! Ne te forge plus de telles chimères : nul doute qu'on ne le ramène bras et jambes cassés.

Namaz. — Non, qui sait? Il peut leur arriver quelque bonne aubaine : un poltron rencontre toujours un plus poltron que lui-même. Quelle que soit l'issue de l'affaire, elle ne peut être qu'avantageuse pour nous : d'un côté, un cheval, de l'autre de l'argent. (Il s'éloigne en se frottant les mains.)

Le rideau tombe.

## ایکنجی مجلس

واقع اولور شمس الدینلو محالنده درەنك ایچنده که بر طرفنده تپه داغ ظاهردر

بایرام (یالغز) آکشی اوودە اله دوشمزنە بر جیران وار نە بر تراج وار بر دووشان‌دە باری راست کلمز که بر تفنك آتام اورکم دارخرنە یمان بختم وارمش منم توتدم که پرزاد منی سیور الندن نە کلجك عوسنك امرندن چخامی بلجك تمام اوبەنك عهدەسندن کلەمی بلجك قز طایفەسنك خواهشنە مگر بزاردە قولاق‌می آسارلار امید یوخدر اقبالم کتورمیەجك زالخا ایتدوکی وعدەنی بتورمکە جرئت ایدە بلیەجك نماز بر طمعکار شیطان فکر آدامدر هیچ وقتده تاروبردی کمی دولتلو آدامی اله سالماق ایستمیەجك پرورد‌کار نجە ایدم بودردە نجە تابلاشم نە طور صبر ایدم نجە آرام توتم نجە بو غصەدن دینجلە بل آخر نە خشلتی سسی کلرك که بو کولك دالوسندەدر جاناوار اولاجاق کیدم بلکە کلە ایلە وورا بلم که تاروبردینك بویرنە کلە وورام (کیدر بر آز صکرە تاروبردی یولداشلار ایلە بتشوب بللرینی آکوب سیکا سیکا او یانە بو یانە باخرلار)

تاروبردی تس تس احتیاطلو اولون کرك که یولدان کلن وار

اوروج وار وار آت آیاغینك تاپولدوسی کلر ولی تفنك چخماقین یوخارو آیاغە قوور که هامی‌میز بردن تفنكلری بوشالداق

تاروبردی دیانون دیانون دیە بلرم که تفنك آتماساق یاخشیدر

## ACTE DEUXIÈME.

*Le campement des Chems ed-Dinlu, au fond d'une vallée sur le bord de laquelle s'élève une colline.*

Baïram (seul). — Pas de gibier! ni gazelle, ni perdrix, pas même un lièvre pour tirer un coup de fusil. Mon cœur est anxieux. Fortune ennemie! J'admets que Périzade m'aime, que pourra-t-elle faire? Peut-elle désobéir à son oncle et s'affranchir des obligations de la tribu? Chez nous, qui écoute les vœux d'une femme? Je n'ai plus d'espérance, c'en est fait de mon bonheur : Zalikha n'osera pas tenir sa promesse. Ce Namaz, avide et rusé comme un démon, ne voudra pas duper un richard tel que Tariverdi. Mon Dieu, que faire? Puis-je supporter cette souffrance, puis-je reprendre courage et retrouver mon repos? Hélas! comment me délivrer de ce chagrin? Mais d'où vient ce bruit? Sans doute derrière le fourré... Quelque bête. Allons! il y a peut-être une balle à tirer. Que ne puis-je la loger dans le ventre de Tariverdi! (*Il s'éloigne. Un moment après, arrivent Tariverdi et ses compagnons, courbant l'échine et sautillant; ils regardent de côté et d'autre.*)

Tariverdi. — Vite, vite. Soyez sur vos gardes. Il se peut qu'un voyageur passe sur la route.

Ouroudj. — Oui, quelqu'un passe, on entend le pas d'un cheval. Véli, arme ton fusil et tirons tous en même temps.

Tariverdi. — Arrêtez, arrêtez, je crois qu'il vaut mieux que nous ne tirions pas.

ولى نجه تفنك آتماساق ياخشيدر اونده نجه سويمَاق اولور صڭره كِرك الى
بوش اوبه‌يه قايداق تمام خلق اوستمزه كولدوردك

تاروبردى نه سببه خلق اوستمزه كوله‌جك ديروك كه يوله چخدوق چوخ
كوزتلدوك هيچ كسه راست كلمدوك

ولى بوكا هيچ كس اينانماز من بونى ايده بلنم

تاروبردى ايده بلزسن بس من ده كومكسز فقر فقرانك اوستنه توكوله بلنم
من بيله كناه ايشه قوشوليا جاقام آدامده رحم مروّت ياخشى شيدر
دوغروسى بودركه من قايداجاقام من قالدرام كيدرم

ولى ياواش عزيزم چوخ كيچ باشه دوشوبسن اللّه آند اولسون آكر آياغ كرو
قوباسان شيطاننى چكوب قارنوكى توسديله دولدوررام سارساق بالاسى
سارساق اوزك بزى يالواروب بورا كتوروبسن ايندى بزى قويوب كيتمك
ايسترسن

تاروبردى من كه سيزى قويوب كيتمك ايسترم من سزك خيركز ايچون ديرم
كه كرو دونك بلكه يول آدامى بزدن چوخ اولديلار بلكه بزم كمى قوچاق
آداملار اولدى توكمزى توكوب قول قنادمزى تمام قرارلار

ولى قوشدان قورخان داروآكمز ايندى بو فكرلرى ايلك وقتى دكل يولدان
اوتنلرى كرك آكليك سنده بزم ايله كرك بر يرده اولاسن يوخسه كوررسن
ايسترسن صباح عالمى بزه كلدوره‌سن آياغ كرو قويسان بو تفنكى سكا
بوشالداجاقام (تفنكى اوكا سارو چوورر)

Véli. — Ne pas tirer! et pourquoi? Comment sans cela dépouiller les passants? Faut-il donc revenir au campement les mains vides, pour que tout le monde se moque de nous?

Tariverdi. — Pourquoi donc se moquerait-on de nous? Nous dirons que nous avons longtemps battu les routes, longtemps épié sans rencontrer personne.

Véli. — Personne ne voudra le croire. Quant à moi, je ne puis m'y résoudre.

Tariverdi. — Tu ne le peux pas! Et moi non plus, je ne puis pas tirer sur un pauvre diable sans ressources, je ne puis commettre ce crime. La pitié et la générosité sont de belles vertus chez l'homme. Ce qu'il y a de sûr, c'est que je m'en retourne, je ne veux plus rester ici, je pars.

Véli. — Doucement, mon cher, c'est se raviser un peu tard. Je prends Dieu à témoin que si tu fais un pas en arrière, je lâche la détente et te loge la charge dans le ventre. Fou, triple fou, à force d'instances tu nous a conduits ici, et maintenant tu nous planterais là et t'en irais!

Tariverdi. — Moi! je ne veux nullement vous abandonner. C'est dans votre intérêt que je vous conseille de vous en retourner. Peut-être que ces voyageurs sont plus nombreux que nous; peut-être qu'ils sont aussi braves, qu'ils nous arracheront les plumes et nous casseront bras et jambes.

Véli. — « Qui a peur des oiseaux ne sème pas de millet. » Ce n'est plus le moment de faire ces réflexions. Il faut dépouiller les voyageurs, il faut que tu restes avec nous, sinon tu verras. Veux-tu que nous soyons demain la risée du monde! Si tu recules, je décharge ce fusil sur toi. (Il le met en joue.)

تاروبردی اللهُ اکبر بزه قورخاق دیمسونلردین کرك اوزومزی بلایه سالاق
آقارداش برجه قولاق آس کور نه دیرم سن قوچاقلوق لاپ غلط آنلیرسن
هیچ بلرسن می قوچاقلوق ایکتلوك ندر ایکتلرك باشغیسی کور اوغلی دیوبدر
که ایکتلوك اوندر دوقّوزی قاچاقدر بریسی هیچ کوزه کورونمك من دیرم
که بو ایکی ایشك هانسنه عمل ایدرسکز ایدون

ولّی بسدر چوخ وعظ ویرمه کوررسن می یوخارودە بر زاد قارالرا و یولدن
کلن اولاجاقدر

تاروبردی (اکیلوب باخوب) دوغرودان کلن وار کوره سن کیمدر واللهُ کلر
بلرسکزی سز قباقه کیدون من سزك دالوکزی ساخلیم

ولّی بلی سکا چوخ امید باغلاماق اولور اوروج قباقه کیدك کورك کیمدر
کلن ای تاروبردی واللهُ اگر قاچاسان اوبه نك ایچنده ده حقّکه فکر
چکرم اوزك بیل

تاروبردی وصکره نمسه فوق

تاروبردی دی کور سیوکلوکك آخری بیله اولور هیچ فکرمدن کچردی که
قولدور اولاجاقام یول کسه جکم عالمه زلزله ولوله سالاجاقام پروردکارا سیوکی
نه یمان اولورمش

فوق من چوخ یاخشی ایلدم که عرابه دن دوشدم بر آز پیاده یربدم
چچك دردم نه یاخشی چچك در نه کوزل قوخوسی وار بونی ماریا
آدامونایه پشکش ایده جکم (غفلۀً کوزی تاروبردیه ساتاشوب) آخ ددم وای بو
کیمدر وای آمان اللهُ سن ساخلا

Tariverdi. — Grand Dieu! devons-nous courir de tels dangers pour éviter qu'on dise de nous que nous sommes des poltrons! Camarade, prête l'oreille à mes paroles. Vois-tu? tu te fais une idée fausse de la bravoure, du courage; veux-tu le savoir? c'est Kieur-Oghlou, le brave des braves, qui l'a défini ainsi : « Le courage se compose de dix parties; neuf consistent à fuir et la dixième à se cacher. » J'ajouterai que c'est à vous de choisir entre les deux.

Véli. — Suffit, ces sermons sont de trop. Vois-tu là haut quelque chose de noir? Ce doit être un voyageur.

Tariverdi (se recule et regarde). — C'est vrai, il vient; qui peut-il être? Il vient; vous savez? allez au-devant, moi je reste à l'arrière-garde.

Véli. — Oui vraiment, on peut avoir grande confiance en toi! Ouroudj, allons en avant, voyons qui arrive. Et toi, Tariverdi, si tu te sauves, je te réserve quelque chose chez nous, sache-le bien.

(Tariverdi et ensuite Fuchs l'Allemand.)

Tariverdi. — Hélas! voilà où conduit l'amour! Qui m'aurait dit que je deviendrais voleur, que je battrais les routes et causerais tant de trouble dans ce monde! Mon Dieu, qu'il est dangereux d'aimer!

Fuchs. — J'ai bien fait de descendre de voiture et de marcher un peu à pied pour cueillir ces fleurs. Sont-elles jolies et quelle bonne odeur! J'en ferai cadeau à Maria Adamovna. (Il aperçoit par hasard Tariverdi.) Ah! mon Dieu, quel est cet homme? Mon Dieu, protégez-moi.

تاروبردى هيچ بلرم نه قايررلر اورده عرابه‌نك آتنى آكليوبلر قوچى قاچوب اوزين كوللوقه سالدى بارك الله قوچاقلارم نجه ايش كوردوك (غفلتا كوزى فوقه صاناشوب) اى واى تارى يمان يرده كون آخشام اولدى بو كيمدر كوره‌سن

فوق اى واى بو قولدور اوله جاق درى يقين منى اولدوره‌جك (باشلر تىتمكه)

تاروبردى اى يقين بو آدامده قولدورلوقه چخوب در چكنده تفنكى ده وار واى آمان آنسا منم ايشم خرابدر (اوده باشلر تىتمكه)

فوق آخ ماريا آدامونا ماريا آدامونا سن هارده‌سن

تاروبردى ياخشى يرزادى آلدوق ياخشى طوى ايلدوك فراغت راحت دوردوجاق ىزيرده اوزومزه ايش قايردوق

فوق الله نجه هيبتلودر

تاروبردى الله تفنكى نجه اوزوندر هيچ بر بيله اوزون تفنك كورمشم

فوق ياخشى اودركه بر طرفه قاچام

تاروبردى بارى قاچم باكه ايوى يخلمش تفنكى مكا دوزلدوب آندى وقتكن بو طرفه يانىيم (هر ايكيسى بردن قاچرلر غفلتا بربرينه توققوشرلر هر ايكسى كيسه‌سىن چاروب بربرينه اوزادر)

تاروبردى والله منم وارىوخوم بودر آل مندن آل چك

## L'OURS ET LE VOLEUR.

Tariverdi. — Je ne sais ce qu'ils font là-bas. Ils ont arrêté le cheval attelé à la voiture et le cocher s'est enfui dans le fourré. Bravo, mes lions, nous nous comportons bien. (Apercevant Fuchs.) Ah! mon Dieu, j'ai choisi un mauvais gîte. Qui est celui-là?

Fuchs. — Oh! oh! ce doit être un voleur; pour sûr il va me tuer. (Il se met à trembler.)

Tariverdi. — Assurément, cet homme est venu pour voler : il a un fusil au dos. S'il tire, mon affaire est faite. (Il commence aussi à trembler.)

Fuchs. — Ah! Maria Adamovna, Maria, où es-tu?

Tariverdi. — C'est comme cela que j'épouse Périzade! Voilà ce beau mariage! Au lieu de rester tranquille, je me suis fourré dans cette affaire!

Fuchs. — Mon Dieu, quelle mine terrible!

Tariverdi. — Seigneur, que son fusil est long, je n'en ai jamais vu d'aussi long!

Fuchs. — Il est prudent de me sauver de ce côté.

Tariverdi. — Fuyons, il n'aurait qu'à tourner ce maudit[1] fusil de mon côté et à tirer. Pendant qu'il en est temps encore, filons par là. (Ils courent en même temps, se heurtent l'un contre l'autre et s'allongent par terre en tirant l'un et l'autre leur bourse.)

Tariverdi. — Grâce, c'est tout ce que je possède, prends et lâche-moi.

---

[1] Le texte turc porte *ivi ikhibnich* «maison détruite», traduction littérale du terme injurieux *khané-kharab*, si usité en persan.

قوق واللّه بوندن آرتوق تمام سفرمده برزاد قازانمامشم آل منی بوراخ

تاروبردی اللّهی سیورسن منی قوی اوبه‌یه قایدم

قوق آماندر منی اولدورمه یازبقام

تاروبردی بس سن قولدور دکلسن

قوق من بر فقیر نمسه‌یم سن کیمسن

تاروبردی من کیم قورومساق کورمرسن که من قولدورام منم قوللوقك ایچنده ایکی یوز یولداشم یاتر سز نچه‌سز

قوق من برجه‌یم

تاروبردی دی بس تز قاچ یوخسه بو ساعتده سنی اولدوررم

قوق دوغروی دیرسن که سن یالقز دکلسن

تاروبردی ایشتمرسن که منم یولداشلارمك قالمفالی کلر

قوق آخ تاری تمام وار یوخوم غارت اولاجاق آخ ماریا آدامونا ماریا آدامونا بو نجه بدبختلوق ایدی اوز وبردی بز بوندن صکره نجه ایده‌جیوك (تعلیم)

تاروبردی یولداشلارم یاخونلاشرلار دی ایتل جهنّه تز قاچ یوخسه بو ساعتده قارنوکی توسدیله دولدوررام

## L'OURS ET LE VOLEUR.

Fuchs. — Vrai Dieu, je n'ai pas gagné davantage pendant toute ma tournée, prends et laisse-moi partir.

Tariverdi. — Je t'en conjure, permets que je retourne au campement.

Fuchs. — Ne me tue pas, je suis un pauvre homme.

Tariverdi. — Quoi ! tu n'es pas un voleur ?

Fuchs. — Je suis un pauvre Allemand. Mais toi ?

Tariverdi. — Qui je suis, maroufle ! Tu ne le vois donc pas ? je suis un brigand, mes deux cents compagnons sont couchés sous ces fourrés. Et vous, combien êtes-vous ?

Fuchs. — Je suis tout seul.

Tariverdi. — Allons, détale sur l'heure, ou c'en est fait de toi.

Fuchs. — Dis-tu bien vrai ? Tu n'es pas seul ?

Tariverdi. — N'entends-tu pas d'ici la voix de mes camarades ?

Fuchs. — Mon Dieu, tout ce que je possède va être mis au pillage. Ah ! Maria, Maria ! Quelle funeste destinée est la mienne et qu'allons-nous devenir ! (Il pleure.)

Tariverdi. — Mes compagnons arrivent. Allons, décampe, va-t'en au diable ! Sinon tu es un homme mort [1].

---

[1] Littéralement : je te remplis le ventre de fumée.

قۇق آخ اللّهى سيورسن دايان بو ساعتده قاچم (باشلر قاچماقە)

تاروىردى (يالغز) نچه قورخوتدم منم كمى ظالم اولورى اكر يرزاد مـنى بوحالده كوره بلسيدى قورخودان باغرى چاتلاردى (بو حــالــده وئ واوروج عرابەيە قوشولوئ آت جلوندن چكرلر عرابەدە ايكى صندوق وار)

تاروىردى آى اوشاقلار هامى سى قاچديلارمى

ولى خاطر جمع اول هامسى قاچديلر

تاروىردى (كله كله) نچه قورخاق ايمشلر بيله آداملار ده وار دنياده ياخشى كسبمز ندر عرابەده نه شى وار

ولى عرابەدە ايكى بيوك صندوق وار كه هيچ تربتك اولماز سن تاروىردى تر اولارى سندور ايچنك شين بريرە بغ من اوروج كيدك عرابەنك آتلارىنك برنه كلّه دكوب ايكى ياخشى سى كوللّوقە قاچدى توتاق كتورك شيـارى يوكليك آپاراق

تاروىردى چوخ ياخشى سر كيدون آتلارى قايتارون من بو ساعتده صندوقلارى سندروب شيلارى بر يرە يغارام امّا تر قايدون بوردە چوخ دياناق اولماز قورخرام اوستە آدام توكولە المدن ناحق قان چخە

ولى احق دانشما سارساق سن بر تووق اولدورە بلزسن تكى اوزك قاچا ادام اولدورمككى سكا باغشلادوق

اوروج بو ساعتده قايدروق فكر ايله صندوقلرى آچ

Fuchs. — Attends, pour l'amour de Dieu, attends, je m'en vais. (Il fuit.)

Tariverdi (seul). — Comme je lui ai fait peur! Où trouver un brigand tel que moi! Si Périzade me voyait en ce moment, elle crèverait de peur. (Sur ces entrefaites Véli et Ouroudj arrivent, conduisant par la bride le cheval attelé à la voiture : dans la voiture, deux caisses.)

Tariverdi. — Eh bien, camarades, se sont-ils tous enfuis ?

Véli. — Tous, rassure-toi.

Tariverdi (riant). — Ont-ils été assez lâches! Comment y a-t-il des gens de cette espèce en ce monde? Bien. Quel est notre butin? Que renferme la voiture?

Véli. — Deux grandes caisses qu'il est impossible de remuer. Tariverdi, hâte-toi de les briser et de rassembler ce qu'il y a dedans. Ouroudj et moi nous partons. Des chevaux qui traînaient la voiture, l'un a été frappé d'une balle; les deux autres, sains et saufs, ont fui dans le fourré; nous allons les ramener, puis nous chargerons tout le bagage et l'emporterons.

Tariverdi. — Parfait! allez chercher les chevaux. Moi je vais briser les caisses et en réunir le contenu. Mais revenez vite, nous ne pouvons rester plus longtemps ici; je crains d'être attaqué et d'avoir à verser le sang d'un innocent.

Véli. — Nigaud, ne dis donc pas de balivernes, toi qui ne tuerais pas une poule. Pourvu que tu ne t'en ailles pas toi-même ! Quant à tuer quelqu'un, nous t'en faisons grâce.

Ouroudj. — Nous revenons sur l'heure, ne t'inquiète pas et ouvre les caisses.

تاڭرىبەردى باش اوستە (ولى اوروچ جلد اوزاخلاشىولار)

تاڭرىبەردى (بالغز) كە من يالغز قالدم ضررى يوخدر كيمدن قورخاجاقام مال
بيەلرينى قاچورمىشوق آكدە نە بيوك صندوقلار در يقين ايچندكى تمــام
تافتە در يزاد ايلە ياشى اولدوقجە تافتە تومان كوبنك كيسون قوروماق ڭاز
ياروسنى ايندى مندن ايستيەجك غلط ايلە نە قايروبدركە ياروسنى اوكا ويرم
بلكە صندوقلارك ايچندكى ترمە شالدورى پادشاهلوق پولدر تز بر باخم كورم
نە وار (باوقلاشىر صندوقلارە) صندوقدە ديەسن يزاد تپنر (صندوقك قپاقىن
قالدرر بردن بر ميمون صندوقدن ديشقارو چپرير) الله اكبر بو ندر بو صندوقدە
ميمون نە قايرر بيلەدە سوداكر مالى اولورمى بيلە زبيل ايلە آلش ويرش ايدن
سوداكرلەردە دنيادە وارمش (ميمون اوكا ديشين ڭيدر) آخ كوپك اوغلىنك
مالى نە مكا ديشكى ڭيدرسن (ميمون اوڭە تقليديىن كتورر) باخ باخ مــنم
تقليدمى كتورر ياخشى اولدى بونى يزادە بيشكش آپارارم قزى بونى كورسون
سوىنسون نجە توتم اى ميمون قورخا ياخون كل كوزل ميمونم ياخون كل
(بربر ميمونە سارو ميمون قپاقندن تولانر) باخ باخ كوپك اوغلىنك مالى آز قالمشدى
مكا توخانا ياواش من كور نجە سنى توتارام (قاچر ميمونك دالوستنجە ميمون
قپاقندن اويانە بو يانە توللانر ڭكرە آغاجە چقر باشلير اونك تقليديىن كتورمكە)
باخ باخ فكرى بودركە من اونك دالوستنجە آغاجە چخام نجە شيطان
ميمون در اوف غريب يورولدم بو نجە سارساق سوداكر ايمش كە ميمونى عرابيە
قويوب كتررمن ايلە بلدم بو ايوى يڭلمش عقللو باشلو مال آپارر صاتماقە
اوستنە دوشوب سويدوق من نە بلم كە او بيلە نادرست ايمش كە بزم
اوخومزى بوشە چخاردى نجە اوركم دار يخر امّا الى بوش ايوە قاتماق اولماز

Tariverdi. — Très volontiers. (Véli et Ouroudj s'éloignent avec précipitation.)

Tariverdi (seul). — Me voilà seul encore une fois. N'importe, qui ai-je à craindre? Les propriétaires de ces marchandises sont en fuite. Oh! que ces caisses sont grandes! pour sûr, elles sont pleines de soieries ; Périzade aura de quoi se faire des caleçons et des chemises sa vie durant. Et ce belître de Namaz qui viendra m'en demander la moitié. Quelle bêtise! qu'a-t-il fait pour que je partage avec lui! Peut-être ces caisses renferment des châles de cachemire ou de bons ducats royaux. Voyons vite ce qu'il y a. (Il s'approche des caisses.) On dirait que quelque chose remue dedans. (Il soulève le couvercle, aussitôt un singe saute au dehors.) Bon Dieu! qu'est cela! Que fait ce singe dans la caisse? Est-ce là marchandise ayant cours? Y a-t-il au monde des marchands qui fassent un commerce de ce genre? (Le singe lui montre les dents.) Ah! maudit animal, pourquoi me fais-tu la grimace! (Le singe imite ses mouvements.) Tiens, voilà qu'il fait comme moi. A merveille, je l'apporterai en cadeau à Périzade. Elle en sera enchantée. Mais comment l'attraper? N'aie pas peur, singe : viens ici, mon beau singe, approche. (A mesure qu'il va près du singe, celui-ci s'éloigne en sautant.) Voyez le sot animal, un peu plus il allait me giffler. Tout beau, tu vas voir comme je saurai t'attraper. (Il court à sa poursuite ; le singe saute par-ci par-là et finit par grimper sur un arbre d'où il imite ses mouvements.) Voyez un peu, il croit que je vais grimper à l'arbre sur ses traces. Quel diable de singe! je suis étrangement las. Faut-il que ce marchand soit bête pour promener un singe en voiture! Je m'imaginais que cette canaille d'homme apportait quelque belle et bonne marchandise, un gros butin à lui enlever. Comment me douter que c'était une saleté de ce genre et que je lancerais mes flèches en pure perte. Ah, que je suis ennuyé! mais je ne puis retourner au logis les mains vides. Voyons ce qu'il y a dans l'autre caisse. Elle est énorme cette caisse, sans doute elle doit renfermer quelque chose d'important. Que son couvercle aussi est large!

كورم او برىسى صندوقده نه وار امّا بيوك صندوق ريقين كه بونك ايچنده عقللو باشلو مال وار قپاقده نه يكهدر (قپاقيں سندرر) آخ بروردكارا نه خيريلتي كلر (قپاق قالخور بر آى چخوب اوف سويوررر)

تاروبردى اى واى آى آى نماز آى زالخا آى يزداد ايوم يخلدى آى هراى آى آمان كومك ايدون آى اللّهى سيون دادمه يتشون واى آمان غلط ايلدم قولدورلوقا داخى جخمانام هيچ كمى سوىمانام توبه اولسون توبه توبه اوف الله سن قورتار الله سن داده يتش هيچ وقت بيله يوله داخى كيتمنم (آى اونك اوزىنى جروب بخر برة چرىر بلنه باشليور اووكلمكه بوغاقه)

بايرام (تپهنك اوستنده ظاهر اولر) نه سس كلر يقين آى آدامى بوغر

تاروبردى (قايم سس ايله) آى اللّهى سيون كومك ايله منى قورتار (بايرام تفنكى اوزىنه كوتورر آتى نشانه ايدر آتر تفنك بوشالانده كلّه آبوى تاروبردىنك اوستندن تولّنير آى تز قالخوب توسدى سارو بوكورر كرر كوله كوزدن ابتر)

تاروبردى (يرده يخدش) آى اللّه كورهسن كلّه مكا دكمدى كه خير انشا الله دكميوبدر دونرم قاچم (تز قالخوب قاچر)

بايرام (ينوب عرابهيه باخون كلوب) بو نه عرابهدر بو آى بو آدام بورا هاردان دوشمشدى من بيله بلرم كه آى نى يارالادم قان ايس سالوبدر آى كورهسن هارا كيتدى بس او قورتاردى قوم آدام نجه اولدى

(بو حالده ديوان بكى قزاقلار ودلماج حاضر اولرلار)

ديوان بكى كنه قولدورلوق باشليوبلر اى قزاقلار ايككز بو يرڭه باخون ايككز آتلارى توتون او قالانكز بو قوچاق باغلاسون

(Il brise le dessus de la caisse.) Bon Dieu seigneur ! d'où vient ce grognement ? (Il soulève le couvercle, un ours surgit et le saisit dans ses pattes.) Oh là là ! un ours ! A moi Namaz, à moi Zalikha, Périzade ! Je suis perdu. Ouf, grâce ! à l'aide ! serviteurs de Dieu, venez à mon secours ! grâce, j'ai fait une sottise. Je ne volerai jamais plus, je ne dépouillerai personne ! Pardon, pardon ! Ouf ! Seigneur, délivrez-moi, accordez-moi votre protection, je ne marcherai plus dans cette voie ! (L'ours lui égratigne le visage, lui saute à la taille et se met à le serrer et à l'étouffer. En ce moment Baïram se montre au sommet de la colline.)

Baïram. — D'où viennent ces cris, comment ! un ours qui étrangle cet homme !

Tariverdi (d'une voix gémissante). — Serviteur de Dieu, au secours, sauve-moi ! (Baïram met en joue, vise l'ours et tire ; la balle force l'animal à lâcher Tariverdi ; l'ours se sauve du côté de la fumée et disparaît dans le fourré.)

Tariverdi (qui s'est jeté par terre). — Bon Dieu, pourvu que la balle ne m'ait pas atteint ! Non, je ne suis pas touché, retournons sur nos pas, fuyons. (Il se redresse vite et se sauve.)

Baïram (descend de la colline et s'approche de la voiture). — Quelle est cette voiture ? D'où viennent cet ours et cet homme ? Je crois que j'ai blessé l'animal, il a laissé une trace de sang. Où donc s'est-il enfui ? Et l'homme que j'ai délivré, qu'est-il devenu ?

(Le Gouverneur paraît, accompagné de ses cosaques et du drogman.)

Le Gouverneur. — Encore de nouveaux vols ! Holà, Cosaques, que deux d'entre vous gardent la route, que deux autres tiennent les chevaux, et vous, garrottez ce téméraire.

بایرام ـ منی باغلاسونلار اللّهی سیورسن بیله بیورمه منم نه تقصیرم وار

دیوانبکی ـ نجه تقصیرك یوخدر بس بو سمش صندوقلار سویلمش عرابه تفنك آتلماق تقصیر دکل ها وقته‌دك زاکونه مخالفت ایده‌جکسکز امنای دولتك امرندن چخاجاقسکز نه‌قدر عقلکز وفکرکز آز اولسه‌ده بونی باری باشه دوشون که روس دولتی سزی لزکیدن وچاقلاردن محافظت ایدر باری بو ایشك شکرانه‌سنه نظامه تابع اولون اکرچه هیچ نظامی وضابطه‌نی آنلامیرسکز ایج سنیله دانشماقك نه فایده‌سی وار هانی سنك یولداشلارك

بایرام ـ منم هیچ یولداشم یوخدر

دیوانبکی ـ بو عرابه‌نك آتلاری هانی

بایرام ـ بلرم

دیوانبکی ـ کهنه پیشه‌کزدر بلرم کورمشم سن بیله خیال ایدرسن که بلرم دیمکیله جانکی قورتاراجاقسن

بایرام ـ آغا بر سوزمه قولاغ آس من بو یاخونلوقده اوو کزردم کوردم که بر چغرتی کلر یالوار ارکومك ایستریوکوردم یاخونه کوردم که بر آیی بر آدامی بوغر تفنك آتوب آیی‌نی ووردم یارالادم من بوندان باشقه برزاد ایتممشم

Baïram. — Me garrotter! grâce, pour Dieu, ne donnez pas cet ordre. Quel est mon crime?

Le Gouverneur. — Tu n'es pas coupable, n'est-ce pas? Ces caisses brisées, cette voiture dévalisée, ce coup de fusil, tout cela n'est pas un crime? Jusques à quand violerez-vous le *zakoun*[1] et vous insurgerez-vous contre l'autorité des chefs? Si peu de raison et d'idées que vous ayez en tête, réfléchissez du moins que le gouvernement russe vous protège contre les Lezgui et les Kyptchak[2]; en retour de ce bienfait, obéissez au moins à la loi, bien que ces mots de lois et d'autorité ne soient pas compris de vous. Mais à quoi bon te parler de ces choses? Où sont tes compagnons?

Baïram. — Je n'en ai aucun.

Le Gouverneur. — Où sont les chevaux de cette voiture?

Baïram. — Je l'ignore.

Le Gouverneur. — « Je ne sais pas, je n'ai rien vu », oui, voilà votre réponse habituelle. Et tu crois sauver ta vie en disant : « Je ne sais pas »?

Baïram — Agha[3], un mot ; daignez m'écouter. Je chassais dans ces parages, lorsque j'entends du bruit, une voix plaintive qui appelle au secours ; je m'approche, je vois un ours qui étouffe un homme, je vise cette bête et la blesse. Voilà tout ce que j'ai fait.

---

[1] « La loi »; ce mot russe est dans le texte. La législation européenne s'introduit avec peine parmi les montagnards musulmans; aujourd'hui encore ils obéissent vaguement à certaines prescriptions du *chery'at* et de la coutume *a'det*.

[2] Ces tribus nomades habitent le versant nord du Daghestan entre la Kabarda et la mer Caspienne et vivent de brigandage.

[3] Autrefois «frère aîné», titre donné ensuite aux chefs de l'ordre militaire. On peut le traduire ici par *commandant*.

ديوان بکی بلی یاخشی دانشرسن ایسترسنکه بو سوزلرپله منی باشدان چخارداسان ایش آشکاردرسن توتولوبسن تقصیر واقع اولان یرده یاخشیسی بودرکه یولداشلارکی مکا دیەسن

بایرام من حقیقتنی عرض ایلدم

دیوانبکی اوغلان منم سکا یازبقم کلر کوروکی که بر جوان خوش صورت اوغلانسن بارسنکه یراق واسبابیله توتولان قولدوره نه تنبیه نه نسق وار

بایرام البتّه بلرم تنبیهی دارآغاجیدر

دیوانبکی بلی دارآغاجیدر آکر اوزکا یازبقك کلر باری آنا وآنکا یازبقك کلاسون هیچ بر آدامی دنیاده سیورسن می

بایرام الحقّ ایله اوندن اوتری تشویشدەیم آغاکه بر سووکلوم وار

دیوانبکی بس بوینکا کوتوررسن

بایرام منم هیچ تقصیرم یوخدرکه بوبنه کوتورم

دیوانبکی من بیله منکر آدام کورمشم اوشاقلار بونك قولّارین برك دالوسنده باخلیون موغایات اولونکه قاچماسون یوخسه سنر جواب ویرەجکسکر اوغلان اوبەکزە بوردان نه قدر اولور

Le Gouverneur. — Oui, tu parles bien, et c'est avec ces belles paroles que tu veux me dépister ! Mais ton affaire est claire : tu as été pris dans le lieu même où le crime a été commis ; tu ferais mieux de révéler le nom de tes complices.

Baïram. — J'ai dit la vérité.

Le Gouverneur. — Jeune homme, tu m'inspires de la compassion, car tu parais un beau et vaillant garçon : tu sais quelle est la punition, quel est le châtiment infligé au coupable pris les armes à la main ?

Baïram. — Je le sais bien : le gibet.

Le Gouverneur. — Oui, le gibet. Si tu n'as pas pitié de toi-même, aie du moins pitié de ton père et de ta mère. N'aimes-tu donc personne au monde ?

Baïram. — Si vraiment, c'est là la cause de mon anxiété. Agha, j'ai une maîtresse.

Le Gouverneur. — Alors tu t'avoues coupable ?

Baïram. — Je n'ai commis aucun crime pour m'avouer coupable.

Le Gouverneur. — On n'a jamais nié avec une telle persistance. Enfants, liez-lui fortement les bras derrière le dos ; surveillez-le avec soin de peur qu'il ne s'échappe ; vous m'en répondez. Jeune homme, y a-t-il loin d'ici à vos tentes ?

بایرام بر آغاج .

دیوانبکی بز اورا کیدروك کرکدر تز ایشی ایستی ایکن حقیقت ایتلك امّا هله کرك بر دفترخانیه کیتمك اللّه شکر ایش اوقدر وار که بلرسن هانسنی قورتاراسن دلماج هاردەدر

دلماج بوردە یم آغا

دیوانبکی کیدك اللّه بو نجه قوللوقدر کرك هامی زادە جواب ویرەسن هرکون جانکدن کیچەسن امّا بو احفلوکنه آنلامرلار که بولاردان اوتری بو عذابی چکرك یساوللر کتوررون بو اوغلانی منم دالچه (هامیسی کیدرلر بوندن صکره مجلس خالی قالر مجمون آغاجدن انیو باشلر توللنماقه برآزدن صکرە کوزدن ایتر)

پردە سالنر

Baïram. — Un farsakh[1].

Le Gouverneur. — Nous y allons : il importe de tirer au clair cette affaire pendant qu'elle est chaude. Mais d'abord il faut que j'aille dans les bureaux[2]. Mon Dieu, j'ai tant d'affaires que je ne sais laquelle expédier la première. Où est le drogman ?

Le Drogman. — Agha, me voici.

Le Gouverneur. — Partons. Dieu, quel métier ! avoir réponse à tout et chaque jour s'exténuer ! Et ces imbéciles, qui ne comprennent pas que c'est pour eux qu'on se donne tant de mal ! Gardes, emmenez ce garçon à ma suite. (Ils partent tous. La scène reste vide; le singe descend de l'arbre, fait quelques gambades et disparaît.)

Le rideau tombe.

---

[1] Mesure itinéraire qui varie suivant la nature du terrain : sa longueur moyenne est de six kilomètres. Le texte original porte *bir âghadj* «un arbre», c'est l'équivalent du *farsakh*.

[2] Littéralement : au *defter-khané* «maison des registres».

## اوچنجی مجلس

واقع اولور شمس الدّینلو محالنده اویه‌ده آلچوقك ایچنده تاروبردی باشی باغلسو وكوخا ومشهدی قربان ونجف ونماز وباشقه تراكمه‌لر اوتوروبدلار

نجف ــــ تاروبردی دی كورك سنك باشكا نه ایش كلوب كیم سنی یارالیوبدر

تاروبردی ــــ آ باشكا دونم من ولی اوروج آزانه تاخل سولاماقه چخمشدوق طاوس درّه‌سنده عرابه‌یه راست كلدوك ولی دیدی كه من اوروجیله بو عرابه‌نك آداملارینی ظرافت ایدوب قورخوداجاقام تفنك آتدیلار كویا آداملار قاچدی عرابه قالدی ولی اوروج كیتدیلر عرابه آتلارینی كتوره‌لر من عرابه‌دكی صندوقلاره یاووق كیدنده اوّل قباقه بر میمون چخدی صكره صندوقدن بر آبی قالخوب منی باسدی اولدورردی بردن تفنك آتلدی آبی منی بوراخدی دوروب قاچدم صكره نه عرابه‌دن نه آتلاردن بر اثر كورمدوك بلرم بو نه سرّدر

نجف ــــ نه سرّ اولاجاق طاوس درّه‌سی اجّنه یریدر شیاطین یغناقنه راست كلوبسكز باشقه برشی دكل چهارشنبه كونی می یوله چخمشدكز

تاروبردی ــــ بلی

تراكمه‌لر شكسز شیاطین یغناقنه راست كلوبلر یوخسه میمون آبی عرابه‌ده نه قایدر

## ACTE TROISIÈME.

L'intérieur d'une tente dans le campement des Chems ed-Dînlu. — Tariverdi, la tête enveloppée, le maire (*koukha*), Méchhèdi Qourban, Nedjef, Namaz et d'autres Turcomans assis.

Nedjef. — Dis donc, Tariverdi, quel accident est arrivé à ta tête? Qui t'a blessé?

Tariverdi. — Ah, mon cher, moi, Véli et Ouroudj nous étions allés aux champs pour arroser les semailles. Dans la vallée de Tavous-dèrè[1], nous rencontrons une voiture; Véli nous dit : «Moi et Ouroudj, nous allons faire peur à ces gens-là, pour nous amuser.» Ils tirent un coup de fusil, les gens se sauvent en abandonnant la voiture. Véli et Ouroudj se dirigent de ce côté et emmènent les chevaux. Quant à moi, dès que je m'approche des caisses chargées sur la voiture, voilà qu'un singe me saute à la figure; de l'autre caisse surgit un ours qui me renverse et m'étouffe; soudain un autre coup de fusil : l'ours me lâche, je me relève et m'enfuis. Après cela, je ne sais plus ce que sont devenus voiture et chevaux; d'ailleurs, je ne comprends rien à tout ce mystère.

Nedjef. — Quel mystère? La vallée de Tavous-dèrè est le rendez-vous des *djinn*[2], vous avez rencontré une troupe de diables; il n'y a pas d'autre explication que celle-là. Ne vous êtes-vous pas mis en route un mercredi?

Tariverdi. — Oui.

Les Turcomans. — Il n'y a plus de doute, vous avez rencontré des diables; sans cela que feraient un singe et un ours en voiture?

[1] Littéralement : «la vallée du paon».
[2] Ce nom arabe s'applique à tous les êtres surnaturels, génies, démons, lutins, etc.

نجف — امّا تاروبردی سن یرالوسن دور بوردن کیت دیوان بکی بوراکله جك کورك بزم ایله نه سوزی وار (تاروه‌بردی کیدر)

(بو حالده دیوان بکی ینتشر هامی دورر آیاغ اوسته)

دیوان بکی (کرسی اوسته اوتوروب) کوخا سن روس دلنی بلرسن دی کورم بو آداملار کیمدر

کوخا — بونلار اوبه‌نك آداملاریدر بو غازدر بو نجف‌در بوده مشهدی قربان‌در که بر دولتلو حرمتلو کشیدر

دیوان بکی — چوخ لازمدر اونك دولی اللّه قویسا دولتلولری تانیماق من سزه ترکیدرم (اوزین دلماجه دونوب) کمالوف بولاری ترتیبیله هرکسك مرتبه‌سنه کوره جرکه‌یه دوز هانسینك مرتبه‌سی آرتوقدر

دلماج — آغاکرك که بولار هامیسی ایله بر مرتبه‌ده درلر

دیوان بکی — خوب هانسی عقللو حساب اولنر

دلماج — بیله بلرم که هامیسی ایله برعقلده اولمش اولالار

دیوان بکی — پروردکارا آخر بریسی البتّه اوبری‌لرینه کوره سوز قانان دانشان اولاجاقدرکه اوکا متوجّه اولوب سوز سوروشام هامیسی ایله که بردن دانشماق اولماز

دلماج — اوصورتده کرك نجف اوبریلرندن سوز قانان دانشان اولسون چونکه روسیجه‌ده براز بلر

Nedjef. — Mais toi, Tariverdi, tu es blessé, lève-toi et va-t'en. Le Gouverneur va venir ici, nous ne savons pas ce qu'il a à nous dire. (Tariverdi s'éloigne.)

(Le Gouverneur arrive; tout le monde se lève.)

Le Gouverneur (après s'être assis dans un fauteuil). — Maire, toi qui sais le russe, dis-moi qui sont ces gens-là.

Le Maire. — Ils sont tous du pays. Voici Namaz, Nedjef et voici Mechhèdi Qourban, qui est un personnage riche et considéré.

Le Gouverneur. — Il est très utile qu'il soit riche. Par Dieu, je vous forcerai bien tout à l'heure à me faire connaître les riches d'entre vous. (Se tournant vers le Drogman.) Kemaloff, fais-les placer selon leur rang, la première place au plus important.

Le Drogman. — Seigneur, je crois qu'ils sont tous de même condition.

Le Gouverneur. — Bien, alors celui qui passe pour le plus intelligent.

Le Drogman. — En fait d'intelligence, je crois qu'ils se valent tous.

Le Gouverneur. — Enfin, morbleu, il y en a bien un qui comprenne et se fasse mieux comprendre que les autres, c'est à celui-là que je veux m'adresser et faire des questions. Je ne peux pas cependant les interroger tous à la fois.

Le Drogman. — En ce cas, Nedjef doit être le plus intelligent d'entre eux, car il sait un peu de russe.

ديوانبكی خوب نجفی باشده قوی (دماغ نجفی باشده قویر) آكشمی سوزك
آخرنهدك قولاغ آس صكره جواب ویر

نجف باش اوسته آغا

ديوانبكی (قولتوقندن بر كاغط چخاردوب) مملكت خارجه اهلندن جناب فوق
حافظ جانوران مكا عريضه ويروب‌دركه او ايسراغا كون تفليس يولندن
اوز جانورلری ایله كلرمش برآز عرابه‌دن كرو قالمش ايمش اتّفاقا عرابه‌نك
اوستنه بر نچه قولدور توكولوب عرابه‌ده بر ينكی دنيا آيیسی بر برازیل
ميونی ایكی بيوك كفتار وباشقه جانورلر داخی وارمش قولدورلار آت دوقلاری
تفنكلرك كله‌سندن عرابه آتينك بريسی اولوب ينكی دنيا آيیسی يرالانوب
ميون قاچوب ايتوبدر وكمان كيدركه عرابه‌ده اولان شيلرده غارت اولوبدر
آيی‌نی يارالو كولوقدان تابدورمشم قولدورلردن بريسی‌ده توتولوب ايندی
صريح خبرلره كوره معلوم اولركه بو ایش اتّفاق دوشن كونده اوچ آتلونی
يراقلو اسبابلو سزك اوبه‌كزدن آشاقه كيدنده كوروبلر بی شك اولار سزك
اوشاقلاردن دركرك اولاری بو ساعتده مكا ويره‌سكر يوخسه سزی بدبخت
ايلرم

نجف آغا سن بر عقللو آدام‌سن كه بويكه محالی سكا تاپشوروبلار دشمنلر
سنك قوللّوقكا خلاف عرض ايدوبلرسن كرك هيچ وقتده بيله قورو نقلره
اينانميه‌سن

ديوانبكی نچه قورو نقل منم محالمك اورتاسنده آشكارا قولدورلرق قورو نقلدر

Le Gouverneur. — Soit, que Nedjef vienne au premier rang. (Le Drogman le fait avancer.) Mon brave, écoute-moi jusqu'au bout, et puis tu me répondras.

Nedjef. — Très bien, Agha.

Le Gouverneur (tirant un papier de sa poche). — Un sujet d'une puissance étrangère, M. Fuchs, propriétaire d'une ménagerie, m'expose dans une requête les faits suivants. Avant-hier, tandis qu'il passait par la route de Tiflis avec ses animaux, étant resté un peu en arrière de sa voiture, des voleurs ont fondu à l'improviste sur ladite voiture. Elle renfermait un ours du Nouveau-Monde, un singe du Brésil, deux grandes hyènes et d'autres animaux. Un cheval a été tué par une des balles tirées par les voleurs, l'ours a été blessé, le singe s'est enfui et a disparu. Il est probable que tout ce que renfermait la voiture a été mis au pillage. J'ai trouvé l'ours blessé dans le fourré et un des voleurs a été fait prisonnier. Or il résulte de renseignements positifs que, le jour même de cet événement, trois cavaliers armés jusqu'aux dents ont été vus descendant de votre campement. Nul doute qu'ils ne soient gens de ce pays, il faut me les livrer sur l'heure, ou malheur à vous.

Nedjef. — Agha, vous devez être un homme d'esprit, puisqu'on vous a investi de cette haute dignité : ce sont nos ennemis qui vous ont fait ce rapport contraire à la vérité; il ne faut pas ajouter foi à de pareilles sottises.

Le Gouverneur. — Des sottises! ce vol manifeste commis au centre de mon gouvernement!

نجف آغا حقیقتی مندن سوروش دوغرولوقیله عرض ایدم

دیوانبکی دی من ده ایله اونی ایستیرم

نجف بزم اوبه‌نك اوشاقلارندن بر نچه‌سی شهارشنبه کونی آرانه تاخل سولاماقه کتمشدیلر شیاطین یغناقنه راست کلوبلر شیاطینلر عرابه ده کیدرمشلر بولار احقلوق ایدوب عرابه ساروتفنك آتوبلرکه جنلر قورخوب قاچسونلر کرك ایدی بسم الله دییدیلر جنلرك آچق توتوب چون هر شکله دونه بلورلر آی شکلنه دونوب بولارك اوستنه توکولوب دیشلینوبلر ایندی بزم دشمنلرمز بونی بر نقل قایروب جنلرك بیوکه یوق آدین قویوب سنی باشدن چخاردیرلر

دیوانبکی (آجقلانمش روس دلنجه) آکشی سن نه قوز قریرسن

نجف (اوزین دلماجه توتوب) آنلامرم آغا نه بیورر

دلماج دیوان بکی بیوررکه سزده قوز فندق چوخ اولورمی

نجف (دلماجه) آباشکا دونم دیوانبکی‌یه عرض ایله که ایله بو دره‌نك آدنه فندوقلو دره‌سی دیرلر قوزك فندقك معدنیدر الله قویسا قوز جریلانده فندق دربلنده جوال جوال قوللوقنه کتورّوك دیوانبکی‌نك لایقنجه یولین کورمك بزم باشمز اوستنه

L'OURS ET LE VOLEUR.            183

Nedjef. — Agha, c'est à moi qu'il faut demander la vérité; interrogez-moi, je vous la dirai en toute franchise.

Le Gouverneur. — Parle, je ne demande que cela.

Nedjef. — Quelques jeunes gens de la tribu étaient partis, mercredi, pour l'arrosage des champs : ayant rencontré une troupe de diables qui étaient montés en voiture, ils ont eu la sottise de décharger leurs fusils sur la voiture afin de les effrayer et de les chasser. Ils auraient dû dire *bismillah*[1]. Les *djinn* se sont mis en colère, et, comme ils peuvent revêtir toutes les formes, ils ont pris celle d'un ours, se sont jetés sur nos gens et les ont déchirés à belles dents. Ensuite nos ennemis, faisant une histoire de tout cela, ont surnommé *poukh*[2] le grand diable, afin de vous donner le change.

Le Gouverneur (irrité, en langue russe). — Bonhomme, comme tu casses des noix[3] !

Nedjef (s'adressant au Drogman). — Je ne comprends pas ce que dit Sa Seigneurie.

Le Drogman. — Le Gouverneur demande si les noix et les noisettes sont abondantes chez vous.

Nedjef (au Drogman). — A votre service[4]. Dites au Gouverneur que cette vallée s'appelle *Foundouqlou-déré*[5]; c'est une mine de noix et de noisettes. Si Dieu le permet, dans la saison où l'on récolte les noix et quand on secoue les noisetiers, nous en offrirons de pleins sacs à Sa Seigneurie. C'est notre devoir d'en indiquer la route comme il convient au Gouverneur.

---

[1] C'est-à-dire invoquer la protection de Dieu en prononçant la formule placée en tête des chapitres du Koran : «Au nom de Dieu clément et miséricordieux».

[2] Altération du nom allemand *Fuchs*, voir ci-dessus, p. 109, note 4.

[3] L'auteur a voulu sans doute traduire quelque locution populaire en russe, dont le sens serait «s'amuser à des bagatelles, perdre son temps».

[4] Le texte porte : «Que je tourne autour de ta tête!»; c'est une formule d'origine persane qui exprime le respect, la vénération, comme en éprouvent les pèlerins qui tournent autour du temple sacré de la Mekke.

[5] La vallée aux noisettes.

دلّاج (ديوانبكىيه روسيجه) آغا نجف عرض ايدركه قوز فندق وقتى چوال چوال قولّلوقكزه كنوره چكلر ولايقيجه يولكزه باخاجاقلار

ديوانبكى (آجقلو) كشى نه پرپوچات دانشرسن قوز فندق من نه ايليهجكم منم برلومك نينه باخاجاقسن منم اوزم كلدوكم يوله سندن ده ياخشى باخشم بلده احتياجم يوخدر قولدورلارى ويرون

نجف نجه قولدور آغا

ديوانبكى نجه نجه قولدور بر ساعتدر سنيله دانشرم كه سورشرسن نجه قولدور

نجف آخر من ده قوللوقكا عرض ايلدم آغا كه اوشاقلار هيچ كيك اوستنه توكوليورلر آنجاق شياطين يغاقنه راست كلوبلر

ديوانبكى سن محض جفنكيات دانشرسن

نجف آغا سن دنيا كوروبسن هيچ آيىنك ميونك كفتارك چاقّالك عرابه يه منوب شهردن شهره سياحت ايتدوكين ايشيدوبسن مى

ديوانبكى مكر من ديدم كه آيولار ميونلار عرابه يه منمشديلر

نجف بس سن نجه ديدون آغا

ديوانبكى من ديدم كه اولارك حافظى سياحت ايدردى

نجف عرابه ده

Le Drogman (en russe, au Gouverneur). — Nedjef dit que, dans la saison des noix et des noisettes, ils en offriront de pleins sacs à Sa Seigneurie et lui montreront la route comme il convient.

Le Gouverneur (en colère). — Quelles inepties tu débites! J'ai bien besoin de noix et de noisettes! Pourquoi me montrer le chemin? Je sais mieux que toi celui par lequel je suis venu et n'ai cure de guide. Livrez-moi les voleurs.

Nedjef. — Quels voleurs, Agha?

Le Gouverneur. — Comment, quels voleurs? Voilà une heure que je te parle et tu me demandes quels voleurs!

Nedjef. — Enfin, je l'ai déclaré à Votre Excellence, Agha, nos jeunes gens n'ont attaqué personne, seulement ils ont rencontré une troupe de démons.

Le Gouverneur. — Tu ne dis que de pures sottises.

Nedjef. — Agha, vous qui avez vu le monde, avez-vous jamais entendu dire qu'un ours, un singe, une hyène, un chacal voyagent, de ville en ville, dans une voiture?

Le Gouverneur. — Est-ce que j'ai parlé d'ours et de singe qui voyagent en voiture!

Nedjef. — Alors, qu'avez-vous dit, Agha?

Le Gouverneur. — J'ai dit que leur gardien voyageait.

Nedjef. — En voiture?

ديوان بكى بلى

نجف يالقز

ديوان بكى خير اوز جانورلريله

نجف مكر او جانورلر پادشاهيدر

ديوان بكى سكا لازم دكل هر سوالى ايلك عقلكا زور ويرمك

نجف من عقله زور ويرىرم امّا آبى وميمون عرابه يه منوب سياحته چخماز شياطين ايمشلر بو شكلده كوروكوبلر

ديوان بكى پروردكارا بولار نچه طايفه درلر دى كل بولاره مطلب قاندور بابرام بويننه هيچ زاد كوتورمں بولارده منى آشكار ايسترلر مشتبه ايتسونلر خوب او شياطين يغناقنه راست كلن اوشاقلارى مكا كوسترون

نجف نه ايليه جكسن آغا

ديوان بكى اولار مكا لازمدر

نمّاز آغا دشمنلرك سوزىله بزى بهتانه سالم

ديوان بكى هانسى دشمنلرك

نمّاز دورت چووره مزدكى اميرلو نمام بزه دشمن در

Le Gouverneur. — Oui.

Nedjef. — Seul?

Le Gouverneur. — Non, avec ses animaux.

Nedjef. — C'est peut-être le roi des animaux.

Le Gouverneur. — Il est inutile de t'adresser des questions; c'est trop fort pour ton intelligence.

Nedjef. — Non, mais les ours et les singes ne voyagent pas en voiture. C'étaient des diables qui se montraient sous cette forme.

Le Gouverneur. — Mon Dieu, quel peuple! Voyons, explique-leur donc la question. Baïram ne s'avouera jamais coupable; quant à eux, il est évident qu'ils veulent me laisser dans le doute. Enfin, soit, faites-moi voir les individus qui ont rencontré cette troupe de diables.

Nedjef. — Pourquoi faire, Agha?

Le Gouverneur. — Cela m'est nécessaire.

Namaz. — Agha, ne nous accusez pas sur la simple dénonciation de nos ennemis.

Le Gouverneur. — Quels ennemis?

Namaz. — Les Émirlu, qui entourent de tous côtés notre territoire, voilà nos ennemis.

ديوان بكی آجانم آشاقه دوشن آتلولارك خبرين مكا تانارلار ويرميوبلر
مالاقانلار سويليوبلر

غاز مالاقانلار بزه هاميدن چوخ دشمندرلر هميشه بزم ايله اولارك آراسنده
ير اوسته توربانق اوسته جنك وجدل اوله‌جاق ايندی معلوم اولور که بيله
اوستالق ايله سوز قايرماق شيطانلوق ايلك اولارك ايشی ايمش مسلمان
باشنده بيله شيطان فكری اولماز بوندن صكره مالاقانلاره توتوقماق باش
اوسته

ديوان بكی جهنّم هله ايندی قولدورلاری ويرون صكره هر نه بلرسكز ايدون

نجف آغا يوخ يردن قولدور که قايروب ويره بلنوك بزم اوشاقلار بر آدام
سويميوبلار

ديوان بكی كمالوف من نه چاره ايدم دوغرودان بولار من ديدوكم سوزه
اينانمرلر

دلّج والله آغا بر توك قدری ده اينانمرلر

ديوان بكی (اوزينی قزاقه توتوب) ماطوی كيت يساوللاره دی که او آيِنی
چكه چكه بورا كتورسونلر

قزاق باش اوسته (كيدر)

Le Gouverneur. — Mon cher, ce ne sont pas les Tartares qui m'ont parlé de cavaliers descendus dans la vallée; je le tiens des Molokanes[1].

Namaz. — Les Molokanes! nous n'avons pas d'ennemis plus acharnés : il y a toujours entre nous contestations et batailles à propos de territoire. Pour sûr, parler avec une pareille assurance et forger de telles machinations, c'est bien là leur ouvrage. Jamais cette pensée diabolique ne serait venue à l'esprit d'un musulman. Désormais, s'il y a un bon tour à leur jouer, à vos ordres.

Le Gouverneur. — Au diable! livrez-moi d'abord les voleurs et ensuite faites ce qui vous plaira.

Nedjef. — Agha, nous ne pouvons trouver des voleurs là où il n'y en a pas : nos gars n'ont jamais dépouillé personne.

Le Gouverneur. — Kemaloff, comment faire? En vérité, ils n'ajoutent aucune foi à mes paroles.

Le Drogman. — C'est par Dieu vrai, Seigneur; pas même de l'épaisseur d'un cheveu.

Le Gouverneur (à un Cosaque). — Matveï, va dire aux gardes qu'ils traînent l'ours jusqu'ici et me l'amènent.

Le Cosaque. — Très bien. (Il sort.)

---

[1] « Les mangeurs de lait », sobriquet donné à une colonie de sectaires russes établis depuis un demi-siècle dans la région méridionale du Caucase ; ils vivent surtout de laitage (*moloko*, lait).

ديوان بكى (نجفه) من ايندى اثبات ايدرم كه ديدوكم سوزلر دوغرودر مالاقانلار قايرميوبلار

نجف آغا عبث يره زحمت چكميون يوخ زادك نين اثبات ايده جكسكر
(بو حالده يساوللار آيفى كتوررلر)

ديوان بكى (دلماجه) كمالوف دى كه بودر دليل كه من بوش سويلردم

دلماچ (آيى طرفنه اشاره ايدوب) ديوان بكى بيوركه بودر شاهد كه من بوش نقل سويلردم

نجف خوب بو شاهد اداى شهادت ايلسون كورك

دلماچ (ديوان بكى يه) آغا عرض ايدركه آيى اداى شهادت ايلسون كورك

ديوان بكى (تندلشوب) مكر آيى اداى شهادت ايده بلور فوكمالوف سن اجق ده بونى مكا ديرسن مكر اوزك جواب ويره بلرسن ماطوى سن تركيجه بلرسن مى

قزاق (قايم صونيله) هركز بلرم آغا

ديوان بكى قزاقلاردان بلن وارمى

قزاق هركز بلن يوخدر ايكرمى برنجى نومرك فوجندن قزاق سوتنيقوف تركيجه اوكرنك ايستر

Le Gouverneur (à Nedjef). — Je vais vous prouver maintenant que j'ai dit vrai et que les Molokanes n'ont rien inventé.

Nedjef. — Agha, ne prenez pas une peine inutile, comment prouver une chose qui n'existe pas ! (Les gardes arrivent en conduisant l'ours.)

Le Gouverneur (au Drogman). — Kemaloff, dis-leur : « Voici la preuve que je ne parle pas en l'air. »

Le Drogman (montrant l'ours du doigt). — Le Gouverneur vous dit : « Voici la preuve que je ne raconte rien en l'air. »

Nedjef. — Bien, que ce témoin fasse sa déposition, voyons.

Le Drogman (au Gouverneur). — Il demande que le témoin fasse sa déposition.

Le Gouverneur (en colère). — Vraiment, la déposition d'un ours ! Fi, Kemaloff, tu es un sot de me parler de la sorte. Ne peux-tu donc leur répondre de ton chef ! Matvei, tu sais le turc ?

Le Cosaque (criant). — Je ne le sais pas du tout, Agha.

Le Gouverneur. — Y a-t-il parmi les Cosaques quelqu'un qui le sache ?

Le Cosaque. — Personne ; mais il y a le cosaque Sotnikoff[1], de la 21ᵉ compagnie, qui veut l'apprendre.

---

[1] Littéralement : « le fils du centenier », du russe *sotnia*, escadron de cosaques.

ديوانبكی كس سسك چوخ لازمدرکه او اوکڭك ایستر (اوزبن نجنه تونوب) آجانم آيی نجه ادای شهادت ایده بلور

نجف بری که دیمروك آغا سنڭ اوزکڭ آیی نی بزم ایله اوز دشدورمکه کتوردکڭ شمس الدّينلو میشهلرنده آيی چوخ هرکس برین توتا بلور بوندن لازم کلزکه آیی‌لار میمونلار عرابه‌يه مِنوب اولکه‌لرکزسونلار

ديوانبكی ایندی قولدورلاری نشان ویرمیه‌جکسڭز

نجف آغا نجه قولدور وارکه نشان ویرك

ديوانبكی قولدورلارڭ ایزی آچلوبدر من اولاری نوقتا‌نه چاره تاپارام اما سزڭ ایچون چوخ یمان کچه‌جك

نجف الحکم للّٰه تقدیر قضادن قاچماق اولماز.

ديوانبكی دی بس ایتلون کوزمڭ اوکوندن بوقدر وقت عبث يره سزيله وقتی ایتوردم من اوزم بلّم که نه ایلرم (هامیسی چوله چولر) من نه چاره ایدم ظاهرا کوروکزکه بایرام مقصّر دکل اکرچه کذارش اونڭ تقصیرینه چوخ دلالت ایدر ای کوخا سن او شیاطین یغناقنه راست کلن اوشاقلاری تانیرسن می

کوخا تانیرم آغا

Le Gouverneur. — Tais-toi. Cela m'avance beaucoup qu'il veuille l'apprendre. (S'adressant à Nedjef.) Mon cher, comment veux-tu qu'un ours porte témoignage?

Nedjef. — Ce n'est pas nous qui le disons, Agha, c'est vous-même qui faites venir cet ours pour le confronter avec nous. Il y a beaucoup d'ours dans les bois des Chems ed-Dînlu, tout le monde peut en trouver. Cela ne prouve pas que les ours et les singes parcourent les pays en voiture.

Le Gouverneur. — Ainsi, vous ne voulez pas dénoncer les voleurs?

Nedjef. — Agha, où sont-ils pour qu'on vous les dénonce.

Le Gouverneur. — On est sur leurs traces et je saurai bien les découvrir moi-même, mais ensuite cela se passera très mal pour vous.

Nedjef. — A la volonté de Dieu[1], on ne peut échapper à sa destinée.

Le Gouverneur. — En voilà assez, partez, que je ne vous voie plus; voici déjà trop de temps que je perds avec vous. Je sais bien ce que j'ai à faire. (Ils sortent tous.) Quel moyen employer? Il paraît évident que Baïram n'est pas coupable, bien que plusieurs faits déposent en apparence contre lui. (S'adressant au Maire.) Koukha, connais-tu les gens qui ont rencontré cette troupe de diables?

Le Maire. — Non, Agha, je ne les connais pas.

---

[1] *El-hukm lillah*, c'est une des formules du fatalisme musulman : dès le 1ᵉʳ siècle de l'hégire, elle fut le cri de ralliement des Kharidjites révoltés contre l'autorité des successeurs du Prophète.

ديوان بكى ايشتمسن كه كيم درلر

كوخا بز تركه آداموق آغا هاردان ايشده جيوك

ديوان بكى اولارى آختاروب تاپماق اولورمى

كوخا هاردان تاپاجاقسكز بزم اوشاقلار تمام قاچوب كزلنوبلر

ديوان بكى اكر تقصيرلو دكللر نيه قاچوب كزلنوبلر

كوخا آرواد لار تمام آلا چوبك دالوسندن قولاق آسوديلار البتّه خبر ويروبلر كه ديوان بكى شياطين يغناقنه راست كلنلرى توتماق ايستر قورخولارندن قاچمازلارمى

ديوان بكى ياخشى سنده كيت بو طور دانشماق ايله هيچ بر زاد آچلماز هاميسى ديه جكدرلر كه برزاد بلروك بر زاد آنلامیروك هيچ بر طرفه كيتمشوك نه چاره ايلك قزاقلار دوستاقى بورا كتورون (قزاقلار بايرامى قوى باعلو حاصر ايدرلر)

ديوان بكى سنك تقصيرسز اولماقكا نه اثباتك وار

بايرام آغا سز ولايت كوروبسكز بر فكر ايدون كه من يالقز آدام سويماقا چخا بلورمى

ديوان بكى دى بس نيه يولداشلاركى ديمرسن

بايرام آخر من ديرم كه يولداشلارم يوخدر

Le Gouverneur. — Ne t'a-t-on pas dit du moins qui ils étaient?

Le Maire. — Nous sommes Turcomans, d'où le saurions-nous?

Le Gouverneur. — Une enquête peut-elle les faire découvrir?

Le Maire. — Les découvrir? Et comment? Tous nos jeunes gens sont en fuite et cachés.

Le Gouverneur. — Ils ont fui, ils se cachent! Et pourquoi, s'ils ne sont pas coupables?

Le Maire. — Les femmes ont tout entendu de derrière les tentes. Elles leur ont certainement appris que le Gouverneur allait arrêter ceux qui ont rencontré les diables. Comment la peur ne les aurait-elle pas fait fuir?

Le Gouverneur. — C'est bien, tu peux t'en aller aussi. Il n'y a rien à tirer de ces propos. Ils me diront tous : « Nous ne savons rien, nous ne comprenons rien, nous ne sommes allés nulle part. » A quel parti se résoudre? Cosaques, conduisez ici le prisonnier. (Ils amènent Baïram les bras garrottés.)

Le Gouverneur. — Quelle preuve peux-tu donner de ton innocence?

Baïram. — Agha, vous avez-vu du pays, réfléchissez, voyez si j'ai pu à moi seul détrousser les gens.

Le Gouverneur. — Eh bien alors, pourquoi ne pas nommer tes complices?

Baïram. — Je le déclare encore : je n'ai pas de complices.

ديوانبكی  وارىمش سنی قويوب قاچوبلار

بايرام  هيچ وقتده ايله ايش قولدورلوقيله دوز كلمز آغا قولدور چارەسی اوز اولنەدك يولداشنی بوراخوب كيمر يول كسندن صكره بر برلندن آيرىلارلار بردە سز بونی هاردان بلەجكسكز سز يقين كه هيچ قولدورلوقه كيمىوبسكز

ديوانبكی  امّا من چوخ قولدور توقمشم اكرچه قولدورلوقه كيتممشم بلرم كه دوغرو ديرسن

بايرام  آغا اكر من تقصيرلو اولسيدم بزم عادتە كورە دوكوشممش توتولمازدم

ديوانبكی  دوغرو ديرسن بس كيمدر تقصيرلو

بايرام  درست بلرم اكر بلسيدم ديمك چوخ چتن اولوردی

ديوانبكی  نيە

بايرام  اوندن اوتوری كە آدام نجە تای توشنی الە ويرە بلور

ديوانبكی  بس يالقز سن بدبخت اولاجاقسن منم سكا يازيقم كلر امّا چارە يوخدر بر عرضك سوزك واردرمی

بايرام  آغا بر عرضم وار اكر قبول ايدەسكز

ديوانبكی  دی كورم ندر

بايرام  بلرم جرئت ايدمی

Le Gouverneur. — Tu en avais, mais ils t'ont abandonné.

Baïram. — Agir ainsi n'est pas dans les usages des brigands; tant qu'ils le peuvent, ils n'abandonnent pas leurs compagnons et, après un coup de main, ne se séparent pas. Mais comment sauriez-vous cela, vous qui n'avez jamais volé.

Le Gouverneur. — Non, mais j'ai arrêté beaucoup de voleurs et je sais que tu dis la vérité.

Baïram. — Agha, si j'étais coupable, d'après nos usages, je ne me serais pas fait prendre sans coup férir.

Le Gouverneur. — C'est vrai, alors quel est le coupable?

Baïram. — Je ne le sais pas au juste, mais quand même je le saurais, il me serait bien difficile de le dire.

Le Gouverneur. — Pourquoi?

Baïram. — Parce qu'on ne peut trahir ses semblables.

Le Gouverneur. — Tu veux donc que le malheur tombe sur toi seul. J'ai pitié de toi, mais que puis-je faire? As-tu encore quelque chose à dire, une requête?

Baïram. — Une requête, oui, Seigneur, si vous daignez l'accueillir.

Le Gouverneur. — Parle, de quoi s'agit-il?

Baïram. — Je ne puis, je n'oserai jamais.

ديوانبكی نيه جرئت ايده بلرسن دی کورم

بايرام آغا من ايسترم که اگر اذن ويره‌سکز حلال لا‌شام

ديوانبکی آناك ايله

بايرام (قسمش) خير

ديوانبکی قوهوملارکله

بايرام خير امّا اکر ممکن اولماسا اختيار سزکدر

ديوانبکی (اوزين کناره توتوب) بو فقيرك کوره‌سن دردی ندر (صکره بايرامه متوجّه اولوب) سوز ويرکه هرکز قاچمازسن رخصت ويرّم

بايرام اللّه آند اولسون که هيچ وقت قاچمانام

ديوانبکی ای يساول کريم آج بونك قوللّرينی ياننده اوتورکه قاچماسون ای کمالوف من کرك يوردومزه قايدوب قولدورلاری آختــارماق ايچــون بنـ کذارلوق ايدم ولازمدرکه نسه فوق اوزی‌ده حاضر اولسون

دلّاج بلی آغاکيدك (چوب کيدرلر)

بايرام (کريمه) کريم ديوانبکی مجب آدام ايمش امّا بلرکه من سنکله کهنه دوستم

کريم يعنی بونی ديمکدن غرضك ندر ايسترسن که من سنی بوشلیام قاچاسان

Le Gouverneur. — Pourquoi ne pas oser ? Allons, parle.

Baïram. — Agha, si vous m'en donnez la permission, je voudrais aller faire mes adieux.

Le Gouverneur. — A ton père ?

Baïram (avec confusion). — Non.

Le Gouverneur. — A tes proches, à tes amis ?

Baïram. — Non, mais si ce n'est pas possible, je me soumettrai à votre volonté.

Le Gouverneur (se détournant). — Quelle peut être la cause du tourment de ce pauvre garçon ? (A Baïram.) Donne-moi ta parole que tu ne chercheras pas à fuir et j'accorde la permission demandée.

Baïram. — Je jure par le nom de Dieu que je ne fuirai pas.

Le Gouverneur. — Huissier Kérim, délie ses bras et demeure auprès de lui pour qu'il ne s'évade pas. Kemaloff, il faut que je retourne à la yourte aviser aux moyens de découvrir les voleurs. Il importe aussi que l'Allemand Fuchs soit présent.

Le Drogman. — Bien, Seigneur. (Ils sortent.)

Baïram (à Kérim). — Kérim, le Gouverneur est un homme très fort, mais il ne sait pas que nous sommes d'anciens amis.

Kérim. — Que veux-tu dire ? Tu veux que je te laisse évader ?

بايرام خير من ديوان بكى يه سوز ويرمشم هيچ يره قاچانام آيرو مطلبيم وار

كريم مطلبك ندر

بايرام توقع ايدرم كه تز بر زالخانك يانڭه اوزكى سالوب منم احوالاتمى ديەسن

كريم ناز آروادى زالخانك يانڭه

بايرام بلى

كريم احوالاتكى سويليم

بايرام بلى

كريم داخى باشقه سوز

بايرام باشقه بر سوز يوخدر

كريم ياخشى كيدرم (اوزين كناره توتوب) خوبىه آدام در قاچسا قاچاراى (كيدر)

بايرام (يالغز) آى الله زالخا آنلياجاقدرمى مطلبى باشه دوشه جكدرمى برده يرزادك اوزين كوره جكمى زالخا حيله كار آرواددر اوكا بيل باغلاماق اولورمى اوخ الله كومكا شكر يرزاد كلر (بو حالده يرزاد ايچرو كرر زالخا اوزاخدن بوسر)

Baïram. — Non, j'ai promis au Gouverneur de ne pas prendre la fuite. Je te demande autre chose.

Kérim. — Quoi donc?

Baïram. — Je désire que tu ailles sur-le-champ chez Zalikha et que tu lui dises ce qui m'arrive.

Kérim. — Chez Zalikha, la femme de Namaz?

Baïram. — Oui.

Kérim. — Lui dire ce qui t'arrive?

Baïram. — Oui.

Kérim. — Pas autre chose?

Baïram. — Rien autre.

Kérim. — C'est bien, j'y vais. (A part.) Brave garçon, s'il s'évade, il s'évadera. (Il sort.)

Baïram (seul). Mon Dieu, Zalikha comprendra-t-elle? Ma demande doit-elle réussir? Reverrai-je bientôt Périzade? Zalikha est une femme rusée, peut-on se fier à elle? Grand Dieu! je te rends grâce pour ta bonté! C'est Périzade elle-même! (Périzade entre et Zalikha se tient à l'écart.)

بایرام آخ منم مارالم منم جیرانم بو سنسنمی کلوبسن قوی بر سنی باغرمه
باسم آباشکا دونم قوی بر سنی دویتچه کورم ایندی که سنی کوردم تمام درد
غم یادمدن چخدی آفاداك آلم نیه آغلرسن آکوزمك ایشق منم
سارودان یوخسه قورخرسن قورخما حق اشکار اولور من قورتاررم

یرزاد سن قورتارانادك ایش ایشدن کچر نیه سن توتولوبسن نیه سکا
تقصیرسز مصیبت اوز ویروبدر

بایرام منم باشقه تقصیرم یوخدر اوزکیه قوبی قازان اوزی دوشر من اوزکیه
قوبی قازدم اوزم دوشدم ایندی سن ایسترسنمی که من اوزی بدنام
ایدوب چوغوچولق آدینی اوستمه کوتورم تاروبردینی نشان ویرم

یرزاد نشان ویرمن ویرمن اوندن جانا دویمشم

بایرام هیچ درد ایله الله قویسا اولسم تزکیله سنی بختور ایلرم

یرزاد آخ بایرام منم داخی بختور اوللاقم کیتدی قرا کون چوخ
یاخونلاشوبدر

بایرام بو نه دیمکدر یرزاد نه سویلرسن نیه آغلیرسن دی کورم سنی تاری نچه
قرا کون یاخونلاشوبدر

یرزاد ایش ایشدن کچوبدر طوی تدارکی حاضر اولوبدر عومك بیوروقنی مکا
بلدروبلر بر کوندن صکره منم طویم باشلاناجاق

Baïram. — Ô ma gazelle, mon faon, est-ce toi ? Toi ici ? Viens, que je te presse sur mon cœur, ô mon idole [1], laisse-moi te contempler à mon aise. Maintenant que je te revois, j'oublie toutes mes peines, tous mes chagrins. Puissé-je souffrir seul ! pourquoi pleures-tu ? Lumière de mes yeux, c'est pour moi que tu as peur ? Ne crains rien, la vérité se fera jour, je serai sauvé.

Périzade. — Avant que tu sois sauvé, il se passera bien des choses. Pourquoi as-tu été arrêté ? Pourquoi ce malheur sur toi qui es innocent ?

Baïram. — « Celui qui creuse un puits pour un autre y tombe lui-même », voilà ma seule faute. Ce puits, je l'ai creusé et j'y suis tombé. Voudrais-tu maintenant que je me déshonore, que je mérite le nom de délateur en dénonçant Tariverdi !

Périzade. — Dénonce-le, il m'a réduite au désespoir.

Baïram. — Ne te désole pas ; si Dieu permet que je ne meure pas, j'espère bientôt te rendre le bonheur.

Périzade. — Hélas ! Baïram, il n'est plus de bonheur pour moi. Les jours noirs sont bien près de nous.

Baïram. — Que signifie cela, Périzade, que veux-tu dire ? Pourquoi ces pleurs ? Je t'en conjure au nom de Dieu, qu'entends-tu par les jours noirs ?

Périzade. — Les choses ont marché. On a préparé le festin nuptial, on m'a signifié l'ordre de mon oncle. Dans un jour, la noce se fera.

---

[1] Le texte emploie encore ici l'expression expliquée ci-dessus, p. 183, note 4.

بایرام (چغروب) سنی تاروبردیه ویریرلر الله دیوان ایله پروردگارا بو نجه ایشدر بو ظالم منی هر طرفدن بدبخت ایده جك والله یا اونی اولدوررم یا اوزوم اوله كیدرم

پریزاد مندە شبهەسز اوله جكم من هیچ وقت تاروبردیه آزواد اولمانام
(بو حالدە پریزادك قایین آناسی وباشقه تركملر داخل اولرلار)

صونا (پریزادك قایین آناسی) آقر آی اوتانماز سنك بوردە نه ایشك وار سن بو یاد یرە یاد آدام یاننه نیه كلوبسن چنچ چوله جوتڭك اولمش چوله چنچ

(بو حالدە) كریم (بتشوب) ای آزوادكس سسك من هیچ وقت قویمانام كە سن او قزی بوردان چخارداسن او تاروبردینی سووم كوچیله اونی هیچ وقت اوكا ویرە بلرسكز قز بایرامكدر

مشهدی قربان سنلك نه واركە بو ایشه قوشولورسن سن نجی سن او منم قرداشم قزی در اختیاری مندەدر هركسه ایسترم ویرم آرتوق آرتوق سویله

كریم هیچ وقت سنك حدّك یوخدركە او قزە بیوكلوك ایدەسن

مشهدی قربان من سكا بلدرم كە بیوكلوك ایده بلّ یا یوخ آقزكل چنچ چوله كریم كورم نجه بلدرورسن آقر تربتە یركدە دور كورم سنی دیوان بكینك یساولنك الندن كیم آلوب آپاراجاق

مشهدی قربان دیوان بكی ایله بزی قورخوتما باغرساقلاركی آیاغكا دولاشدورم
(خنجال سیرز ایرولو بربر كریمدە خنجال چكر بربرینك اوستنە جوم ایدرلر قالغال دوشر تركملر آرالوقه دوشوب آیررلار بو حالدە تاروبردی باشین ساریمش یتشر)

Baïram. — On te donnerait à Tariverdi ! Dieu juste, créateur du monde, que veut dire cela ! Ce misérable serait donc cause de tous mes malheurs ! Je le jure, il faut que je le tue ou que je me donne la mort.

Périzade. — Moi aussi je mourrai, je ne serai jamais la femme de Tariverdi.

(Entrent Çona, belle-mère de Périzade, et d'autres Turcomans.)

Çona. — Fille effrontée, que fais-tu ici ? Pourquoi es-tu venue dans cette demeure étrangère, et chez un étranger ? Sors d'ici, va-t'en, impudente !

Kérim (survenant). — Femme, tais-toi. Je ne permettrai jamais que tu renvoies cette jeune fille. Elle n'aime pas Tariverdi et tu ne peux la contraindre à l'épouser. Elle doit appartenir à Baïram.

Mechhèdi Qourban. — Et de quel droit te mêles-tu de cela ? Qui es-tu ? Périzade est la fille de mon frère, elle me doit obéissance et je la marierai à qui bon me semble. Assez de bavardage !

Kérim. — Jamais ! non, tu n'as pas le droit de lui imposer ta volonté.

Mechhèdi. — Je te ferai bien voir si j'en ai le droit ou non. Allons, fille, sors d'ici !

Kérim. — Tu me le feras voir ? Et comment ? Ne bouge pas, Périzade, reste à ta place. Voyons qui oserait t'enlever des mains d'un huissier du Gouverneur !

Mechhèdi. — Crois-tu m'effrayer avec le Gouverneur ! Je vais t'enrouler les tripes autour des pieds. (Il s'avance le poignard à la main ; Kérim tire le sien ; ils se jettent l'un contre l'autre. Bruit, tumulte. Les Turcomans s'interposent et les séparent.)

تاروبردی منم آداقلوی کیمك حدّی وار بورده ساخلاسون هامنی واللّٰه بوردا قرّارام ننكه ننكه دوغرارام (خلق اونك قباقین آكلیر)
تاروبردی قویون منی واللّٰه هامنی ننكه ننكه دوغرباجاقام

کوخا آتاروبردی نه دانشرسن دیوان‌بکینك یساولین ایسترسن دوغرباسن

تاروبردی دیوان‌بکینك یساولی نه بیوك آدامدرمن دیوان‌بکی‌دن ده غوبورناطوردن ده نجالنکدن ده قورخرام اوف یرانك یری نه پس آغربس دیه‌سن کسرلر

مشهدی‌قربان آی آروادلار داخی قالمقال ایلیون چخون چوله

بایرام (باواش پرزاده) پرزاد هله سن ده کیت کورك نجه ایدروك دیوان بکی کلنده عرض ایده‌جکم (بو حالده دیوان بکی بیشر)

دیوان‌بکی (قایم صوتیله) قلیچ‌لاری قینندن چخاردون هیچ کسی قویمیون یردن ترپشککه (سکوت اولنر) جناب فوق یاخون کل باخ کورك او میشه ده سکا راست کلن آدامی بولارك ایچنده تانیا بلورسن می

فوق باش اوسته جناب دیوان‌بکی من باخم کورم (باشلر آدامارك بربر اوزینه باجاقا تاروبردی دالوسنی اوکا چووورر فوق اونك قولندن باپوشر)

تاروبردی آکشی منی نیه توترسن

Tariverdi (entrant, la tête enveloppée). — Qui donc aurait le droit de retenir ma fiancée ! Morbleu, je vais tous vous exterminer, vous mettre en pièces. (On se jette au-devant de lui.) Laissez-moi, vous dis-je, je vais les tailler en pièces.

Le Maire. — Qu'est-ce à dire, Tariverdi, tu veux exterminer un huissier du Gouverneur !

Tariverdi. — C'est donc un grand personnage qu'un huissier du Gouverneur. Je n'ai peur ni de celui-ci, ni du *guburnator,* ni du *natchalnik*[1]. Aïe ! que ma blessure me fait mal, on dirait qu'on me déchire.

Mechhèdi. — Allons, femmes, cessez votre tapage. Allez-vous-en !

Baïram (tout bas à Périzade). — Toi aussi, éloigne-toi, il faut que j'avise à ce que je dois faire. Dès que le Gouverneur arrivera, je lui parlerai.

Le Gouverneur (entrant, et d'une voix forte). — Soldats, mettez le sabre au clair et ne laissez partir personne. (Silence général.) Monsieur Fuchs, avancez. Voyons, reconnaîtrez-vous parmi ces gens celui qui vous a accosté dans la forêt ?

Fuchs. — Très bien, Monsieur le Gouverneur, je vais les examiner. (Il se met à les regarder attentivement l'un après l'autre. Tariverdi lui tourne le dos ; Fuchs le saisit par le bras.)

Tariverdi. — Eh, l'homme, pourquoi me tenez-vous ?

---

[1] C'est-à-dire ni du gouverneur de la province, ni du chef supérieur ; ces deux mots russes sont dans le texte.

فوق اوزكى برو چوور چنه‌كى نيه باغلوب‌سن

تاروبردى ديشم آغرير

فوق (اونك اوزبنه باخوب) آغا ديوان‌بكى بو همان آدامدر

تاروبردى آغا يالان ديرمن ايكى آيدر آزارلويم اوچ ايلدر ناچاقام

ديوان‌بكى بوساعتده معلوم اولور (اونك باشندن دسماى دارتوب يبره سالب) اوزكدكى ياره يرلرى ندر

تاروبردى آغا منم ديشم آغرير حجامت قوبدورمشم

ديوان‌بكى خير عزيزم بو آيى‌نك درناقلارينك يريدر قزاقلار باغليون بونك قوللّارينى

تاروبردى (اونك آياغنه دوشنوب) آغا والله من بوندن اوّل هيچ قولدورلوقا كتمشدم دخى بوندن صكره هركس كيتنم (قزاقلار تاروبردينك قولينى باغلاماق ايسترلر)

مشهدى‌قربان اى آمان قويميون منم كوزمك آغى قراسى بر اوغلوم وار (تركه‌لر آروادلار يريرلر تاروبردينى قزاقلارك الندن آلماقا)

ديوان‌بكى (تو طپانچه‌سين يوخارو قالخوب) هركس آياغ ايرەلو قويسا قازنين توسديله دولدوراجاقام (هامى تركه‌لر آروادلار كرو چكلرلر)

ديوان‌بكى (قزاقلاره) باغليون بونك قوللّارين (قزاقلار تاروبردينك قوللّارين باغليرلار) بابرام سن آزادسن

Fuchs. — Tourne ton visage par ici. Pourquoi ce menton enveloppé?

Tariverdi. — J'ai mal aux dents.

Fuchs (après l'avoir dévisagé). — Seigneur Gouverneur, c'est cet homme.

Tariverdi. — Agha, il ment. Voilà deux mois que je garde le lit et trois ans que je suis malade.

Le Gouverneur. — Nous allons voir. (Il lui enlève le mouchoir qui lui enveloppe la tête et le jette à terre.) En quel endroit es-tu blessé?

Tariverdi. — Agha, j'avais mal aux dents, je me suis posé des ventouses.

Le Gouverneur. — Non, mon cher, ce sont les griffes de l'ours. Cosaques, attachez-lui les bras.

Tariverdi (tombant à ses pieds). — Agha, pour l'amour de Dieu, je n'avais jamais commis de vol, je ne volerai plus jamais. (Les Cosaques veulent le garrotter.)

Mechhèdi. — Grâce, ne permettez pas cela. Je n'ai qu'un fils, la lumière de mes yeux. (Les Turcomans et les femmes se précipitent sur les Cosaques pour leur enlever Tariverdi.)

Le Gouverneur (tirant promptement son pistolet). — Le premier qui fait un pas de plus est un homme mort. (Les Turcomans et les femmes reculent. — S'adressant aux Cosaques.) Attachez-lui les bras. (Les Cosaques exécutent cet ordre.) Et toi, Baïram, tu es libre.

بايرام آغا تقصيرلو منم بر عرضه قولاغ آسون

ديوانبكى نجه سن تقصيرلوسن نه دانشرسن

بايرام آغا تاروبردينى من اوكردوب قولدورلوقا كوندردم

ديوانبكى نيه

بايرام اوندن اوترى كه منم سوكلوى ايستردى المدن آلسون

ديوانبكى يوخسه سنك سوكلوك بودر (پيرزاده اشاره ايدوب)

بايرام بلى بودر باشكا دونم

تاروبردى آغا باشكا دونم منى يولدان چخارديلار من بر فقير دينج آدامام مكا ديديلر كه سن قورخاقسن مندن قورخومدن كه مكا اوركسين ديمسونلر قولدورلوقا كيتدم

ديوانبكى اجق سكا قورخاق دينده نه اولاجاقيدى كه اوزكى خطايه سالدون

تاروبردى آباشكا دونم اونده مكا قر كلردى بو قر كه كوررسن منم عوم قزى ومنم ديكلومدر مكا ديديلر كه آكر بر قوچاقلوق ايله سن آد چخارماسن هيچ وقت بو قر سكا آرواد اولمياجاق مندە يردن اولدم قولدورلوقا كيتدم قضادن كوپك اوغلى نك آبى سنه راست كلدم

Baïram. — Agha, le coupable c'est moi. Daignez écouter mes paroles.

Le Gouverneur. — Toi coupable? Que dis-tu?

Baïram. — C'est moi qui ai poussé Tariverdi à voler.

Le Gouverneur. — Pourquoi?

Baïram. — Parce qu'il voulait m'enlever ma bien-aimée.

Le Gouverneur (désignant Périzade). — Est-ce là ta bien-aimée?

Baïram. — C'est elle; que je sois votre esclave [1]!

Tariverdi. — Agha, moi aussi, que je sois votre esclave! on m'a égaré; j'étais un pauvre homme bien tranquille, on m'a dit que j'étais poltron, et c'est de peur de passer pour un sans-cœur que j'ai commis ce vol.

Le Gouverneur. — Sot que tu es, était-ce là une raison pour te jeter dans le crime!

Tariverdi. — Sans cela, Seigneur, elle n'aurait pas voulu de moi. Cette jeune fille que vous voyez est ma cousine et ma fiancée. On m'a dit que si je n'accomplissais pas une prouesse, si je ne faisais pas parler de moi, elle ne serait jamais ma femme. Je suis parti, j'ai battu les routes et j'ai rencontré l'ours de ce maudit homme.

[1] Voir ci-dessus, p. 183, note 4.

ديوان بكى بايرام سن چوخ بيس ايش ايليوبسن امّا چونكه مردلك ايله
تقصيركا اقرار ايلدون من سنك كماهكدن كچرم امّا بوندن صكره بيله ايش
ايله كمالوف قزدان سوروش كه بو اوغلانلارك هانسنه كيتمك ايسترسن
(دلماج قزدان سوروشر)

پرزاد (دلماجه) ديوان بكييه عرض ايله كه من هيچ وقت تاروىردىيه كچرم آكر
مني اوكا وريلو اولسه لر شكسز اوزمى اولدوررم[1]

دلماج (ديوان بكى يه) قز تاروىردينى سيومز

ديوان بكى بس معلوم در كه بايرامه كيتمك ايستر مشهدى قربان ال چك بو
قزدن قوى كيتسون بايرامه كوروكز كه قوچاق اوغلاندر من ده اونى اوزمه
يساول ايدرم سزكده وىچكزه كلور

مشهدى قربان آناشكا دونم ايستمدم الچكدم تكى منم اوغلومى خطادن
قورتار

ديوان بكى جناب فوق راضى سن مى بو ايشى صلحيله قورتاراسن

فوق نچه صلح ايله آغا

ديوان بكى يعنى پول آلوب بو آدامدن الچكه سن

فوق پول آلوب الچكم باش اوسته آغا ديوان بكى پول آلماقا راضيم
چوخ راضيم

---

[1] La réponse de Périzade est entièrement omise dans le texte imprimé. Elle a été rétablie en caractères *taliq* par un lecteur, à la marge de mon exemplaire.

Le Gouverneur. — Baïram, toi aussi tu as commis une très vilaine action. Mais comme tu as eu le courage d'avouer ta faute, je te pardonne, à la condition que tu n'y retomberas plus. Kemaloff, demande à cette fille lequel de ces deux jeunes gens elle veut pour mari. (Le Drogman l'interroge.)

Périzade (au Drogman). — Dites au Gouverneur que je n'épouserai jamais Tariverdi et que, si l'on me donnait à lui, je me tuerais.

Le Drogman (au Gouverneur). — Cette jeune fille n'aime pas Tariverdi.

Le Gouverneur. — Il est donc avéré que c'est Baïram qu'elle veut. Mechhèdi Qourban, renonce à ton autorité sur elle et consens qu'elle épouse Baïram. C'est évidemment un vaillant garçon, j'en fais un de mes huissiers et il vous rendra des services.

Mechhèdi. — Ah! Seigneur, que je sois votre esclave! Je n'insiste pas, je renonce à mes droits sur elle. Puissiez-vous pardonner aussi à mon fils!

Le Gouverneur. — Monsieur Fuchs, voulez-vous arranger cette affaire à l'amiable?

Fuchs. — A l'amiable? De quelle manière, Seigneur?

Le Gouverneur. — C'est-à-dire, vous désister de votre plainte contre cet homme, moyennant finances?

Fuchs. — Moyennant finances, très volontiers, Seigneur Gouverneur; s'il s'agit de recevoir de l'argent, j'y consens, j'y consens de grand cœur.

ديوان‌بكی (مشهدی قربانه) مشهدی سنك اوغلوك تقصيرلودر من ايليه بلنم كه بو ايشی لاپ اورتم باسرام امّا بو نسه‌نی سن راضی ايدندن صكره من بر بهانه كوستروب امنای دولتدن توقّع ايده‌جكم كه تاروبردينی باغشلاسونلر بی شك باغشلانور

تاروبردی آغا نه بهانه كوسترەجكسكز

ديوان‌بكی يازاجاقام كه احقلقك اوجندن بو ايش سندن باش ووروبدر

تاروبردی (باش اكوب) بلی آغا ايله‌در باشكا دونم

ديوان‌بكی ای جماعت سزدن اوتری ايندی عبرت اولسون داخی وقتدر اياناسكزكه سز وحشی طايفه دكلسكز سزه عيب‌درىمان ايشاره قوشولماق بسدر اوغورلوقه حريص اولماق هيچ بارسكزمی كه روس دولتی سزە نه ياخشلوقلار ايدر وسزی نه بلالردن ساخلير لازمدركه بيوككزی تانيوب هميشه امرنه اطاعت ايده‌سكز

Le Gouverneur (à Mechhèdi). — Ton fils s'est rendu coupable, et il n'est pas en mon pouvoir de taire entièrement sa faute. Mais quand tu auras donné satisfaction à cet Allemand, je trouverai quelque prétexte et j'espère que le Gouvernement fera grâce à Tariverdi; oui, sans doute, il lui fera grâce.

Tariverdi. — Agha, quel prétexte?

Le Gouverneur. — J'écrirai que c'est par bêtise que tu as agi ainsi.

Tariverdi (saluant). — Oh! oui, Agha, c'est la vérité; que je sois votre esclave!

Le Gouverneur. — Et vous tous, que ceci vous serve de leçon. Il est grand temps que vous soyez convaincus que vous n'êtes pas un peuple de sauvages. C'est une honte de commettre de pareils méfaits et d'être avides de vol et de spoliation. Ignorez-vous encore tous les bienfaits dont vous êtes redevables au Gouvernement russe et de combien de maux il vous préserve! Il est donc de votre devoir de reconnaître vos chefs et de vous soumettre à leur autorité.

# HISTOIRE

DE

# LA CONQUÊTE DE L'ANDALOUSIE,

PAR IBN ELQOUTHIYA.

M. O. HOUDAS.

# HISTOIRE

DE

# LA CONQUÊTE DE L'ANDALOUSIE,

## PAR IBN ELQOUTHIYA[1].

Au nom de Dieu le Clément, le Miséricordieux. Dieu veuille répandre ses bénédictions sur Notre Seigneur Mohammed et sur ses compagnons, et leur accorder le salut!

Abou Bekr Mohammed ben 'Omar ben 'Abdelazîz nous a fait le récit suivant:

Plusieurs de nos savants, tels que le cheikh Mohammed ben 'Omar ben Lobâba, Mohammed ben Sa'îd ben Mohammed Elmorâdi, Mohammed ben 'Abdelmalek ben Ayman, Mohammed ben Zakariya ben Etthandjiya Elichbîli (Dieu leur fasse miséricorde!), qui tenaient eux-mêmes leurs récits de leurs maîtres, nous ont rapporté que le dernier souverain des Goths, en Andalousie, fut Ghaythacha (Vitiza). Ce roi, en mourant, laissa trois fils: Olemundo, Romulo et Ar-

---

[1] Sur la vie de cet auteur, mort en novembre 977, cf. Ibn Khallicân's *Biographical dictionary*, trad. de Slane, t. III, p. 81-84; Histoire de l'Afrique et de l'Espagne, intitulée: *Albayano'l Mogrib*, publiée par Dozy, t. I, p. 28-30, et la notice de Cherbonneau dans le *Journal asiatique*, cahier d'avril-mai 1853, p. 458. Le seul exemplaire qui existe en Europe de l'ouvrage d'Ibn Elqouthiya est le ms. n° 706 de la Bibliothèque nationale; il porte le titre de *Iftitâh* et non de *Fotouh* que lui donne Cherbonneau, qui a probablement pris ce dernier mot sur l'exemplaire que possédait Sid Hamouda ben Elfekoun de Constantine, copie dont je n'ai pu avoir communication.

thobâs. Ces princes, tout jeunes encore au moment de la mort de leur père, demeurèrent à Tolède sous la tutelle de leur mère, veuve du roi défunt, et ce fut elle qui exerça le pouvoir en leur nom.

Quant à Roderic, qui était un des généraux du roi père de ces princes, il abandonna les fils de son maître et alla s'établir à Cordoue avec tous les guerriers qui l'entouraient. Sous le règne de Eloualîd ben 'Abdelmalek, lorsque Thâriq ben Ziyâd pénétra en Andalousie, Roderic écrivit aux fils du roi Ghaythacha, qui, à la nouvelle de cet événement, s'étaient mis en mouvement et avaient pris les armes, leur demandant de venir à son aide et d'unir leurs forces contre l'ennemi commun. Après avoir levé des troupes dans les villes frontières, les jeunes princes se mirent en route; mais arrivés à Choqonda (*Secunda*), ils campèrent en cet endroit, ne se croyant point assurés contre une trahison de Roderic s'ils entraient dans la ville de Cordoue. Roderic se porta donc à leur rencontre et l'on se mit en marche pour aller combattre Thâriq.

Aussitôt que les deux armées furent en présence [1], Olemundo et ses deux frères convinrent de trahir Roderic; le soir même, ils envoyèrent faire part de leur dessein à Thâriq, en lui disant que Roderic n'était en quelque sorte qu'un des chiens de leur père et un de ses suivants. Ils demandèrent qu'on leur accordât l'amnistie, à la condition que, dès le lendemain, ils se rendraient auprès de Thâriq et que celui-ci leur confirmerait la propriété des villages possédés par leur père en Andalousie. Dans la suite, ces villages, qui

---

[1] Le texte porte le mot تقابلت, qui signifie «en venir aux mains»; ce qui, ainsi qu'on le verra par la suite du récit, ne serait pas exact; j'ai préféré traduire comme s'il y avait تقابلتا.

étaient au nombre de 3,000, furent appelés les *concessions royales*[1].

Le lendemain, accompagnés de leurs hommes, les trois princes allèrent grossir les rangs de Thâriq et assurèrent ainsi son triomphe. Arrivés en présence du général musulman, ils lui dirent : « Êtes-vous un chef indépendant ou bien êtes-vous sous les ordres d'un autre ? — Non seulement, répondit Thâriq, je suis sous les ordres d'un chef, mais ce chef lui-même dépend d'un autre émir. » Thâriq les autorisa ensuite à se rendre auprès de Mousa ben Noçaïr........ ........................ près du pays des Berbers, avec une lettre de Thâriq au sujet de ce qui...... ...[2] relativement à la soumission qu'ils avaient acceptée et aux conditions qu'il leur avait imposées.

Mousa ben Noçaïr envoya les trois princes à Eloualîd ben 'Abdelmalek. Quand ils furent en présence du calife, celui-ci ratifia la convention qu'ils avaient faite avec Thâriq ben Ziyâd et délivra à chacun d'eux une lettre patente. Dans ces lettres patentes, il était dit qu'ils ne seraient tenus de se lever devant aucune personne, soit pour la recevoir, soit pour prendre congé d'elle[3]. Les princes rentrèrent ensuite en Andalousie, où ils demeurèrent dans la situation qui leur avait été faite jusqu'au jour où Olemundo mourut. Celui-ci avait laissé une fille, Sara la Gothe, et deux fils

---

[1] Le mot صبايا, que je traduis par «concessions», signifie exactement les choses que l'on prélève avant le partage du butin, et quand il s'agit de terres, celles qui, dans un pays conquis par les musulmans, appartenaient avant la conquête aux souverains du pays ou constituaient en quelque sorte le domaine de l'État.

[2] Probablement : «s'était passé».

[3] C'est-à-dire, qu'ils seraient indépendants, n'ayant d'honneurs à rendre à personne.

encore jeunes, l'un, Olmetro[1], qui régna à Séville, l'autre, 'Abbâs, qui mourut en Galice; mais Arthobâs mit la main sur les villages de ses neveux et les réunit à son domaine. Cet événement se passa au commencement du règne de Hichâm ben 'Abdelmalek.

Sara fit aussitôt construire un navire à Séville. C'était cette ville que son père Olemundo avait choisie pour résidence, et les mille villages qu'il possédait se trouvaient dans la partie occidentale de l'Andalousie. Arthobâs, qui avait également mille villages, mais dans le centre de l'Andalousie, s'était fixé à Cordoue. C'est de lui que descendait Abou Sa'îd Elqoumis, et il eut avec 'Abderrahman ben Mo'awia ainsi qu'avec les Syriens établis en Andalousie, les Omayyades et les Arabes, des reparties spirituelles que nous ont rapportées les savants, et que, s'il plaît à Dieu, nous raconterons en leur lieu et place. Quant à Romulo, maître de mille villages dans la partie orientale de l'Andalousie, il s'était établi à Tolède; c'est à la postérité de ce dernier prince qu'appartenait le cadi des *étrangers*[2], Hafs ben Albro[3].

Sara s'embarqua avec ses deux frères sur le vaisseau qu'elle avait fait construire et fit route vers la Syrie. Arrivée à Ascalon, elle débarqua dans cette ville, et de là elle se mit en marche jusqu'à ce qu'elle arriva à la porte du palais de Hichâm ben 'Abdelmalek (Dieu lui fasse miséricorde!).

---

[1] Je ne suis pas sûr de la lecture de ce mot. Il y a, je crois, un jeu de mots sur ce nom qui, sans voyelles, peut se lire *elmathar* «la pluie»; car بدل que je traduis par «régner», signifie en réalité «pleuvoir abondamment».

[2] Par cette expression, il faut sans doute entendre les chrétiens ou les non-musulmans.

[3] Le ms. donne la voyelle finale.

## CONQUÊTE DE L'ANDALOUSIE.

Aussitôt elle fit parvenir au calife le récit de ses aventures et lui rappela le pacte conclu par Eloualîd avec son père, se plaignant d'être la victime de son oncle Arthobâs. Le calife lui accorda une audience et ce fut là qu'elle vit pour la première fois 'Abderrahman ben Mo'awia, qui était alors un enfant. Plus tard 'Abderrahman lui rappelait ce fait en Andalousie et l'autorisait à entrer dans son palais et à voir ses femmes quand elle venait à Cordoue.

Hichâm écrivit au gouverneur de l'Ifriqiya, Handzala ben Cefouân Elkelbî, de faire exécuter la convention conclue avec Eloualîd ben 'Abdelmalek........... et de donner des ordres à ce sujet à son agent Hosâm ben Dhirâr, autrement dit Aboul Khatthâb Elkelbî............ [1] à Isa ben Mozahim. Celui-ci accompagna Sara en Andalousie et prit possession de ses villages; il fut l'aïeul de la Gothe[2] et eut de la princesse deux enfants : Ibrahim et Ishaq. Il mourut l'année même pendant laquelle 'Abderrahman ben Mo'awia se rendit pour la première fois en Andalousie.

Sara fut recherchée en mariage par Hayât ben Molâmis Elmodzhadjî et 'Omaïr ben Sa'îd Ellakhmî. Tsa'alaba ben 'Obaïd Eldjodzâmi ayant agi en faveur de 'Omaïr ben Sa'îd Ellakhmî auprès de 'Abderrahman ben Mo'awia, celui-ci fit épouser Sara à 'Omaïr, qui eut d'elle Habîb ben 'Omaïr, l'ancêtre des Benou Sayyid, des Benou Haddjâdj, des Benou Maslama et des Benou Eldjorz. Ces familles sont les seules nobles qui soient issues de 'Omaïr à Séville, car les enfants qu'il eut en dehors de ce mariage n'ont point laissé d'aussi glorieuses lignées. Ces renseignements, pour la plupart, se trouvent consignés dans le livre de 'Abdelmalek ben Habîb

[1] Il manque probablement ces mots : « Il fit épouser Sara. »
[2] La mère de l'auteur.

sur la conquête de l'Andalousie et dans le poème didactique de Temâm ben 'Alqama Elouazîr.

La rencontre entre Thâriq et Roderic eut lieu près de Chodzouna (Sidonia), sur les bords de l'Ouâdi Bekka[1]. Dieu mit en fuite Roderic, qui, malgré le poids de son armure, essaya de traverser à la nage l'Ouâdi Bekka. Son corps ne fut jamais retrouvé.

On raconte que les rois goths avaient un palais dans lequel se trouvaient les quatre évangiles sur lesquels ils prêtaient serment. Ce palais très vénéré ne restait jamais ouvert et on y inscrivait le nom de chaque roi qui venait à mourir. Quand Roderic s'était emparé de la royauté, il avait ceint la couronne, ce qui lui avait attiré la désapprobation des chrétiens, qui plus tard cherchèrent vainement à l'empêcher d'ouvrir le palais et le coffre qu'il contenait. Quand le palais fut ouvert, on y trouva des statues en bois représentant des Arabes, l'arc sur l'épaule et le turban sur la tête; au-dessous de ces statues étaient écrits les mots suivants : « Lorsque ce palais sera ouvert et qu'on en retirera ces statues, il viendra en Andalousie un peuple semblable à ces figures et qui s'emparera du pays. »

Thâriq entra en Andalousie au mois de ramadhan de l'année 92 (22 juin-22 juillet 711). Voici ce qui motiva l'arrivée de ce conquérant. Un négociant espagnol, du nom de Julien, allait souvent de l'Andalousie au pays des Berbers et Tanger était............ sur elle; les habitants de Tanger étaient de religion chrétienne............ et Julien allait dans ces contrées chercher des chevaux de race et des faucons qu'il amenait ensuite à Roderic. Ce dernier

---

[1] Le Guadalete, selon les uns; le rio de Vejer, selon d'autres.

ayant un jour donné l'ordre au négociant de se rendre en Afrique, celui-ci, dont la femme venait de mourir et lui avait laissé une fille d'une grande beauté, s'excusa de ne pouvoir partir, alléguant la mort de sa femme et l'absence de toute personne à qui il pût confier sa fille en son absence. Roderic donna aussitôt l'ordre de recevoir cette enfant dans son palais; puis ses regards s'étant portés sur elle un jour, il fut épris de sa beauté et la posséda. Lorsque son père fut de retour, la jeune fille lui raconta ce qui s'était passé. Julien dit alors à Roderic qu'il avait laissé en Afrique des chevaux et des faucons tels qu'on n'en avait jamais vu de pareils. Le roi l'autorisa à aller les chercher et lui remit à cet effet une somme considérable. Le négociant se rendit aussitôt auprès de Thâriq ben Ziyâd et lui suggéra le désir de s'emparer de l'Andalousie en lui dépeignant la richesse du pays et la faiblesse des habitants, qui n'étaient point, disait-il, gens de bravoure.

Thâriq ben Ziyâd écrivit à Mousa ben Noçaïr pour lui faire part de ce qu'il venait d'apprendre et Mousa l'invita à pénétrer en Andalousie. Thâriq rassembla des troupes, et quand ses compagnons et lui furent embarqués sur leurs navires, il se sentit gagné par le sommeil et vit en songe le Prophète (Dieu répande sur lui ses bénédictions et lui accorde le salut!) entouré des Mohadjirs et des Ansârs, tous ceints de leur épée et portant leur arc sur l'épaule; puis le Prophète, passant auprès de lui, lui dit : « Va hardiment à ta tâche. » Thâriq vit ainsi le Prophète en songe jusqu'au moment où l'on débarqua en Andalousie. Il fit part de cet heureux présage à ses compagnons et en tira lui-même bon augure.

Après avoir traversé le détroit et être arrivé sur le territoire de l'Andalousie, Thâriq s'empara tout d'abord de la ville de Qarthadjenna (Carteya) dans le district d'Algéziras. Il donna l'ordre à ses compagnons de couper en morceaux et de faire cuire ensuite dans des chaudières la chair des prisonniers qui avaient été tués et les invita à renvoyer ceux des captifs qui avaient été épargnés. Ces derniers, rendus à la liberté, annoncèrent à tous ceux qu'ils rencontrèrent ce qui venait d'être fait, et, par ce moyen, Dieu remplit de terreur l'âme des habitants.

Thâriq, poursuivant sa marche en avant, rencontra Roderic, et les choses se passèrent ainsi qu'il a été dit précédemment. Puis il marcha sur Ecija, de là sur Cordoue, Tolède et le défilé connu sous le nom de défilé de Thâriq par où il pénétra en Galice, et après avoir traversé la Galice, il arriva à Astorga. En apprenant les succès de Thâriq, Mousa ben Noçaïr, jaloux de sa gloire, se porta en avant à son tour à la tête de forces considérables..... Arrivé sur le rivage de l'Afrique, il ne voulut point pénétrer en Andalousie par le point choisi par Thâriq ben Ziyâd [1]...

... à l'endroit appelé Mersa Mousa et, laissant de côté la route suivie par Thâriq, il gagna le littoral de Chodzouna (Sidonia), et une année après l'arrivée de son général en Andalousie, il entra dans Séville, dont il s'empara par les armes. De Séville il marcha sur Laqant (Fuente de Cantos), arriva à l'endroit connu sous le nom de Feddj Mousa (le défilé de Mousa), près de la Fuente de Cantos, et de là alla à Mérida. Certains docteurs assurent que les gens de Mérida capitulèrent; tandis que, au contraire, on dit que la ville fut prise de force. Poursuivant sa route, Mousa entra

---

[1] Probablement : « Il débarqua. »

en Galice par le défilé qui depuis porta son nom; il pénétra dans l'intérieur du pays et rejoignit Thâriq à Astorga. Ce fut à ce moment qu'à la suite des dissentiments survenus entre eux, ils reçurent tous deux de Eloualîd ben 'Abdelmalek l'ordre de revenir sur leurs pas; ce qu'ils firent.

Mousa ben Noçaïr fortifia les citadelles de l'Andalousie, en confia le commandement en son nom à son fils 'Abdelazîz, dont il fixa la résidence à Séville, et lui adjoignit Habîb ben Abou 'Obaïda ben 'Oqba ben Nafi' Elfihri. 'Abdelazîz s'occupa d'achever la conquête des villes de l'Andalousie, tandis que Mousa ben Noçaïr s'en allait en Syrie, emmenant avec lui 400 princes étrangers portant tous une couronne d'or sur leur tête et ayant à la taille un ceinturon d'or. Comme il approchait de Damas, Eloualîd tomba malade de la maladie dont il mourut. Soleïmân lui fit alors tenir la recommandation suivante : «Arrête ta marche afin d'arriver sous mon règne; mon frère est en grand danger de mort.» Mousa, qui était d'une nature énergique et qui était reconnaissant des faveurs dont il avait été l'objet, répondit au messager de Soleïmân en ces termes : «Par Dieu! ce n'est pas ainsi que je compte agir; je vais continuer ma route, et si le destin veut que mon bienfaiteur meure avant que je n'arrive jusqu'à lui, ton maître fera de moi ce qu'il voudra.»

Soleïmân, étant sur ces entrefaites arrivé au pouvoir, fit mettre Mousa ben Noçaïr en prison et lui infligea une amende; puis il engagea cinq des principaux personnages arabes de l'Andalousie à mettre à mort 'Abdelazîz, le fils de Mousa. Ces personnages, parmi lesquels figuraient Habîb ben Abou 'Obaïda Elfihri et Ziyâd ben Ennâbigha Ettemîmi, se rendirent auprès d''Abdelazîz....., et le lendemain, quand celui-ci, qui était allé à la mosquée et avait pris place dans le Mihrâb, eut terminé la lecture de la Fâtiha et de la sourate Elouâqi'a [1], ils le frappèrent tous ensemble de leurs épées et lui tranchèrent la tête, qu'ils expédièrent à Soleïmân. Cet événement se passa dans la mosquée de Robina, qui domine la plaine de Séville. 'Abdelazîz habitait en effet l'église [2] de Robina depuis qu'il avait épousé une femme gothe nommée Omm 'Acim. Il s'était installé avec elle dans cette église et avait fait bâtir en face la mosquée dans laquelle il fut assassiné. Il n'y a pas bien longtemps qu'on y voyait encore des traces de son sang.

Quand Soleïmân eut reçu la tête d''Abdelazîz, il envoya chercher Mousa ben Noçaïr et lui montra cette tête qu'il avait fait placer sur un plat. «Par Dieu! dit alors Mousa, tu l'as tué alors qu'il était vertueux et innocent.» Durant tout son règne, Soleïmân ne commit d'autre violence que celle dont il usa à l'égard de Mousa. 'Abdelazîz fut assassiné à la fin de l'année 98 (29 octobre 710-14 octobre 711).

Les populations demeurèrent des années sans être réunies sous l'autorité d'un gouverneur. Toutefois les Berbers avaient placé à leur tête Ayyoub ben Habîb Ellakhmi, fils de la sœur de Mousa ben Noçaïr; c'est cet Ayyoub dont la postérité est établie aux environs de Binna dans le canton de Reyya [3]. Plus tard, Soleïmân ben 'Abdelmalek nomma gouverneur de l'Ifriqiya et du territoire sis à l'ouest de cette province 'Abdallah ben Yezîd, affranchi de Qaïs, et cela après la disgrâce de Mousa ben Noçaïr et sa révocation des fonctions de gouverneur de l'Ifriqiya et des provinces

---

[1] 56ᵉ chapitre du Coran.

[2] Le mot كنيسة, employé ordinairement dans le sens d'*église*, a sans doute ici le sens de *couvent*.

[3] Province de Malaga.

occidentales sises au delà de l'Ifriqiya. 'Abdallah ben Yezîd confia le gouvernement de l'Andalousie à Elhorr ben 'Abderrahmân Ettsaqefi, car à ce moment l'Andalousie dépendait du gouverneur de l'Ifriqiya, qui en donnait l'administration à qui il lui plaisait.

Elhorr ben 'Abderrahmân demeura à la tête du gouvernement de l'Andalousie jusqu'à l'avènement de 'Omar ben 'Abdelazîz au califat. Celui-ci envoya alors Essamh ben Malek Elkhaulâni en qualité de gouverneur de l'Andalousie, tandis qu'il envoyait Isma'îl ben 'Abdallah, affranchi des Beni Makhzoum, occuper le même poste en Ifriqiya. 'Omar ben 'Abdelazîz avait promis à Essamh d'exonérer[1] d'impôts tous les musulmans qui s'étaient établis en Andalousie; il avait décidé de prendre à leur égard cette mesure gracieuse, parce qu'il craignait qu'ils ne pussent tenir tête à l'ennemi. Essamh ben Malek lui ayant fait savoir par écrit quelle était la force de l'Islam en Andalousie, le grand nombre de villes occupées par les musulmans et la solidité de leurs forteresses, 'Omar envoya aussitôt son affranchi Djâbir pour établir le quint[2] en Andalousie. Djâbir descendit à Cordoue............ le cimetière et le Mosalla dans le faubourg. Ce fut à ce moment qu'il apprit la mort d''Omar (Dieu lui fasse miséricorde!); il cessa aussitôt de s'occuper d'établir la part du quint et bâtit le pont qui se trouve sur la rivière de Cordoue, en face d'Elkhazzâz. Quand Yezîd ben 'Abdelmalek fut élevé au califat, il nomma au gouvernement de l'Ifriqiya Bichr ben Cefouân, et celui-ci à son tour nomma 'Ambasa ben Chohaïm Elkelbî gouverneur d'Anda-

---

[1] Je traduis en lisant بخلاه.

[2] C'est-à-dire, de fixer la part du territoire conquis appartenant au domaine de l'État.

lousie. A 'Ambasa succéda Yahia ben Salama Elkelbî, puis 'Otsmân ben Abou Tisa'â [1] Elkhots'amî, puis Hodzeïfa ben Elahouaç Elqaïsî, puis Elhaïtsem ben 'Abdelkâfi, puis 'Abderrahmân ben 'Abdallah Elghâfiqî, enfin 'Abdelmalek ben Qathan Elfihri. 'Abderrahmân ben 'Abdallah prétend que son ancêtre 'Abderrahmân reçut le commandement de l'Andalousie des mains mêmes de Yezîd ben 'Abdelmalek et non de celles du gouverneur de l'Ifriqiya; sa famille, qui possède une lettre patente à cet égard, habite Mernana, bourg appartenant aux Ghâfiqites de la noblesse de Séville.

Puis..... Hichâm ben 'Abdelmalek, arrivé au califat, nomma comme gouverneur de l'Ifriqiya 'Obeïdallah ben Elhabhâb, affranchi des Benou Seloul ben Qaïs, et celui-ci donna le commandement de l'Andalousie à 'Oqba ben Elheddjâdj Esseloulî en l'année 110 (16 avril 728- 5 avril 729). Ce dernier conserva ses fonctions jusqu'à l'époque où les Berbers se révoltèrent à Tanger contre l'autorité de 'Obeïd-Allah ben Elhabhâb et où Meïsara, connu sous le nom de Elhaqîr et marchand d'eau au marché de Qaïrouân, fit cause commune avec eux. Les révoltés mirent à mort leur gouverneur 'Omar ben 'Abdallah Elmorâdî. Quand les gens de l'Andalousie eurent connaissance de la révolte des Berbers à Tanger, ils se soulevèrent à leur tour contre leur propre gouverneur 'Oqba ben Elhaddjâdj et le déposèrent. Ce fut le chef de cette révolte, 'Abdelmalek ben Qathan Elfihri, qui s'empara du pouvoir et, personne ne lui ayant contesté son autorité ou refusé l'obéissance, il devint maître de toute l'Andalousie.

Hichâm ben 'Abdelmalek, ayant révoqué Ibn Elhabhâb

[1] Trompé par une erreur du copiste, Lafuente y Alcántara dans sa traduction des *Ajbar Machmuâ*, p. 36, a traduit ce nom propre par «neuvième wali».

de ses fonctions de gouverneur de l'Ifriqiya et des provinces occidentales ultérieures, le remplaça par Koltsoum ben 'Iyâdh Elqaïsi. Il donna l'ordre à ce nouveau gouverneur de combattre les Berbers et lui désigna pour successeur, dans le cas où il viendrait à succomber, son neveu Baldj ben Bichr El'amberi, et au cas où celui-ci succomberait à son tour, il devait avoir pour successeur Tsa'laba ben Selâma El'âmili.

Koltsoum marcha sur l'Ifriqiya à la tête de trente mille hommes : dix....... Benou Omayya et vingt mille de familles arabes....... On trouvait dans les traditions que leur dynastie devait disparaître et être remplacée par celle des Benou 'Abbâs, mais que l'autorité de ces derniers ne s'étendrait pas au delà du Zâb. On croyait qu'il s'agissait du Zâb d'Égypte, tandis qu'il était question du Zâb d'Ifriqiya. En effet, l'autorité des Benou 'Abbâs ne dépassa pas Thobna et ses environs. Koltsoum reçut l'ordre du calife de maintenir par des mesures énergiques l'ordre en Ifriqiya. Il mit tous ses efforts à atteindre ce but; mais bientôt les Berbers se soulevèrent et, se groupant sous les ordres de Homaïd Ezzenâti et de Meisara Elhaqîr dont il a déjà été question, ils se rassemblèrent en force à l'endroit dit Nafdoura[1]. Une grande bataille s'engagea en cet endroit. Koltsoum y périt avec dix mille des siens, tandis que dix mille autres se réfugiaient en Ifriqiya où ils avaient formé le corps des troupes syriennes jusqu'à l'époque du gouvernement de Yezîd ben Hâtim Elmohallab, gouverneur nommé par Elmançour. Plus tard, ils avaient été rendus à la vie civile et les troupes que le prince emmenait dans ses conquêtes

---

[1] On trouve ailleurs pour ce nom les formes : *Baqdoura*, *Naqdoura* et *Nabdoura*.

étaient formées d'Arabes du Khorâsân, ainsi que cela est encore aujourd'hui.

Baldj ben Bichr, à la tête de dix mille hommes, s'éloigna de son côté et vint s'établir dans la ville de Tanger, connue sous le nom de Elkhadhra. Son armée se composait de deux mille affranchis et de huit mille Arabes; ces derniers assiégèrent leur chef en lui déclarant la guerre. Baldj manda aussitôt à 'Abdelmalek ben Qathan les événements dont il était lui-même la victime et dont avait été victime son oncle Koltsoum ben 'Iyâdh; il demanda en même temps qu'on lui envoyât des navires sur lesquels il combattrait au nom d''Abdelmalek. Ce dernier ayant consulté sur ce point ses conseillers, ceux-ci lui répondirent : « Si ce Syrien arrive jusqu'à vous, il vous enlèvera le pouvoir. »

'Abdelmalek n'ayant en conséquence point répondu, Baldj, désespérant de rien obtenir, construisit des barques et, s'emparant des navires des négociants, il fit embarquer ceux des siens qui l'appuyaient. Ceux-ci débarquèrent à l'arsenal d'Algéziras, s'emparèrent de tout ce qu'ils y trouvèrent en fait de navires, d'armes et de munitions et revinrent ensuite auprès de leur chef. Baldj pénétra alors en Andalousie. Elfihri, à la nouvelle de cette invasion, se porta à la rencontre de son adversaire et lui livra une grande bataille près d'Algéziras. Mis en déroute, Elfihri revint plus tard à la charge et essuya dix-huit défaites successives entre Algéziras et Cordoue; il finit par être fait prisonnier dans cette ville et crucifié ensuite à la tête du pont, à l'endroit où se trouve la mosquée. Baldj entra dans Cordoue.

'Abderrahmân ben 'Oqba Ellakhmi, qui gouvernait Narbonne au nom de Elfihri, ayant appris les désastres subis par ce dernier, rassembla aussitôt les troupes des villes frontières et, accompagné d'un grand nombre d'Arabes et de Berbers de l'Andalousie, il partit avec le ferme désir de venger son maître. A la tête d'une armée de dix mille hommes composée de Benou Omayya et de Syriens, Baldj quitta Cordoue et se porta à la rencontre d' 'Abderrahmân ben 'Oqba, qui avait avec lui quarante mille hommes. La bataille s'engagea dans un des villages de Aqoua Borthoura [1], dans la province de Ouaba; à la fin de la journée, dix mille Arabes des troupes de Ibn 'Oqba étaient tombés sur le champ de bataille, tandis que Baldj n'avait perdu que mille des siens. «Montrez-moi donc leur Baldj,» s'écria alors 'Abderrahmân ben 'Oqba, qui était un archer des plus habiles. On le lui montra au milieu de la mêlée. 'Abderrahmân lui décocha une flèche qui, atteignant le défaut de la cuirasse de Baldj à l'emmanchure, pénétra jusqu'à son corps, puis il s'écria : «Eh bien, leur Baldj, je l'ai touché!» Le combat cessa et Baldj succomba le lendemain. Ce fut Ts'alaba ben Selâma El'âmili qui succéda à Baldj dans le commandement de Cordoue, des Syriens et des Benou Omayya.

'Abderrahmân ben 'Oqba retourna ensuite à la frontière. Les Arabes et les Berbers de l'Andalousie continuèrent à combattre les Benou Omayya et les Syriens, prenant parti pour 'Abdelmalek ben Qathan Elfihri et disant aux Syriens : «Notre pays est déjà trop petit pour nous, évacuez-le donc et laissez-le nous.» La lutte se prolongea dans les collines [2] qui sont au sud de Cordoue.

Instruit du désastre qui avait accablé Koltsoum et des

---

[1] Sur cette localité située à deux postes de Cordoue, voir Lafuente y Alcántara, *Ajbar Machmuá*, p. 243.

[2] Le mot الكدى, traduit ici par «collines», est peut-être un nom de localité qui se prononcerait alors *Alcouda*.

troubles qui en avaient été la conséquence en Ifriqiya et en Andalousie, Hichâm ben 'Abdelmalek consulta à ce sujet son frère El'abbâs ben Eloualîd. Il avait, dans les avis de celui-ci, la même confiance qu'il eut plus tard dans ceux de son frère Meslama. « Ô prince des croyants, dit El'abbâs, pour rétablir les affaires, il faut finir par où l'on aurait dû commencer. Concentrez votre attention sur ces Qahtanides et fiez-vous à eux. » Hichâm accepta ce conseil qui fut du reste confirmé par la réception de ces vers que lui adressa, de l'Ifriqiya, Aboulkhatthâr Elkelbî :

« Fils de Merouân, vous avez livré aux Qaïs notre sang; puisque vous n'avez pas été équitables, c'est en Dieu que nous trouverons une juste décision.

« Il semble que vous n'ayez pas assisté au combat de Merdj Râhith et que vous ne vous souveniez plus de ceux qui ce jour-là vous ont rendu service.

« C'est nous qui, avec nos poitrines, vous avons protégés dans l'ardeur de la mêlée, car vous n'aviez alors ni cavaliers, ni fantassins qui pussent compter.

« Quand vous avez vu que celui qui avait allumé la guerre était abattu, que vous pouviez dès lors manger et boire à votre aise,

« Vous nous avez laissés de côté, comme si nous n'avions eu aucune épreuve à subir, tandis que vous, je ne vous ai connu aucune action d'éclat.

« Ne vous affligez point si la guerre vous a mordus une fois, si la chaussure a glissé avec votre pied de l'échelle.

« Le lien d'attache s'est aminci, les tortis en sont coupés, et si par hasard on ne les tresse de nouveau, la corde cassera. »

Aussitôt qu'il eut eu reçu ces vers, Hichâm nomma

Handhala ben Cefouân Elkelbi au gouvernement de l'Ifriqiya et lui enjoignit de donner à son cousin Aboulkhatthâr l'autorité sur l'Andalousie. Celui-ci partit, muni de la lettre patente de Handhala ben Cefouân, et emmena avec lui trente hommes qui formèrent le deuxième groupe des Syriens; quant à son étendard, il l'avait placé avec sa pomme sous son manteau. Arrivé à l'Ouadi Chouch[1], il fit toilette, installa son étendard avec sa pomme au bout du bois d'une lance et poursuivit ensuite sa marche en avant.

Au moment où il arrivait au sommet du col dit Feddj Elmâïda, les Syriens et les Benou Omayya, d'une part, étaient aux prises avec les Beledis et les Berbers d'autre part. Dès que les deux armées aperçurent l'étendard, le combat s'arrêta et les hommes de chacun des deux partis accoururent vers 'Aboulkhatthâr. « Voulez-vous m'écouter et m'obéir, leur dit-il? — Oui, répondirent les combattants. — Voici, ajouta Aboulkhatthâr, les lettres patentes de mon cousin Handhala ben Cefouân, qui, sur l'ordre du prince des croyants, m'a donné l'autorité sur vous. — Nous sommes prêts à vous obéir, déclarèrent alors les Beledis et les Berbers, mais nous ne pouvons supporter ces Syriens; qu'ils s'éloignent de nous! — Je vais entrer dans Cordoue et m'y reposer, répliqua Aboulkhatthâb, ensuite il sera fait selon ce que vous désirez; car il me paraît que cela sera, s'il plaît à Dieu, un bienfait pour tous. »

Aboulkhatthâr entra dans Cordoue, puis il désigna ceux qui seraient chargés de conduire hors de l'Andalousie Ts'alaba ben Selâma El'âmili, Ouaqqâç ben Abdelazîz Elkinâni, 'Otsmân ben Abou Tis'a Elkhots'ami, et s'adressant à ces

---

[1] Guadajoz.

trois personnages, il leur dit : « Il a été prouvé au prince des croyants et à son délégué Handhala ben Cefouân que les troubles de l'Andalousie proviennent de vous. » Ils furent alors expulsés et transportés à Tanger. Aboulkhatthâr s'occupa ensuite d'établir les Syriens dans divers cantons de l'Andalousie et de les éloigner de Cordoue où l'on ne pouvait supporter leur présence. Les gens de Damas furent établis à Albira (Elvira); ceux du Jourdain à Reyya; les Palestins à Chodzoûna (Sidonia); les gens d'Émèse à Séville; ceux de Qinnesrîn à Jaen; ceux d'Égypte, partie à Badja, partie à Todmir (Orihuela). Les frais de ces divers établissements ayant été supportés par les étrangers payant la capitation, les Beledis et les Berbers ne perdirent ainsi rien du butin qu'ils avaient acquis.

Aboulkhatthâr ayant manifesté des sentiments hostiles à l'égard des Modharites, ceux-ci se réunirent contre lui et marchèrent sur Cordoue. Bien que pris à l'improviste, Aboulkhatthâr alla à la rencontre de l'ennemi avec les hommes dont il disposait et lui livra combat à Choqonda. Les Modharites avaient à leur tête Eççomaïl ben Hâtim Elkilâbî. Après avoir vu ses troupes dispersées, Aboulkhatthâr prit la fuite et chercha un refuge dans un moulin à Mounyat Naçr; mais il se vit arracher de dessous la banquette où il s'était caché et amené en présence de Elkilâbî qui lui trancha la tête sans autre forme de procès.

Les Cordouans se groupèrent alors autour de Yousef ben 'Abderrahmân ben Habîb ben Abou Ô'baïda ben 'Oqba ben Nâfi' Elfihri et le reconnurent pour chef. Yousef conserva le pouvoir quelques années, ayant Eççomaïl comme ministre. Ce dernier, qui exerçait une influence prépondérante sur les affaires, avait causé une joie très vive aux Cordouans en manifestant l'intention d'attaquer les Qahthanides, lorsque sur ces entrefaites arriva Bedr, l'affranchi d''Abderrahmân ben Mo'awïa (que Dieu lui soit favorable!).

Voici dans quelles circonstances ces événements se passèrent. Bedr, qui était venu porteur des instructions de son maître, s'était caché chez les Beni Ouânsous, affranchis d''Abdelazîz ben Merouân en pays berbère, puis il s'était rendu auprès de Abou 'Otsmân qui était alors le chef des affranchis et jouissait d'une grande influence, et il était descendu chez lui dans le bourg de Thorroch[1]. Abou 'Otsmân envoya aussitôt chercher son gendre 'Abdallah ben Khâled pour causer avec lui des instructions apportées par Bedr. Or Yousef Elfihri était sur le point d'aller faire une expédition en pays ennemi. Abou 'Otsmân et son gendre dirent alors à Bedr : « Attendez la fin de cette expédition à laquelle vous allez prendre part avec nos gens. » Yousef appelait les affranchis des Omayya ses affranchis et leur témoignait une grande sympathie. Bedr partit donc avec eux pour cette expédition, à laquelle prirent part Abou Eççabbâh Elyahsobi, de la noblesse de Séville, le chef des Yemanites dans l'ouest de l'Andalousie et dont la résidence était au bourg de Moura, ainsi que d'autres seigneurs arabes, les uns de gré, les autres de force.

L'expédition achevée, on revint et l'on donna l'ordre à Abou 'Abda Hassân ben Malek de chercher à gagner Abou Eççabbâh, avec lequel il habitait à Séville et de lui rappeler l'influence dont il jouissait auprès de Hichâm ben 'Abdelmalek, influence qui était très grande. Abou Eççabbâh s'étant laissé gagner, on s'adressa ensuite à 'Alqama ben

[1] Sur cette localité voisine de Loja, cf. Lafuente y Alcantára, *op. laud.*, p. 264.

Ghiyâts Ellakhmi, à Abou 'Alâqa Eldjodzâmi, l'ancêtre de Fahil, le brave de Chodzouna; à Ziyâd ben 'Amr Eldjodzâmi, l'ancêtre des Benou Ziyâd de Chodzouna; tous ces chefs des Syriens qui étaient à Chodzouna répondirent à l'appel qui leur fut adressé. On s'adressa ensuite aux Qahthanides d'Elvira et de Jaen, tels que l'ancêtre des Benou Adhkha parmi les Hamadânites, l'ancêtre de Hassân et des Benou 'Omar, les Ghassanides, maîtres de Guadix, Meïsara et Qahthaba parmi les Thayyites de Jaen. Enfin on s'adressa encore à Elhoçaïn ben Eddadjn El'aqîli, à cause de l'aversion qu'il avait pour Eççomaïl ben Hâtim, aversion qui était réciproque. Aucun autre Modharite ne manifesta de sympathie pour 'Abderrahmân ben Mo'awïa; aussi ne cherchat-on pas à gagner les Modharites à son parti, sachant qu'ils étaient les partisans de Yousef ben 'Abderrahmân, à cause du vizir de celui-ci, Eççomaïl ben Hâtim, qui était, ainsi que son maître, favorable aux Qahthanides.

Quand tout ceci eut été fait, on dit à Bedr : « Allez maintenant. » Bedr se rendit alors auprès de Yousef et lui fit part de ses instructions : « Pour que mon séjour en Andalousie me fût agréable, répondit Yousef, j'aurais voulu que l'un d'eux m'y accompagnât. » Bedr se retira alors et fit part de cette réponse à ses compagnons.

A ce moment, Yousef ben 'Abderrahmân était sur le point de partir en expédition vers Saragosse, où s'était révolté contre lui 'Amir Elqorachi El'âmiri qui a donné son nom à la porte de cette ville appelée Bâb 'Amir. Abou 'Otsmân et son gendre 'Abdallah ben Khâled vinrent à Cordoue pour assister au départ de Yousef, et comme ils craignaient que l'entreprise qu'ils avaient méditée ne fût découverte, ils se rendirent auprès de Eççomaïl ben Hâtim et lui demandèrent une audience particulière. Eççomaïl s'étant rendu à leur désir, ils lui rappelèrent les services que lui et ses ancêtres avaient reçus des Benou Omayya, puis ils ajoutèrent : «'Abderrahmân ben Mo'awïa s'est sauvé en pays berber où il se cache, craignant pour ses jours; il nous a envoyé ses instructions et demande qu'on lui garantisse sa sécurité. Il sollicite votre appui pour ce que vous savez et ce dont vous vous souvenez. » — « Oui, répondit Eççomaïl, très volontiers; nous obligerons ce Yousef à épouser la fille d''Abderrahmân afin qu'ils partagent ainsi le pouvoir, et s'il refuse, nous frapperons sa tête avec le glaive. » Là-dessus, Abou 'Otsmân et son compagnon sortirent et allèrent rejoindre ceux des affranchis, leurs amis, qui étaient à Cordoue, tels que Yousef ben Bakht, Omayya ben Yezîd et autres. Après avoir arrangé leur affaire, ils retournèrent auprès de Eççomaïl pour prendre congé de lui, mais celui-ci leur dit alors : « J'ai réfléchi à ce que vous m'avez proposé tout à l'heure et je vois bien qu''Abderrahmân appartient à une race si puissante que si l'un d'eux urinait dans cette péninsule, il nous noierait tous dans son urine. Pourtant, puisque Dieu s'est prononcé en faveur de votre maître, je garderai le secret sur ce que vous m'avez confié. » Eççomaïl garda en effet le secret aux deux conjurés qui s'en retournèrent et s'adjoignirent Temâm ben 'Âlqama dont le nom leur sembla de bon augure. Ils l'emmenèrent avec eux et le recommandèrent à Abou Fari'a et à tous les affranchis syriens qui avaient accepté de faire cause commune avec eux. Comme Abou Fari'a avait une grande expérience de la navigation sur mer parce qu'il l'avait souvent pratiquée, Abou 'Otsmân et son compagnon l'adjoignirent pour le voyage à Temâm ben 'Âlqama et à Bedr.

Lorsqu'on eut traversé la mer et qu'on eut rejoint 'Abderrahmân, celui-ci dit : « Ô Bedr, quels sont ces hommes ? — Celui-ci, dit Bédr, est ton affranchi Temâm, et l'autre, c'est ton affranchi Abou Fari'a. — Temâm[1], ajouta 'Abderrahmân, notre œuvre s'achèvera s'il plaît à Dieu. Abou Fari'a, nous déflorerons ce pays, si Dieu veut! » On s'embarqua ensuite pour aller débarquer à Almonakkab[2]. Abou 'Otsmân et 'Abdallah ben Khâled vinrent recevoir 'Abderrahmân à Almonakkab et le conduisirent à Elfontin[3], la résidence d''Abdallah ben Khâled, bourg qui se trouvait sur leur route. De là ils se rendirent dans le canton d'Elvira à Thorroch, où résidait Abou 'Otsmân.

Le commandement des Arabes dans le canton de Reyya appartenait alors à Djidâr ben 'Amr Elqaïsi, l'ancêtre des Benou 'Aqîl; Abou 'Otsmân et 'Abdallah lui recommandèrent 'Abderrahmân et l'informèrent de sa venue : « Amenez-le-moi, dit Djidâr, au mosalla de Ardjadzouna[4] le jour de la rupture du jeûne et vous verrez ce que je ferai, si Dieu veut! » Lorsqu'on arriva en effet dans cet endroit et que le prédicateur fut là, Djidâr s'avança vers lui et lui dit : « Abandonnez Yousef ben 'Abderrahmân et faites la prière au nom de 'Abderrahmân ben Moʻawïa ben Hichâm; car c'est lui qui est notre prince, et le fils de notre prince. » Puis s'adressant aux gens de Reyya, il ajouta : « Qu'en dites-vous ? — Nous dirons ce que vous direz, répondirent-ils. »

---

[1] Il y a ici un jeu de mots sur les noms de Temâm et Abou Fari'a, pris avec la signification qu'ils auraient comme noms communs.

[2] Almuñécar.

[3] Sur cette localité située aux environs de Loja, cf. Lafuente y Alcántara, *op. laud.*, p. 244.

[4] Archidona.

CONQUÊTE DE L'ANDALOUSIE. 241

La prière fut donc faite au nom d''Abderrahmân qui reçut ensuite le serment d'obéissance à l'issue de la prière.

Ardjadzouna était à cette époque le chef-lieu du canton de Reyya. Djidâr emmena ensuite le prince dans sa demeure où il lui donna l'hospitalité. La nouvelle de ces événements étant parvenue aux Benou Elkhelî‘, affranchis de Yezîd ben 'Abdelmalek à Takorna, ils se rendirent auprès du prince avec quatre cents chevaux. 'Abderrahmân se mit alors en marche pour gagner Chodzouna; l'ancêtre des Benou Elyâs vint aussi au-devant de lui à la tête d'une troupe nombreuse, ce qui rendit son armée considérable et lui donna un grand renfort. Il vit également les personnages de Chodzouna, dont nous avons déjà parlé, arriver à la tête de la masse des Arabes de Chodzouna et des Syriens et Beledis de cette ville.

Abou Eççabbâh ainsi que Hayât ben Molâmis, qui étaient tous deux les chefs des Arabes dans l'Algarve, sortirent de Séville, se portèrent au-devant du prince et lui prêtèrent serment de fidélité. Le prince s'arrêta à Séville dans le courant du mois de chaoual et reçut là les gens de l'ouest qui vinrent lui faire hommage. L'autorité du prince était entièrement reconnue dans tout l'ouest de l'Andalousie, quand la nouvelle de ces événements parvint à Yousef qui revenait de son expédition après avoir fait prisonnier Elqorachi El'âmiri qui s'était révolté contre lui. Yousef se mit aussitôt en marche sur Séville et il était arrivé à Hisn Nyba, quand 'Abderrahmân, informé de sa présence en cet endroit, sortit de Séville pour marcher sur Cordoue. On était au mois de *adar*[1] et la rivière qui séparait les deux armées

---

[1] Février-mars.

I

était débordée. Yousef, voyant qu''Abderrahmân était décidé à marcher sur Cordoue, rebroussa chemin vers cette ville. 'Abderrahmân alla camper à Billa Nouba[1] des Bahrites dans le district de Thecchâna[2] de la province de Séville.

Les cheikhs dirent alors : « Un prince qui n'a point d'étendard commet une faute. » On décida aussitôt d'en arborer un et l'on chercha dans l'armée un bois de lance qui pût servir de hampe; mais on ne trouva d'autres lances dans toute l'armée que celle d'Abou Eççabbâh dont il a déjà été question et celle d'Abou 'Ikrima Dja'fer ben Yezîd, l'ancêtre des Benou Selîm des Chodzouniens. Ce fut à l'un de ces bois de lance que l'étendard fut attaché dans le bourg qui vient d'être dit; Farqad de Saragosse, le personnage le plus dévôt de l'Andalousie à cette époque, assista à cette cérémonie. Les Benou Bahr qui viennent d'être mentionnés sont une fraction de la tribu de Lakhm. « Quel jour sommes-nous avait dit 'Abderrahmân? » — « Jeudi, jour de 'Arafa, lui avait-on répondu. » — « Aujourd'hui c'est le jour d''Arafa, ajouta-t-il; demain c'est la fête des sacrifices et vendredi, jour de ma lutte avec Fihri; j'espère que cette journée sera sœur de celle de Merdj Râhith. » La bataille de Merdj Râhith entre Merouân ben Elhakam et Eddhahâk ben Qaïs Elfihri, général d''Abdallah ben Zobeïr, eut lieu en effet un vendredi, jour de la fête des sacrifices. Dans cette bataille, la fortune se déclara en faveur de Meroûan contre Elfihri, qui fut tué en même temps que 70,000 hommes des diverses tribus de Qaïs. C'est au sujet de cet événement qu''Abderrahmân ben Elhakam a

---

[1] Villanueva.
[2] Tocina.

dit : « Qaïs n'a plus été heureux et n'a plus trouvé de protecteur quand il en a cherché, depuis la journée de Merdj. »

'Abderrahmân ben Moʻawïa donna l'ordre à ses gens de se mettre en mouvement pour une marche de nuit afin d'être au matin à la porte de Cordoue. Puis s'adressant à ceux qui l'entouraient, il leur dit : « Si nous obligeons les fantassins à marcher de nuit en même temps que nous, ils resteront en arrière et ne pourront nous suivre; il faut donc que chacun de nous prenne un fantassin en croupe. » Se tournant alors vers un jeune homme sur lequel ses yeux tombèrent, il lui dit : « Qui es-tu, jeune homme? » — « Sâbiq ben Mâlik ben Yezîd, répondit celui-ci. » — « Sâbiq veut dire que nous arriverons les premiers, Mâlik, que nous régnerons et Yézîd que nous irons en augmentant. Donne-moi donc la main, je te prends en croupe. » La descendance de ce Sâbiq qui habite Morour[1] porte le nom de Benou Sâbiq *Erredif*[2]; elle appartient à la tribu des Berânis et c'est d'elle qu'est issu Abou Merouân Ettharif.

On marcha de nuit et le lendemain matin on fut à Bâïch. Yousef avait pris l'avance et était entré dans son palais dès l'aube. Quand le jour brilla, 'Abderrahmân se mit en marche pour le combat, ayant avec lui les Arabes d'Elvira et ceux de Jaen qui étaient venus faire leur jonction au moment de l'aube. La rivière étant impraticable à cause du courant, les deux armées s'établirent l'une en face de l'autre auprès du gué qui se trouve au-dessous de Ennâ'oura. Parmi les soldats d''Abderrahmân, 'Acim El'oryân, l'ancêtre des 'Acîm, fut le premier qui essaya de traverser le fleuve; son exemple

---

[1] Moron.
[2] « Celui qui est pris en croupe. »

encouragea les autres soldats qui le suivirent, les uns à cheval, les autres à pied, en sorte que tout le monde passa. Yousef ne tarda pas à les attaquer et le combat dura quelques instants à Elmesâra; mais Yousef fut mis en fuite et ne put regagner son palais, 'Abderrahmân l'y ayant précédé et s'étant emparé de ses victuailles avec lesquelles il déjeuna, ainsi que la plupart de ceux qui étaient avec lui.

La femme de Yousef et ses deux filles se rendirent auprès d''Abderrahmân et lui dirent : « Ô notre cousin, soyez bon pour nous comme Dieu l'a été à votre égard! — C'est ce que je ferai, répondit le prince; qu'on m'amène le chef de la prière! » Le chef de la prière était à cette époque l'ancêtre des Benou Selmân les Harraïtes; c'était un des affranchis de Elfihri. 'Abderrahmân lui ordonna de réunir toutes les femmes du palais et de les emmener dans sa maison. Quant à lui, il passa la nuit dans le palais où la fille de Elfihri lui envoya une esclave nommée Holel, qui fut la mère de Hichâm (Dieu lui fasse miséricorde!).

Meïsara et Qahthaba, les Thayyites, partirent sur un navire de la porte du palais et descendirent le fleuve jusqu'à la maison de Eççomaïl ben Hâtim, à Choqonda, localité qu'il habitait. Ils pillèrent tout ce qui se trouvait dans la maison à la vue de Eççomaïl ben Hâtim lui-même, qui assista à ce pillage des hauteurs de la montagne qui domine Chobollâr. Entre autres choses que les deux Thayyites trouvèrent durant cette spoliation était une cassette contenant 10,000 dinars d'argent. Ce fut à la vue de ce spectacle que Eççomaïl s'écria :

« Hélas! ma fortune est à présent en dépôt chez les gens de Thayy; mais il arrive un jour où il faut restituer les dépôts. »

'Abderrahmân ben Mo'awïa sortit ce jour-là pour aller à la mosquée. Il fit avec tout le monde la prière du vendredi et, dans l'allocution qu'il prononça, il promit aux habitants de les traiter avec bonté.

Elfihri s'était rendu à Grenade, où il s'était fortifié. 'Abderrahmân ne tarda pas à partir pour cette ville, et ayant campé sous ses murs, il en fit le siège jusqu'à ce qu'Elfihri capitula. Le fils de Yousef Elfihri, qui était à Mérida, ayant appris les malheurs survenus à son père, avait marché aussitôt sur Cordoue et pénétré dans le palais de cette ville en l'absence d''Abderrahmân. Dès qu'il avait eu connaissance de cela, 'Abderrahmân était revenu sur ses pas; mais le fils de Yousef, en apprenant la marche du prince, s'était enfui de Cordoue pour gagner Tolède. 'Abderrahmân avait envoyé chercher 'Âmir ben 'Ali, l'ancêtre de Fehd des Raçafites, qui jouissait d'une grande autorité sur les Qahthanides; il l'avait établi comme son lieutenant dans le palais et lui en avait confié la garde, puis il avait repris sa marche sur Grenade, où s'étaient passés les événements précédemment racontés.

Plus tard Elfihri fit acte de trahison; il prit la fuite et quitta Cordoue pour aller à Tolède; mais là il fut tué par un de ses partisans, en sorte que l'autorité tout entière appartint à 'Abderrahmân. Celui-ci envoya 'Abderrahmân ben 'Oqba prendre le gouvernement de Narbonne et de tout le territoire qui s'étend de cette ville à Tortose, et il nomma au commandement de Tolède un fils de Sa'd ben 'Obâda Elançâri, qui demeurait dans cette ville.

On rapporta ensuite à 'Abderrahmân qu'Abou Eççabbâh avait dit à Tsa'laba ben 'Obeïd, lors de la défaite de Yousef Elfihri et de l'entrée d''Abderrahmân dans le palais de

Cordoue : «Ô Tsaʿlaba, ne pensez-vous pas qu'une seule victoire en vaudrait deux? — Comment cela, répondit-il. — Eh bien, reprit Abou Eççabbâh, nous nous sommes déjà débarrassés de Yousef, débarrassons-nous maintenant de cet homme et toute l'Andalousie sera aux Qahthanides.» 'Abderrahmân ayant raconté ce propos à Tsaʿlaba et l'ayant conjuré de dire s'il était vrai, celui-ci en était convenu. Un an après cela, Tsaʿlaba périssait assassiné traîtreusement.

On a vu plus haut que l'autorité, dans l'ouest de l'Andalousie, appartenait à Abou Eççabbâh. A Lebla[1], elle était entre les mains de son cousin 'Abdelgheffâr; à Badja, entre les mains de son cousin 'Amr ben Thâlout et celles de Koltsoum ben Yahçob. Tous ces personnages adoptèrent plus tard le parti de Abou Eççabbâh et marchèrent sur Cordoue pendant qu''Abderrahmân se trouvait sur la frontière. Celui-ci, ayant appris cet événement, revint en toute hâte et arriva bientôt à Roçâfa[2], où se trouvait en ce moment son vizir et délégué. Chohaïd sortit du palais où 'Abderrahmân l'avait installé comme son lieutenant et se porta à la rencontre de celui-ci. «Vous devriez entrer dans le palais, lui dit-il, et vous y reposer cette nuit. — Ô Chohaïd, répondit 'Abderrahmân, à quoi bon ce repos d'une nuit si nous ne devons pas triompher des obstacles qui sont devant nous!»

Le lendemain, il se porta en avant et arriva au lieu où étaient campés ses gens, sur les bords de la rivière d'Amnebissar; il se transporta ensuite au bourg de Binnach, dans un des quartiers de ce bourg appelé Errekounïin et que le peuple désigne sous le nom de Rekâkina. Dans la

---

[1] Niebla.
[2] Localité près de Cordoue.

soirée, il monta à cheval, accompagné de ses fidèles affranchis, de ses hommes et d'un groupe de soldats. Il entendit quelques-uns des Berbers de l'armée ennemie qui parlaient entre eux dans leur langue. Aussitôt il fit appeler ceux de ses affranchis qui étaient Berbers, tels que les Benou Elkheli' et les Benou Ouânsous et autres, et leur dit : « Allez parler à vos compatriotes, aidez-les de vos conseils et dites-leur qu'ils sachent bien que si les Arabes sont vainqueurs et nous arrachent le pouvoir, ils ne sauraient se maintenir avec les Arabes. » La nuit venue, les affranchis s'approchèrent de l'armée ennemie et adressèrent aux soldats une allocution en berbère; ceux-ci acceptèrent les propositions qui leur furent faites et promirent de faire défection des rangs de leur armée.

Le lendemain, les Berbers dirent aux Arabes : « Nous ne savons bien combattre qu'à cheval; faites donc donner des chevaux à ceux de nous qui n'en ont pas. » Les Arabes mirent pied à terre, donnèrent leurs montures aux Berbers et combattirent comme fantassins. Aussitôt les Berbers passèrent du côté d'Abderrahmân et 'Abdelgheffâr subit une complète déroute, car il périt, ainsi que 30,000 hommes des siens. La fosse où l'on réunit les têtes des ennemis était située derrière la rivière d'Amnebissar, à l'endroit qui est encore connu de nos jours.

'Abderrahmân vainqueur quitta le champ de bataille. Il eut encore à lutter contre plusieurs chefs de révolte, à Saragosse, par exemple, contre Motharrif ben Ela'râbi et d'autres qui se soulevèrent après lui; puis contre un homme qui se prétendait issu de Ali (que Dieu lui fasse miséricorde!) et qui se révolta à Jaen à la tête des Harrâites. Il eut raison de toutes ces séditions. Elmansour expédia un messager à El'ala ben Moghîts Eldjodzâmi, qui habitait la ville de Bâdja[1], dans l'ouest de l'Andalousie, et qui exerçait là son autorité. Ce messager était porteur d'une lettre patente et d'un étendard destinés à El'ala; il était en outre chargé de lui dire : «Êtes-vous en état de lutter contre 'Abderrahmân? Dans le cas contraire, je vous enverrai du monde pour vous aider.» El'ala se souleva alors et se posa en prétendant; de nombreux partisans le suivirent et la majeure partie de la population de l'Andalousie se montra favorable à la déposition d''Abderrahmân.

Dès que cette nouvelle lui parvint, 'Abderrahmân quitta Cordoue et se rendit à Carmona, citadelle dans laquelle il se fortifia, entouré de ses affranchis fidèles et de leur suite. El'ala marcha contre lui et vint camper sous les murs de Carmona, qu'il tint assiégée pendant près de deux mois. Comme le siège traînait en longueur, El'ala se vit abandonné du plus grand nombre des siens, les uns faisant défection, les autres l'abandonnant parce qu'ils manquaient de vivres. Voyant la dispersion de cette armée, 'Abderrahmân, qui avait avec lui environ sept cents de ses vaillants et énergiques compagnons, donna l'ordre d'incendier la citadelle et l'on mit le feu à la porte connue sous le nom de porte de Séville; puis il ordonna de jeter au feu les fourreaux de sabre. Chacun prit alors son sabre nu à la main et tous ensemble ils sortirent et engagèrent l'action. Dieu ayant fait trembler les pieds d'El'ala et ceux de ses compagnons, ils furent mis en déroute.

El'ala fut tué durant l'action; sa tête, bourrée de sel et de camphre, fut placée dans une corbeille, avec la lettre

---

[1] Béja.

patente et l'étendard, puis remise à un homme de Cordoue qui allait faire le pèlerinage et qui reçut l'ordre de déposer le panier à la Mecque. Il arriva précisément cette année-là qu'Elmançour fit le pèlerinage; le panier fut déposé devant la porte de sa tente. Lorsqu'on lui apporta cette tête, Elmançour dit en la regardant : « C'est nous qui avons exposé ce malheureux à la mort. Louanges soient rendues à Dieu de ce qu'il a placé la mer entre nous et entre un ennemi capable de pareille chose. » Jusqu'à sa mort, 'Abderrahmân n'eut pas à réprimer d'autre insurrection que celle-ci.

Lorsque 'Abderrahmân était venu pour la première fois en Andalousie, il y avait rencontré Mo'awïa ben Sâlih Elhadhrami, un jurisconsulte syrien; il l'avait envoyé en Syrie accompagner ses deux sœurs germaines et porter en même temps une certaine somme d'argent. Quand Mo'awïa se présenta aux deux sœurs, celles-ci lui dirent : « Les dangers du voyage sont toujours à redouter ; mais grâce à Dieu nous sommes arrivées saines et sauves ; on a été largement généreux pour nous, et il nous eut suffi d'être en bonne santé. » Là-dessus Mo'awïa prit congé d'elles, et comme à ce moment Yahia ben Yezîd Ettedjîbi, cadi de Hichâm ben Abdelmalek pour les Syriens, venait de mourir, on le nomma cadi et il conserva ces fonctions jusqu'à la fin du règne de ce prince, qui ne lui survécut que d'un an environ. Il fut l'ancêtre des Tedjîbites de Cordoue qui occupèrent des emplois dans l'administration.

Ce fut sous le règne d' 'Abderrahmân ben Mo'awïa que Elghâzi ben Qaïs apporta en Andalousie le Mouettha de Malek avec l'interprétation de Nâfi ben Abou No'aim; le prince le traita avec beaucoup d'égards et lui apporta à diverses reprises des gratifications dans sa propre maison. Ce fut également sous le règne du même prince que vint pour la première fois en Andalousie Abou Mousa Elhawwâri, le célèbre savant d'Andalousie, qui possédait à la fois les sciences profanes et les sciences religieuses. Ces deux savants firent leur voyage d'Andalousie en Orient, après l'arrivée d''Abderrahmân ben Mo'awïa dans la première de ces deux contrées.

Le cheikh Abou Lobâba racontait avoir entendu dire par El'otbi que lorsque Abou Mousa Elhawwâri venait à Cordoue du bourg qu'il habitait dans la banlieue de Mourour[1], aucun des cheikhs de Cordoue, ni 'Isa ben Dînâr, ni Yahia ben Yahia, ni Sa'îd ben Hassân ne rendaient de fetoua avant qu'Abou Mousa eût quitté la ville.

Aboul Makhcha était le grand poète de l'Andalousie sous le règne d''Abderrahmân. Il avait composé une pièce de vers en l'honneur de Soleïmân ben 'Abderrahmân et il laissait entendre dans ces vers que ce prince serait le compétiteur de son frère Hichâm, avec lequel du reste il était brouillé et en grande rivalité. Quelqu'un ayant envenimé les choses auprès de Hichâm, celui-ci fit crever les yeux du poète, qui composa sur la cécité une admirable poésie qu'il alla réciter à 'Abderrahmân ben Mo'awïa. Le prince l'accueillit avec bienveillance et, comprenant l'allusion, il se fit apporter deux mille dinars qu'il donna au poète, doublant ainsi le prix fixé par la loi pour la perte des deux yeux. Cette pièce de poésie commençait ainsi :

« Ma muse s'est laissée aller à être méchante; mais quand Dieu a décidé une chose, il faut qu'elle ait lieu.

» Elle voit maintenant que je suis un aveugle, un infirme

---

[1] Moron.

qui ne peut plus marcher qu'en tâtant le sol de son bâton.

« Elle était bonne autrefois, puis elle a dit quelques mots qui ont failli me faire atteindre le terme de la vie.

« Mon infirmité a été la conséquence de ces paroles et aucune infirmité n'est plus terrible que la cécité. »

'Abbâs ben Nâcih ayant récité ces vers à Elhasen ben Hâni, celui-ci dit : « Voilà ce que recherchent les poètes et ce qui les perd. » Lorsqu'il fut arrivé au pouvoir, Hichâm, peiné de ce qui était arrivé au poète à cause de lui, l'envoya chercher et lui donna également le double du prix de la perte des yeux.

Abou Elmakhcha est l'auteur d'une pièce de poésie qu'on assure être la dernière qu'il composa et dans laquelle il dit :

« Ma muse avec ses faibles accents alimente aujourd'hui un homme comme moi, qui autrefois l'alimentait.

« Au souvenir de ce qui s'est passé entre elle et moi, elle pleure; elle voudrait résilier avec la Fortune ce qui ne saurait être résilié. »

### RÉCIT CONCERNANT ARTHOBÂS.

'Abderrahmân ben Mo'awia ordonna de saisir les villages que Arthobâs détenait, et voici ce qui motiva cette mesure : un jour, dans une expédition qu'ils faisaient ensemble, 'Abderrahmân avait remarqué que la tente d'Arthobâs était entourée d'une quantité considérable de présents, chacun de ses villages l'accueillant avec des cadeaux à chaque station; il en conçut du dépit, et, sous l'empire de ce sentiment, il s'empara de ces villages qui furent attribués aux neveux d'Arthobâs. La situation de celui-ci devint si précaire qu'il se rendit à Cordoue, et, étant allé trouver le chambellan Ibn Bakht, il lui dit : « Demandez pour moi une audience au prince (que Dieu le garde!); je viens lui faire mes adieux. » Le chambellan demanda cette audience à 'Abderrahmân ben Mo'awia, qui fit aussitôt introduire Arthobâs. En voyant ce dernier vêtu d'une façon misérable, le prince lui dit : « Ô Arthobâs, quel motif vous amène ici? — C'est vous-même, lui répondit-il, qui êtes cause que je suis ici. Vous m'avez privé de mes villages, vous avez ainsi manqué aux engagements pris par vos ancêtres à mon égard; et cela sans qu'aucune faute de ma part ait motivé une semblable mesure. — A quel propos, demanda alors le prince, sont les adieux que vous voulez me faire? Vous voulez, je suppose, vous rendre à Rome? — Non, répondit Arthobâs; mais j'ai appris que vous deviez partir pour la Syrie. — Comment m'y laisserait-on retourner, s'écria le prince, alors qu'on m'en a chassé de force? — Cette situation que vous occupez, repartit Arthobâs, voulez-vous la consolider en faveur de votre fils après vous ou bien lui enlever ce que vous avez acquis vous-même? — Non, par Dieu, dit le prince, je ne veux point qu'il en soit ainsi; ce que je veux avant tout, c'est établir solidement ma situation et celle de mon fils. — Eh bien, ajouta Arthobâs, il faut agir autrement que vous ne l'avez fait. » Là-dessus il lui fit connaître diverses choses que la population lui reprochait et lui donna force détails sur ce point. Heureux de cette confidence, 'Abderrhamân ben Mo'awia remercia vivement Arthobâs et donna l'ordre qu'on lui rendît vingt des villages qui lui avaient été enlevés; en outre il lui fit donner des vêtements et de l'argent et l'investit du titre de *qoumis;* Arthobâs fut le premier *qoumis* de l'Andalousie.

Le cheikh Ibn Lobâba rapporte, d'après des vieillards qu'il a connus, que Arthobâs était un homme fort intelligent, quand il s'agissait de ses affaires personnelles. Il ajoute qu'un jour ce personnage reçut la visite de vingt Syriens, parmi lesquels se trouvaient Abou 'Otsmân 'Abdallah ben Khâled, Abou 'Abda, Yousef ben Bakht et Eççomaïl ben Hâtim. Les visiteurs saluèrent et prirent place sur des sièges qui entouraient le siège d'Arthobâs.

Au moment où ils venaient de s'installer et où ils commençaient à aborder les premières formules de politesse, on vit entrer le pieux Maïmoun, l'ancêtre des Benou Hazm, les *portiers*, un des affranchis syriens. Aussitôt qu'il le vit entrer, Arthobâs se leva et, plein d'égards pour Maïmoun, il se mit en devoir de le conduire vers le siège qu'il occupait lui-même et qui était d'or et d'argent massifs. Le dévot personnage refusa de prendre place sur ce siège, car il ne lui était pas permis, dit-il, d'occuper une pareille place et il s'assit sur le sol. Arthobâs prit place à terre auprès de lui et lui dit : « Qui vaut à un personnage tel que moi la visite d'un homme comme vous? — Je suis venu dans ce pays, répondit Maïmoun, sans penser que je dusse y prolonger mon séjour et sans prendre mes dispositions pour y demeurer. Or il est survenu à mes maîtres d'Orient de tels malheurs, que je dois supposer que je ne retournerai jamais dans ma patrie. Dieu vous a fait riche et je viens vous demander de me donner un de vos villages que je cultiverai de mes mains en prenant, vous et moi, la part qui vous en doit revenir. — Non, par Dieu! s'écria Arthobâs, je ne consentirai pas à vous donner un fief à moitié. » Là-dessus il appela son intendant et lui ordonna de remettre à Maïmoun le village qui était sur la rivière de Chouch[1] avec les bœufs, les moutons et les esclaves qu'il contenait et de lui remettre également le château de Jaen, connu sous le nom de château de Hazm qu'il possédait.

Maïmoun remercia, puis se leva et Arthobâs revint à son siège. « Ô Arthobâs, lui dit alors Eççomaïl, il n'y a que l'irréflexion de votre caractère qui vous ait empêché de conserver le royaume de votre père. Ainsi, moi le seigneur des Arabes en Andalousie, je viens chez vous avec ces personnages qui sont les seigneurs des affranchis de ce pays, et la seule marque de générosité que vous nous donnez, c'est de nous faire asseoir sur des sièges de bois, tandis que ce mendiant qui est venu à vous, vous l'avez comblé comme vous venez de le faire. — Ô Abou Djauchen, répliqua Arthobâs, vos coreligionnaires ont eu raison de me dire que vous ne vous étiez pas laissé façonner à leur éducation; car, s'il en eût été autrement, vous ne m'auriez pas reproché la bonne action que je viens de faire. (Eççomaïl était en effet un homme illettré qui ne savait ni lire ni écrire.) Vous, que Dieu vous traite généreusement! vous n'êtes honorés qu'à cause de vos richesses et de votre pouvoir, tandis que c'est uniquement pour l'amour de Dieu que je viens de traiter cet homme comme je l'ai fait. Or on rapporte que le Messie (Dieu répande sur lui ses bénédictions et lui accorde le salut!) a dit : « Celui que Dieu parmi « ses adorateurs a comblé de ses bienfaits doit en faire profiter à son tour toutes les créatures. » Autant aurait-il valu essayer de faire digérer des pierres à Eççomaïl que de tenter de le convaincre ainsi;

---

[1] Guadajoz.

aussi l'assistance s'empressa-t-elle de dire : « Laissez ces discours et examinez la question pour laquelle nous sommes venus, car l'affaire de cet homme que vous venez de combler de vos bienfaits est une chose tout à fait à part. — Vous êtes des princes, reprit Arthobâs, et il faut beaucoup pour vous contenter. » Il leur donna cent villages, dix à chacun d'entre eux. Torroch échut à Abou 'Otsmân, 'Alfontin à 'Abdallah ben Khâled et 'Oqdet-Ezzîtoun d'Almodowwar à Eççomaïl ben Hâtim.

### RÉCIT CONCERNANT EÇÇOMAÏL.

Un jour qu'il passait auprès d'un magister qui instruisait des enfants, il entendit celui-ci lire : « Et ce pouvoir, nous le partageons à tour de rôle parmi les hommes. — A tour de rôle parmi les Arabes, reprit Eççomaïl. — Non, parmi les hommes, répliqua le magister. — Ce verset a été révélé de cette façon? demanda Eççomaïl. — Oui, répondit l'autre, sous cette forme même. — Par Dieu! s'écria Arthobâs, je vois que nous aurons alors à partager le pouvoir avec des esclaves, des gens vils et de basse extraction. »

Une autre fois, Eççomaïl sortait de chez 'Abderrahmân ben Moʻawïa, qui l'avait secoué rudement et s'était emporté contre lui, quand un homme qui se trouvait à la porte du palais le vit passer son bonnet tout de travers. « Redressez donc votre turban, lui cria cet homme. — Si ce bonnet a des concitoyens, ce sont eux qui se chargeront de le redresser, répondit Eççomaïl.

Un accident arriva, un autre jour, à Hichâm au moment où il rentrait chez lui en revenant de l'enterrement de Tsa'-

laba ben 'Obeïd; un chien, sortant d'une maison qui avoisinait le cimetière de Qoreïch que l'on connaît, s'élança sur le prince et le saisit par la casaque doublée d'étoffe de Merw qu'il portait habituellement et la déchira. Le prince donna l'ordre au gouverneur de Cordoue de faire payer une amende d'un dirhem *Thabl* au propriétaire de la maison pour avoir en sa possession un chien dans un endroit où il pouvait causer du dommage aux musulmans. Puis il sortit de la maison de Tsa'laba ben 'Obeïd et ordonna alors de lever cette amende en disant : « Nous ferions plus de peine au propriétaire de cette maison que ne nous en a causé la perte de notre vêtement. »

On raconte qu'arrivé au pouvoir, Hichâm envoya chercher Eddhebî, l'astrologue, à Algeziras et lui dit :« Je ne mets pas en doute que vous vous soyez occupé de mon avenir aussitôt que vous avez su ce qui m'était arrivé; aussi, je vous en conjure au nom de Dieu, dites-moi tout ce qui vous est apparu de mon destin. — Je vous en conjure au nom de Dieu, répondit Eddhebî, dispensez-moi de cela. » Le prince le dispensa effectivement; mais quelques jours après, comme il avait pris des renseignements sur cet astrologue et qu'on lui avait dit qu'il était impeccable, il le fit venir de nouveau et lui dit : « Par Dieu! sur la question que je vous adresse, je ne vous croirai pas d'une façon absolue, mais je tiens à entendre votre réponse. Si vous m'annoncez quelque chose qui me soit pénible, non seulement je ne vous en voudrai point, mais je vous ferai même des cadeaux et vous donnerai des vêtements; enfin je vous récompenserai de la même façon que je l'aurais fait si vous m'aviez annoncé quelque chose d'agréable. — Entre six et sept, se contenta de répondre Eddhebî. » Hichâm baissa la tête un instant, puis la relevant il s'écria : «Ô Dhebî, si je meurs pendant que je serai en prière, la mort me sera légère!» Puis après lui avoir fait donner des vêtements et des présents et l'avoir renvoyé dans son pays, il renonça aux choses de ce monde et s'occupa de son salut.

Hichâm s'occupa lui-même de l'administration de ses sujets et déploya à cet égard un zèle que personne avant lui n'avait encore déployé. Il se montra affable, juste et bienveillant, visitant les malades, assistant aux enterrements, s'occupant lui-même de la fixation de la dîme et de la perception des impôts, et réduisant son train de maison en ce qui concernait ses vêtements et ses montures.

L'année qui suivit l'avènement de Hichâm, Ziyâd ben 'Abderrahmân Ellakhmi, le grand jurisconsulte andalous, l'ancêtre des Benou Ziyâd des Cordouans, fit un voyage en Orient. Arrivé à Médine, il alla voir Mâlek ben Anas, qui lui demanda des renseignements sur Hichâm. Ziyâd ayant raconté la belle conduite du prince et ses agissements, Mâlek s'écria : «Plût au ciel que nous eussions à ce pèlerinage un homme de sa valeur!»

Hichâm fit bâtir la mosquée de Cordoue et le pont qui s'élève sur la rivière de cette ville. Abdelouâhid ben Moghîts ayant fait la conquête de Narbonne sous le règne de ce prince, celui-ci employa le quint du butin de cette expédition à l'édification du pont et de la mosquée.

Quand le Tedjîbite Yahia ben Yezîd, cadi de Cordoue, était mort, 'Abderrahmân ben Mo'awïa avait tenu conseil pour le choix du successeur de ce magistrat, et Soleïmân et Hichâm, les deux fils du prince qui assistaient à ce conseil, lui dirent : «Nous connaissons, dans la partie des environs de

Almodowwar[1] la plus rapprochée de Cordoue, un cheikh des Arabes Syriens qui est un homme de valeur, bienfaisant et d'une grande honnêteté; on le nomme Moç'ab ben 'Imrân Elhamadâni. » Les ministres ayant confirmé cette déclaration, 'Abderrahmân envoya chercher ce cheikh, et l'ayant fait introduire en sa présence, il lui exposa dans quel but il l'avait mandé. Le cheikh refusa tout d'abord et persista dans son refus, malgré l'insistance d' 'Aderrahmân; celui-ci, ne supportant pas qu'on lui résistât, entra dans une violente colère et se mit à friser les poils de sa moustache, ce qui, chez lui, était l'indice d'une vive irritation et l'annonce d'une mesure violente. Cependant il le congédia en lui disant : Va, que Dieu lance sa colère et sa malédiction sur ceux qui m'ont conseillé de m'adresser à toi! »

Ce fut à cette époque que Mo'awïa ben Çâlih revint de la mission que lui avait confiée 'Abderrahmân et que celui-ci l'investit des fonctions de cadi, ainsi qu'on l'a dit précédemment, fonctions qu'il conserva jusqu'à sa mort, sous le règne de Hichâm. Hichâm alors fit venir de nouveau Moç'ab ben 'Imrân, et lui ayant donné audience, il lui dit : «Écoute bien ce que je vais te dire : Je le jure par Dieu, le seul dieu qui existe, si tu n'acceptes pas ce que je te propose, je t'infligerai un traitement tel que j'en perdrai à l'avenir mon renom de bienveillance et d'équité. Tu n'as pas à craindre de ma part les sentiments que tu réprouvais chez mon père, car je suis bien disposé à ton endroit, à cause des avantages qui résulteront de ta nomination pour le profit des musulmans. Tu me mettrais la scie sur ma tête, que je ne t'empêcherais pas de le faire. »

---

[1] Almodóvar, sur la rive droite du Guadalquivir, à 23 kilomètres de Cordoue.

Au moment où Moç'ab était nommé cadi, Mohammed ben Bachir Elmoʿâferi Elbâdji arriva du pèlerinage. Moç'ab prit ce dernier comme secrétaire et le conserva dans ces fonctions jusqu'à sa mort. Mohammed ben Bachir lui succéda alors comme cadi et exerça sous le règne de Hakam ben Hichâm. Une fois que Hichâm passait près d'Ibn abi Hind, que Mâlek surnommait le philosophe de l'Andalousie, Ibn abi Hind s'étant levé pour le saluer, Hichâm lui dit : « Mâlek vous a revêtu d'une glorieuse parure. »

## تاريخ ابتتاح الاندلس لابن الفوطية

بسم الله الرحمن الرحيم صلّى الله على سيّدنا محمّد وصحبه وسلّم

اخبرنا ابو بكر محمّد بن عمر بن عبد العزيز     قال حدّثنا غير واحد من علمائنا الشيخ محمّد بن عمر بن لبابة ومحمّد بن سعيد بن محمّد المرادي ومحمّد بن عبد الملك بن ايمن ومحمّد بن زكريّا بن الطنجيّة الاشبيليّ رحمه الله جميعهم عن شيوخهم انّ اخر ملوك الغوط بالاندلس غَيْطَشَة توفّى عن ثلاثة اولاد اكبرهم المُنْذُ ثم رُملَه ثم اَرْطُبَاس وكانوا صغارًا عند وفاة ابيهم فضبطت عليهم امّهم ملك ابيهم بطليطلة واحرب لُوذريف وكان قائدًا للملك ابيهم ممن يطيب به من رجال الحرب باحتلّ قرطبة فلمّا دخل طارق بن زياد الاندلس ايّام الوليد بن عبد الملك كتب لوذريف الى اولاد الملك وفد توعرعوا وركبوا الخيل يدعوهم الى مناصرته وان تكون ايديهم واحدة على عدوّهم فحشدوا الثغر وقدموا فنزلوا شُقُنْدة ولم يطمئنّوا الى لوذريف بدخول قرطبة فخرج اليهم ثم نهض للقاء طارق فلمّا تفاتلت[1] العسكرتان اجمع المُنْذُ واخواه على الغدر بلوذريف واوصوا بي ليلتهم ذلك الى طارق يعلمونه انّ لوذريف اتّما كان كلبًا من كلاب ابيهم واتباعه ويسالونه الامان على ان يخرجوا اليه بالصباح وان يمضي لهم ضياع ابيهم بالاندلس وكانت ثلاثة الاب ضيعة سمّيت بعد ذلك صعايا الملوك فلمّا اصبحوا انجاشوا بمن معهم الى طارق فكان سبب ألغتج فلمّا وصلوا اليه فالوا له انت امير نفسك ام على راسك امير فال لهم بل على راسي امير وعلى الامير امير فاذن لهم

---

[1] Il me semble que le copiste a commis une petite erreur et qu'il faut lire : تقابلت.

بالكهان بموسى بن نصير ............¹ على قرب من بلاد البربر بكتاب طارق بما ......² من اجابتهم الى الطاعة وما شرط لهم بوجّههم موسى بن نصير الى الوليد بن عبد الملك بوصلوا اليه وانبذ لهم عهد طارق بن زياد وعقد لكلّ واحد منهم بذلك سجلّا وكان في سجلاتهم ألّا يقوموا الى داخل عليهم ولا الى خارج عنهم بقدموا الاندلس فكانوا بهذه الحال الى ان توفي المند وتخلّف ابنة وهي سارة القوطيّة وابنيْن صغيرين احدها المطر وبل باشبيلية وعباس المتوفّي بجليقية ببسط ارطباس الى ضياعهم فبعضها الى ضياعه وذلك في اوّل ولاية هشام بن عبد الملك وانشأت مركبًا باشبيلية وكان ابوها المند فد اثر سكنى اشبيلية وصار له من الضياع الف ضيعة بغربي الاندلس وصار لارطباس مثلها وسط الاندلس ولزم سكنى قرطبة ومن نسله ابو سعيد القومس ولارطباس اخبار عقليّة دارت بينه وبين عبد الرحمن بن معوية وبين الشاميّين الداخلين مع الامويّين والعرب رويناها عن العلماء وسنذكرها في موضعها ان شاء الله وصار لرمْله الف ضيعة بشرق الاندلس وكان اثر سكنى طليطلة ومن نسله حبص بن البرّ قاضي العجم ثم توجهت باخوَيها في المركب الى الشام حتّى نزلت بعسقلان ثم قصدت حتّى وقعت بباب هشام بن عبد الملك رحمه الله وانهت خبرها والعهد المنعقد لابيها على الوليد وتظلّمت من عمّها ارطباس باوصلها الى نفسه ونظرت الى عبد الرحمن بن معوية رحمه الله سبيّا بين يديه وكان عبد الرحمن يحفظ ذلك لها بالاندلس وكانت اذا انت قرطبة اذن لها في دخول القصر الى العيال وكتب لها هشام الى حنظلة بن صفوان الكلبي عامل افريقية بانفاذ عهد الوليد بن عبد الملك ......³ ان يامر بذلك عامله حسام بن ضرار وهو ابو الخطاب الكلبي ......⁴

---

¹ Le blanc est d'un tiers de ligne environ.
² Il ne manque ici qu'un mot, peut-être le mot : حصل.
³ La lacune est d'un quart de ligne.
⁴ Lacune d'un tiers de ligne.

من عيسى بن مزاحم فقدم معها الاندلس وقبض ضياعها وهو جدّ الغوطية وولد له منها ولدان ابرهم واتحف ثم توفّي عنها في العام الـذي دخـل فيه عبد الرحمن بن معوية الاندلس فتنافسها حيرة بن ملامس المذحجيّ وعمير بن سعيد اللخميّ فعُنيَ ثعلبة بن عبيد الجذاميّ بعميـر بن سعيـد عند عبد الرحمن بن معوية فانكحه ايّاها فولدت له حبيب بن عمير جدّ بني سيّد وبني حجّاج وبني مسلمة وبني الجرز وهـؤلاء اشراب ولد عميـر باشبيلية اذ كان له اولاد من غيرها لم يشربوا شرب هؤلاء وهـذا الخبـر فـي كتاب عبد الملك بن حبيب في فتح الاندلس وفي ارجوزة تمام بن علفة الوزير او اكثره وكان اجتماع طارف ولـوذريف عـلى وادي بكـة مـن شـذونـة فهزم الله لوذريف وثفل نفسه بالسلاح وترامى في وادي بكـة فلـم يـوجـد ويقال انه كان لملوك الغوط بيت فيه تابوت وفي التابوت الاربعة الاناجيلات التي يقسمون بها وكانوا يعظمون ذلك البيت ولا يفتحـونـه وكان اذا مات الملك منهم كتب فيه اسمه فلمّا صار الملك الى لوذريف جعل التاج فانكرت ذلك النصرانيّة ثم فتح البيت والتابوت بعد ان نهته النصرانيّـة عـن فتحـه فوجد فيه صور العرب متنكّبة فسيها وعمائمها على رؤوسهـا وفي اسفـل العيدان مكتوب اذا فتح هذا البيت واخرجت هذه الصور دخل الاندلس قوم في صورهم فغلبوا عليها وكان دخول طارف الاندلس في رمضان سنة اثنتين وتسعين وكان سبب دخوله الاندلس ان تاجرًا من تجّار الـعجـم يسمّى يليان كان يختلف من الاندلس الى بلاد البربر وكانت طنجة.......[1] عليها وكان اهل طنجة على النصرانيّة ............[2] ويجلب الى لوذريف عتاق الخيل والبزاة من ذلك الجانب فتوفّيت زوجة التاجر وتركت لـه ابنـة جميلة فامره لوذريف بالتوجّه الى العدوة واعتذر له بوفاة زوجته وانه ليس له احد يترك ابنته معه فامر بادخالها للقصر فوقعت عين لـوذريف عليها باستحسنها فنالها فاعلمت اباها بذلك عند قدومه فقال لـلـوذريـف اني

---

[1] Lacune d'un tiers de ligne.
[2] Lacune d'un tiers de ligne.

## CONQUÊTE DE L'ANDALOUSIE.

تركت خيلًا وبزاة لم ير مثلها باذن له في التوجّه فيها وبعثت معه المال فيقصد طارف بن زياد فيرغّبه في الاندلس وذكر له شربها وضعف اهلها وانهم ليسوا اهل شجاعة فكتب طارف بن زياد الى موسى بن نصير يعلمه بذلك بامره بالدخول فحشد طارف فلمّا دخل السفن مع اصحابه غلبته عينه فكان يرى في نومه النبيّ صلّى الله عليه وسلّم وحوله المهاجرون والانصار قد تقلّدوا السيوف وتنكّبوا القسي فيمرّ النبيّ عليه السلام بطارف فيقول له تقدّم لشانك ونظر طارف في نومه الى النبيّ صلّى الله عليه وسلّم واصحابه رضي الله عنهم حتّى دخلوا الاندلس فاستبشر وبشّر اصحابه فلمّا جاوز طارف وصار بعدوة الاندلس كان اوّل ما افتتحه مدينة قرطاجنة بكورة للجزيرة بامر اصحابه بتقطيع من فتلوه من الاسرا وطبخ لحومهم في القدور وعهد باطلان من بغي من الاسرا فاخبر المنطلقون بذلك كلّ من لغوه فملأ الله قلوبهم رعبًا ثم تقدّم فبلغ لوذريق فكان ما تقدّم ذكره ثم تقدّم الى استجة[1] الى قرطبة ثم الى طليطلة ثم الى البج المعروف ببج طارف الذي منه دخل جليفية مخترق جليفية حتّى انتهى الى استرونة فلمّا بلغ موسى بن نصير ما تيسّر له حسده على ذلك وقدم في حشد كبير[2]..... به فلمّا صار في ساحل العدوة ترك المدخل الذي دخل منه طارف بن زياد[3].....الموضع المعروف بمرسى موسى وترك طريف طارف واخذ في ساحل شذونة وكان دخوله بعد طارف الى سنة الى اشبيلية فابتتحها ثم فصد من اشبيلهـ الى الا......الى الموضع المعروف ببج موسى في اوّل لقيت الى ماردلة فقال بعض اهل العلم ان اهل ماردة صالحوه ولم ياخذهم عنوة وتفدّم بيدخل جليفية من بج هو منسوب اليه مخترفها حين دخلها ووافى طارفًا باسترفة ثم اتاها عهد الوليد بن عبد الملك بالانصراب فانصرفوا وفد دار بينهما اختلاب وشدّ موسى بن نصير حصون الاندلس واستخلف ابنه عبد العزيز

---

[1] Le mot ثم a sans doute été omis ici par le copiste.
[2] Lacune d'un tiers de ligne.
[3] Il ne manque qu'un mot.

على الاندلس واسكنه اشبيلية وخلّف معه حبيب بن ابي عبيدة بن عقبة بن نافع الفهري وافام عبد العزيز يفتتح ما بقي عليه من مدائن الاندلس وتوجّه موسى بن نصير ومعه من ابناء ملوك العجم اربع مائة على رءوسهم تيجان الذهب وفي اوساطهم مناطف الذهب فلمّا قرب من الشام اعتلّ الوليد العلّة التي منها مات فاوصى اليه سليمان توقّف في السير لتكون دخولك في ايّامي فان اخي لمابه فقال موسى وكانت فيه صلابة وعنده شكر للنعمة لرسوله والله لا فعلت حسبي ان اسير سيري فان جرى المقدور بموت وليّ النعمة عندي قبل وصولي اليه كان ما يريد فلمّا صار الامر الى سليمان حبس موسى بن نصير واغرمه وعهد الى خمسة نفر من وجوه العرب بالاندلس بقتل ابنه عبد العزيز منهم حبيب بن ابي عبيدة الفهري وزياد بن النابغة التجيبيّ فقصدوا اليه ............. ¹ فلمّا اصبح خرج الى المسجد وصار في المحراب وقرأ بفاتحة الكتاب وسورة الواقعة فوثب القوم سيوفهم عليه بمرّة واخذوا راسه وبعثوا به الى سليمان وكان ذلك بمسجد رُبينة المشرف على مرج اشبيلية اذ كان ساكنًا في كنيسة رُبينة واذ كان نكح امراة من الغوط تسمّى ام عاصم كان يسكن معها في هذه الكنيسة وكان قد ابتنى على بابها المسجد الذي قتل فيه وكان دمه فيه الى عهد قريب وبعث سليمان في موسى بن نصير لمّا ورد عليه الراس واراه ايّاه في طست فقال له موسى والله لقد قتلته صوّامًا قوّامًا ولم يكن لسليمان في خلافته ولم يدرك عليه غير ما فعله بموسى وكان فتله في اخر سنة ثمان وتسعين ومكثوا سنين لا يجمعهم والٍ الّا ان البربر قدّموا على انفسهم ايّوب بن حبيب اللخميّ ابن اخت موسى بن نصير ولايّوب هذا عقب بجانب بُنّة من كورة رَيّة ثم ان سليمان بن عبد الملك ولّى على افريقية وما وراءها من المغرب عبد الله بن يزيد مولى فيش بعد سخطه على موسى بن نصير وعزله ايّاه عن افريقية وما وراءها من المغرب فولّى عبد الله بن يزيد

---

¹ Lacune d'un tiers de ligne.

على الاندلس للحرّ بن عبد الرحمن الثقفيّ وكانت الاندلس يومئذ الى والي
افريقية يولّي على الاندلس من احبّ فلم يزل الحرّ بن عبد الرحمن على
الاندلس حتّى استخلف عمر بن عبد العزيز رحمه الله فبعث السمح بن مالك
الخولانيّ واليًا على الاندلس وبعث اسمعيل بن عبد الله مولى بني مخزوم
واليًا على افريقية وكان عمر بن عبد العزيز رحمه الله قد عهد الى السمح
باجلاء[1] من دخل الاندلس من الاسلام اشفاقًا عليهم اذ خشى تغلّب
العدوّ عليهم فكتب اليه السمح بن مالك يعرّفه بقوّة الاسلام وكثرة مدائنهم
وشرف معاقلهم فوجّه حينئذ جابر مولاه ليخمّس الاندلس فنزل
بقرطبة ............[2] المقبرة والمصلّى في الربض ثم أتته وفاة عمر
رضي الله عنه فرفع يده عن التخميس وبنى القنطرة على وادي قرطبة فيما
يقابل الخرّاز فجاءنا ولي يزيد بن عبد الملك للخلافة ولّى بشر بن صفوان على
افريقية فولّى بشر بن صفوان على الاندلس عنبسة بن شحيم الكلبيّ ثم
وليها بعد عنبسة يحيى بن سلامة الكلبيّ ثم عثمان بن ابي نسعة الخثعميّ
ثم حذيفة بن الاحوص القيسيّ ثم الهيثم بن عبد الكلابي ثم عبد الرحمن
بن عبد الله الغافقيّ ثم عبد الملك بن قطن الفهريّ وزعم عبد الرحمن بن
عبد الله ان ولاية جدّهم عبد الرحمن الاندلس كانت من قبل يزيد بن
عبد الملك لا من قبل عامل افريقية وبايديهم بذلك ظهير وسكناهم بمرنانة
الغافقيين من شرق اشبيلية ثم ........ ولي هشام بن عبد الملك للخلافة
فولّى على افريقية عبيد[3] الله بن الحبحاب» ولي بني سلول بن قيس فولّى عبد
الله على الاندلس عقبة بن الحجّاج السلوليّ وذلك سنة عشر ومابة فلم يزل
عليها حتّى انتفضت البربر بطنجة على عبد[4] الله بن الحبحاب وثار بهم
ميسرة المعروف بالحقير بائع الماء بسوق القيروان فقتلوا عاملهم عمر بن عبد

---

[1] Je pense qu'il vaut mieux lire : باخلاه.
[2] Lacune d'un tiers de ligne.
[3] Il faut lire : عبيد.
[4] Lisez : عبيد.

الله المرادي بها بلغ اهل الاندلس ثورة البربر بطنجة ثاروا على واليهم عقبة بن الحجّاج نخلعوه وكان القائم بذلك عبد الملك بن فطن البهري بولي الامر ولم يخلع دعوة ولا طاعة ودانت له الاندلس ثمّ انّ هشام بن عبد الملك عزل ابن لحُجاب عن ابريقية وما وراءها من المغرب وولّى عليها كلثوم بن عياض القيسيّ وامره بقتل البربر وجعل الامر بعده الى ابن اخيه بلج بن بشر العنبريّ ان هو اصيب وجعل الامر بعد بلج ان اصيب الى ثعلبة بن سلامة العاملي فقدم كلثوم ابريقية ومعه ثلثون الفًا عشرة¹ .........
بني امية وعشرون الفًا من بيوتات العرب ........... ² كانوا يجدون في الروايات انقطاع دولتهم وولاية بني العبّاس وان ملك بني العباس لا يجاوز الزاب فتوهّوه زاب مصر وكان زاب ابريقية لم تجاوز طاعة بني العبّاس طبنة وما حولها وامر كلثوم بتنفيض امر ابريقية وتتقّبها جهده ثم ناهض البربر وقد تجمعوا الى حُيد الزناتي وميسرة لختير المتفدّم ذكره فاجتمعوا بموضع يقال له نعدورة فدارت بينهم حرب عظيمة ذهب فيها كلثوم وعشرة الاف من الجيش وانصرف عشرة الاف الى ابريقية كانوا بها من الجند الشاميّين الى ايّام يزيد بن حاتم المهلّب عامل المنصور ثمّ انّه لخفهم بالرعيـة وجـعـل لجند القادمين معه من عرب خراسان وهم على ذلك الى يومنا هذا وانحرل بلج بن بشر في عشرة الاف حتّى نزل بمدينة طنجة³ وهي المعروبة بالخضراء منهم الفا مولى وثمانية الاف عربي وجعلت العرب تحاصره وتحاربه فاوصى الى عبد الملك بن فطن يذكر ما دار عليه وعلى عمّه كلثوم بن عياض ويسأله ان يبعث اليه مراكب بحاربه عليها بشاور اهل رايه في ذلك فقالوا له ان دخل عليك هذا الشاميّ عزلك فلم يجاوبه فلـمّا يّس منه انشأ فرّابات واخذ من مراكب التجّار وادخل فيها من رجاله من جاوره الى دار الصناعة بالجزيرة واخذوا ما فيها من المراكب والسلاح والعدّة وانصرفوا بها اليـه

---

¹ Lacune d'un tiers de ligne.
² Lacune d'un ou de deux mots.
³ Le manuscrit porte : طنخة.

# CONQUÊTE DE L'ANDALOUSIE. 267

بدخل الاندلس محشد العهريّ لمّا بلغه دخوله بلغيه في جانب الجزيرة ودارت بينهم حرب عظيمة هزم بيها العهريّ ثمّ عاود بحاربته بهزمه بلج من الجزيرة الى فرطبة هزيمة عشرة ثمان اسر بها في اخرها بصلبه عند راس القنطرة في موضع المسجد ودخل فرطبة وكان باربونة عبد الرحمن بن عقبة الخثعميّ عاملًا للعهريّ بتعصّب اذ بلغه ما دار عليه وحشد الثغر وشايعه على ذلك كثير من عرب الاندلس وبربرها وقدم طالبًا ثاره نخرج اليه بلج من فرطبة في عشرة الاب من الامويّين والشاميّين وكان لعبد الرحمن بن عقبة اربعون الفًا فدارت لهرب بينهم في قرية من قرى .......[1] اقوه برطوره من افلم وابه بانجلت العرب في عشى النهار عن عشرة الاب قتيل من اصحاب ابن عقبة وعن الب من اصحاب بلج وقال عبد الرحمن بن عقبة أروني بلجهم وكان من ارى الناس بسهم فاروه ايّاه في المعترك فعوّن اليه السهم فاصاب كمّ درعه ووصل السهم الى جسمه وقال امّا بلجهم يفد اصبته وانجلت الحرب ومات بلج في اليوم الثاني وتولى امر فرطبة والشاميّين والامويّين ثعلبة بن سلامة العامليّ وانصرب عبد الرحمن بن عقبة الى الثغر وبقي عرب الاندلس وبربرها يحاربون الامويّين والشاميّين ويتعصّبون لعبد الملك بن فطن العهريّ ويغولون لاهل الشام بلدنا يضيف بنا فاخرجوا عنّا وكانت لهرب بدور منهم في الكدا التي بغبلي فرطبة فلمّا بلغ هشام بن عبد الملك النكبة الدائرة على كلثوم وما اتصل بذلك من فساد ابريفية والاندلس شاور العبّاس بن الوليد اخاه وكان احلّه في الشورى محلّ اخيه مسلمة بعدُ في هذا الامر فقال له يامير المومنين ليس يصلح اخر هذا الامر الّا بما صلح به اوّله فاصرف نظرك وحسن رايك الى هذه القحطانيّة فيقبل منه ووافق ذلك ورود ابيات كتب بها ابو الخطّار الكلبيّ من ابريغية الى هشام

اباتم بني مروان فيسًا دماءنا وفي الله ان لم تنصبوا حكم عدل

---
[1] Lacune de deux ou trois mots.

| | |
|---|---|
| ولم تعجلوا من كان ثم له العضل | كاتّكم لم تشهدوا مـرج راهـط |
| وليست لكم خيل تعدّ ولا رجل | وفيناكم حرّ الوغى بصدورنـا |
| وطاب لكم منها المشارب والاكل | فلمّا رايتم وافد الحرب قد خنـا |
| بلاء وانتم ما علمت لها بعل | تغافلتم عنا كأن لم يكـن لـنـا |
| وزلّت عن المرفاة بالقـدم الـنـعـل | فلا تجزعوا ان عضّت الحرب مرّة |
| الا ربّما يلوى بيـنـقـطع الحبل | ¹ ... حبل الوصل وانقطع الهوى |

ولمّا وردته الابيات منه ولّى حنظلة بن صفوان الكلبيّ على افريقية وامره ان يولّي ابن عمّه ابا الخطّار الاندلس ومعه سجل حنظلة بن صفوان عليها ومعه ثلثون رجلًا وهي الطالعة الثانية من الشاميّين وكان لواؤه بي سنّ داخل عبيته فلمّا نزل على وادي شوش اصلح من شانه وركّب السنّ باللواء في الغناة ثم تقدّم فلمّا اشرف من فجّ المائدة وللحرب قائمة بين الشاميّين والاموّيين وبين البلديّين والبربر ونظر الفريغان الى اللواء حملّـوا للحرب واسرع كلّ واحد من الفريغين اليه فقال لهم تسمعون وتطيعون فقالوا نعم فقال لهم هذا سجل حنظلة بن صفوان ابن عمّي لي عليكم بعهد امير المومنين اليه فقال اهل البلد والبربر سمعنا واطعنا ولاكن لا محل فينا لهولاء الشاميّين فيخرجوا عنّا فقال لهم ادخل قرطبة واستريح ثم يكون ما تريدون بعد ظهر لي امر فيه صلاح جميعكم ان شاء الله ودخل قرطبة ووكّل علـى تعلبة بن سلامة العامليّ وعلى الوقّاص بن عبد العزيز الكنانيّ وعلى عثمان بن ابي تسعة الخثعي من يخرجهم من الاندلس وقال لهم قد ثبت عند امير المومنين وعند عامله حنظلة بن صفوان انّ فساد الاندلس بكم فخرجوا وخلّفوا الى طنجة ونظر في انزال الشاميّين في كور الاندلس وتعريفهم عن قرطبة اذ كانت لا تحملهم فانزل اهل دمشق بالبيرة واهل الاردن برّيّة واهل فلسطين بشذونة واهل حمص باشبيلية واهل قنّسرين

---

¹ Il faut probablement ajouter ici les mots بعد رقّ.

بجيان واهل مصر بباجة وفطيعًا منهم بتدمير وكان انزالهم على اموال اهل
الذمّة من العجم وبغي البلديّون والبربر على غنائمهم لم ينتغضهم شيء
واظهر ابو الخطّار في ولايته الميل على المضريّة فتعصّبت عليه واتوه الى قرطبة
وهو على غير استعداد تخرج اليهم بمن معه محاربهم بشفندة وكان رئيس
المضريّة الصميل بن حاتم الكلابيّ فهزم ابو الخطّار وفضّ جمعه ولجأ الى بيت
الرحا بمنية نصر واخرج من تحت سرير الرحا وأتي به الكلابيّ بضرب رقبته
صبرًا واجمعوا على يوسب بن عبد الرحمن بن حبيب بن ابي عبيدة بن
عقبة بن نافع الفهريّ فولّوه واتّصلت ولايته سنين والصميل وزبيرة والمتغلّب
على امره واظهر الصميل التحامل على القحطانية ففرحت قلوبهم لذلك بم
يرعهم الّا إقبال بدر مولى عبد الرحمن بن معوية رضى الله عنهما وذلك ان
بدرًا اتي بوصيّة مولاه وفد استنثر عند بني وانسوس موالي عبد العزيز بن
مروان ببلاد البربر فيقصد ابا عثمان وهو شيخ الموالي يومئذ والمنظور اليه
فينزل عليه بغرية طرّش فبعث ابو عثمان في صهره عبد الله بن خلد[1]
وتنكّم معه بيما جاء به بدر وكان يوسب الفهريّ على الخروج الى دار الحرب
غازيًا فعالا لبدر تمهّل حتّى تنفضى هذه الغزاة وتجتمع فيها مع اصحابنا
وكان يوسب يسمّى موالي امية موالينا وبظهر الميل اليهم فغزا معهما تلك
الغزاة واجتمعوا مع ابي الصبّاح البعصبيّ وهو شيخ اليمانية في غرب
الاندلس ومسكنه قرية مورة من شرب اشبيلية ومع غيره من سادات العرب
فمنهم المتعاصي ومنهم الراضي حتّى انغضت الغزاة وفعلوا عنها فامروا ابا
عبدة حسّان بن ملك بملاطعة ابي الصبّاح اذ كان ساكنًا معه باشبيلية
وان يذكّره بيد هشام بن عبد الملك عنده وكانت له عنده يد كريمة
فاجاب ثم خاطبوا علقة بن غياث اللخميّ وابا علاقة للجذاميّ وهو جدّ
جميل الشجاع الشذونيّ وزياد بن عمرو للجذاميّ جدّ بني زياد الشذونيّين
وكانوا رؤساء الشاميّين بشذونة فاجابوه ثم خاطبوا القحطانيّين بالبيرة

[1] Lisez : خالد.

وجيّان مثل جدّ بني اختى بالهمدانيّين وجدّ حسّان وبني عمر اصحاب
وادي اش الغسّانيّين وميسرة ومخطبة الطائيّين بجيّان وخاطبوا للحصين بن
الدجن العقيليّ للتباعد الذي كان بينه وبين الصميل بن حاتم فلم يمل
من المضريّة الى عبد الرحمن بن معوية غيره ولا طمع فيهم لميلهم الى يوسف
بن عبد الرحمن من اجل وزيره الصميل بن حاتم وليلهما جميعًا معهم على
القحطانية فلمّا تمّ لهم ذلك قالوا لبدر امض فيه فلمّا اتاه بدر بوصيتهم
قال ليس تطيب نفسي على دخول الاندلس الّا ان يكون معي واحد منهم
فانصرف بدر اليهم بجوابه ويوسف بن عبد الرحمن خارج الى حرب
سرفسطة اذ كان ثار عليه فيها عامر القرشيّ العامريّ وهو الذي ينسب اليه
باب عامر في المدينة فقدم ابو عثمان وعبد الله بن خالد صهره قرطبة
لمشاهدة خروج يوسف وخشيا ان يطلع على الامر الذي حاولاه بدخلا
على الصميل بن حاتم وسالاه ان يخلي نفسه لهما ففعل وذكّراه بايادي بني
امية عنده وعند سلفه وقالا له انّ عبد الرحمن بن معوية نجا الى بلد
البربر وهو مستتر به خائف على نفسه واتتنا وصيته يسال الامان في نفسه
ويتوسّل اليك بما قد علمته وانت ذاكر له فقال نعم وكرامة ونضمّ يوسف
هذا الى ان يزوجه ابنته ويشركه في سلطانه والّا ضربنا صلعته بالسيف
فخرجا عنه على ذلك فاجتمعا مع اصحابهما من الموالي بقرطبة كيوسف بن
بخت واميّة بن يزيد وغيرهم وعقدوا امرهم ثمّ عادا الى الصميل ليودّعاه
فقال لهما فكّرت فيما عرضتما عليّ فعلمت ان عبد الرحمن من نسل قوم لو
بال احدهم في هذه الجزيرة لغرقنا في بوله ولكن خار الله لكما في مولاكما
وعليّ ستر ما اودعتماني فستر عليهما وانصرفا فاخذا مع انفسهما تمّام بن
علقمة تفاؤلًا باسمه ومضيا به ثمّ اوصيا الى ابي ربيعة وكلّ من اجابهما من
الموالي الشاميّين وكان له بصر بركوب البحر لتنصروه فيه فوجّهاه مع تمّام بن
علقمة ومع بدر فلمّا جاوزوا البحر واجتمعوا بعبد الرحمن قال يا بدر من
هذا قال هذا مولاك تمّام وهذا مولاك ابو ربيعة فقال تمّ تمّ امرنا ان شاء
الله وابو ربيعة ابترعنا البلد ان شاء الله فركبوا البحر حتّى نزلوا بالمنكّب

وتلافاه ابو عثمان وعبد الله بن خلد بالمنكّب وأتيا به الى العنتين منـزل عبد الله بن خلد اذ كان في طريقهم ثم أتيا به طرش من كورة البيـرة منزل ابي عثمان وكانت رئاسة العرب بكورة رتّة الى جدار بن عمرو القيسيّ جدّ بني عقيل فاوصيا اليه واعلماه بقدومه فقال لهما توافوني به في مصلّى ارجذونة يوم العطر وترون ما يكون متّى ان شاء الله جلّا تـوافـوا وأتى الخطيب فام اليه جدار فقال له اخلع يوسف بن عبد الرحمن واخطب لعبد الرحمن بن معوية بن هشام فهو اميرنا وابن اميرنا ثم قال باهل ربّة ما تقولون فقالوا نقول ما تقول تخطب له وبايعوه عنـد انقـضـاء الصـلاة وكانت ارجذونة حينئذ قاعدة كورة ربّة ثم توجّه به جدار فانزله عنـد نفسه ووصل الخبر الى بني الخليع موالي يزيد بن عبد الملك بتناكرنا فـاتـوه في اربع مائة فارس ثم تقدّم يزيد شذونة فتلقّاه جدّ بني الياس في عدد كثير ايضًا فتجمّع جيشه وكثر عدده ثمّ تلقّاه المذكورون من اهل شذونة في عامّة عرب شذونة شاميّهم وبلديّهم وخرج ابو الصباح من اشبيلية وحيوة بن ملامس وها سيّدا العرب في الغرب كلّه فتلقّياه وبايعاه ونـزل باشبيلية في أيّام ماضية من شوّال وأتاه اهل الغرب فبايعـوه وتمّ امره في جميع غرب الاندلس ووقع خبره على يوسف وهو صادر من غزائه وفد اسر القرشيّ العامريّ الثائر عليه فقصد يريد اشبيلية حتّى نزل حصن نيبة فلمّا بلغ عبد الرحمن خبره خرج يريد قرطبة وكان الوادي حاملًا منهما في شهر اذار فلمّا راى يوسف عزم عبد الرحمن في التوجّه الى قرطبة كرّ راجعًا اليها فنزل عبد الرحمن بغربة بلّه نوبة البحرين من أقلم طشّانة من كورة اشبيلية فقال المشاخ امام لا لواء له خطأ في الرأى فـعـزمـوا عـلى العقد له وتُطلبُ في الجيش فناة يعقد له فيها فلم توجد في جميعـه الّا فناة ابي الصباح المتقدّم ذكرها وفناة ابي عكرمة جعبر بن يزيد جدّ بني السلم الشذونيين فعقد له في احداها في هذه الغربة المذكورة وشهد

---

[1] Lisez : خالد.
[2] Lisez : خالد.

وفد السرفسطيّ عابد الاندلس يومئذ عقد اللواء وبنو بجر هؤلاء من بطون لخم فقال عبد الرحمن في اي يوم نحن فقيل له في الخميس وهو يوم عروبة فقال يوم عروبة وغدا الاضحى والجمعة وامري مع بجريّ ارجو انّها اخت يوم مرج راهط وكانت الوقيعة يوم مرج راهط بين مروان بن الحكم والضحاك بن قيس الفهريّ فائد عبد الله بن الزبير في يوم جمعة ويوم اضحى ودارت الدائرة لمروان على الفهريّ وقتل معه سبعون ألفًا من قيس وقبائلها وفي ذلك يقول عبد الرحمن بن الحكم

فلا افلحت قيس ولا عزّ ناصر    لها بعد يوم المرج حين ابذعرت

ثمّ امر عبد الرحمن بن معوية الناس بالحركة ليسرى ويصبح على باب قرطبة فقال لمن معه انّا ان كلّفنا الرجالة ان يسروا معنا انقطعوا ولم يلحقوا بنا ولكن ياخذ كلّ واحد منكم رديفه ثمّ التفت الى غلام وقعت عينه عليه فقال له من تكون يا فتى فقال له سابق بن مالك بن يزيد بن يزيد فقال عبد الرحمن سابق سبقنا ومالك ملكنا ويزيد زدنا هات يدك انت رديفي بعقبه بمورور[1] يقال له بنو سابق الرديف وهم من البرانس ومن ولده كان ابو مروان الطريف فاسروا فاصبح لهم ببايش وتقدّم يوسف بدخل القصر في السحر بما اسفر الصبح تحرّك عبد الرحمن الى حربه وفد وابّاه في ذلك السحر عرب البيرة وعرب جيّان والنهر ممتنع بالسيل وفد تقابلت الجيشان على الخانضة التي تحت الناعورة وكان اوّل من ترى في الوادي من جيش عبد الرحمن عاصم العريان جدّ عاصم فتحكّم الناس بتحكّمه بين راكب وراجل حتّى جازوا فلم يرتبع بهم يوسف ودارت الحرب في المسارة ساعةً ثمّ انهزم يوسف ولم يدخل قصره ثمّ تقدّم عبد الرحمن بدخل القصر ونزل على مطابخه فتغدّى منها اكثر ممّن معه وخرجت اليه زوجته وابنتاه فقلن له يابن عمّنا احسن كما احسن الله اليك فقال اجعل هات صاحب

---

[1] Le ms. ici, comme plus loin, porte bien مورور.

الصلاة وكان صاحب الصلاة حينئذ جدّ بني سلمان هولاء الهرّاتيّين وكان مولًى للعهري فامره بضمّ النساء الى داره وبات هو الليلة في القصر واهدت اليه ابنة العهري جارية تسمّى جلال وهي ام هشام رحمه الله وانتـزل مـن المركب من باب القصر ميسرة وخطبة الطائيّان محلّها النهر الى دار الصميل بن حاتم بشفندة وبها كان مسكنه فانتهبها ما في الدار والصميل بن حاتم مشرب على ذلك من صبح للجبل المطلّ على شُبلّار وكان فيما وجداه له تابوت فيه عشرة الاب دينار درهم يجعل الصميل يقول اذ راى ما راى

الا ان مالى عند طيّ وديعة ۰۰۰ ولا بدّ يومًا ان تردّ الودائع

وخرج عبد الرحمن بن معوية في ذلك النهار الى للجامع فصلّى بالناس صلاة للجمعة ووعدهم في خطبته بالخير وتوجّه العهريّ الى غرناطة بضبطها ثمّ خرج عبد الرحمن اثره بنازله وحاصره حتّى نزل على امانه وكان ولد يوسف العهريّ بماردة بـمّا بلغه ما حدث على ابيه فدم قرطبة ودخل القصر في غيبة عبد الرحمن فانصرب عبد الرحمن اذ بلغه ذلك بـمّا بلغ ولد يوسف اقباله خرج هاربًا يريد طليطلة فبعث عبد الرحمن في عامر بن علي جدّ بني بهد الرصابيّين وكان له ثورة وسيادة في القحطانية باستخلبه في القصر وتضمنه له ثمّ عاد عبد الرحمن الى سبره الى غرناطة بكان ما تـقـدّم ذكره ثمّ ان العهري غدر بمخرج هاربًا من قرطبة حتّى اتى طليطلة فقتله بها اعوانه واستـوسفت الامـور لعبد الرحمن وامضى عبد الرحمن بن عقبة على ولاية اربونة وما اتّصل بها الى طرطوشة وولّى طليطلة رجلًا من ولد سعد بن عبّادة الانصاريّ كان ساكنًا بها ثمّ رفع اليه انّ ابا الصبّاح قال لثعلبة بن عبيد عند انهزام يوسف العهريّ ودخول عبد الرحمن القصر يا ثعلبة هل لك راى في فتحين في فتح قال له ثعلبة كيف ذلك قال ابو الصبّاح فد استرحنا من يوسف فاسترح بنا من هذا وتكون الاندلس قحطانية فكشف عبد الرحمن عن ذلك ثعلبة واستطلعه باخبره بذلك فقتل بعد ذلك الى عام بمكيدة وقد تقـدّم من رئاسة ابي الصبّاح في الغرب ما ذكرناه وكانت

الرئاسة بليلة لابن عمّه عبد الغفّار وبباجة لابن عمّه ايضًا عمرو بن طالوت وكلثم بن يحصب فتغضب جميعهم له بعده وقصدوا يريدون قرطبة وعبد الرحمن في الثغر بوقع عليه الخبر بقدم مسرعًا ونزل بُرْصافة وبها يومئذ قريبه ووزيره نخرج اليه شهيد من القصر كان استخلفه بيه فقال له لو دخلت القصر واسترحت بيه الليلة فقال له يا شهيد وما في راحة ليلة ان لم نظهر بما بين ايدينا ثمّ اصبح له بتوجّه باشرب على القوم وقد نزلوا على وادي امنبشّر باضطرب لغربة بنتش في حارة منها تعرف بالركونيّين ويسميها العامّة الركاكنة فلمّا كان بالعشى ركب مع ثقات من مواليه ورجاله ونبر من العسكر بسمع كلام البربر يتكلّمون في العسكر بالبربريّة بدعا مواليه من البربر مثل بني لخليع وبني وانسوس وغيرهم فقال لهم خاطبوا بني عمّكم وعظوهم واعلموهم انه ان تغلب العرب وقطعوا دولتنا بلا بقاء لهم معهم فلمّا اظلم الليل دنوا من العسكر وخاطبوهم بالبربريّة فاجابوهم الى ما احبّوه ووعدوهم الى ان انحرفوا عن عسكرهم فلمّا اصبح لهم فالوا للعرب انّا لا نحسن لحرب الّا برسانًا فاجلوا من بقى منّا على لخيل فارجلوا العرب وحملوا البربر على خيلهم ودخلوا رجّالة نحزفوا الى عبد الرحمن ووقعت الهزيمة على عبد الغفّار بذهب هو وذهب ممن معه ثلثون العبّا ولخبرة التي جمعت فيها رءوسهم خلف وادي امنبشّر[1] معروفة الى وقتنا هذا وانصرف عبد الرحمن وقد ظفر وثار عليه بعد ذلك ثوّار كثير بسرفسطة مثل مطرّب ابن الاعرابيّ وغيره وبعده ورجل انتسب الى عليّ رحمه الله ثار في الهرّاثيّين بجانب جيّان بنصر على جميعهم وبعث المنصور الى العلا بن مغيث لجذاميّ وكان من سكّان باجة في الغرب وكانت له بها رئاسة وبعث اليه بسجل ولواء وقال له ان كان بيك مهل لمناهضة عبد الرحمن والّا بابعث اليك بمن بعينك بغام العلا ودعا الى نفسه وتبعه خلف كثير وتطلّع اكثر اهل الاندلس الى خلع عبد الرحمن وبلغ لخبر عبد الرحمن فخرج من قرطبة الى

---

[1] Manuscrit : منبشّر.

حصن فرمونة متحصّنًا فيه ومعه ثقات مواليه وخاصّتهم فقدم العلا ونازله
بغرمونة فحاصره بها فريبًا من شهرين فلمّا طال مغامهم انخزل عن العلا
اكثر من كان معه فواحد رافض واخر في زاد العجزة فلمّا نظر عبد الرحمن
الى تخلخل العسكر وكان في مثل سبعمائة من ذكور اصحابه وشجعانهم امر بنار
فاوقدت عند الباب المعروف بباب اشبيلية ثمّ امر باجهان سيوفهم فطرحت
في النار واخذ كلّ واحد منهم نصل سيفه بيده وخرج وخرجوا فدارت
الحرب بينهم ثمّ تزلزل الله فقدم العلا وافدام اصحابه فولّوا هاربين وفتل العلا
في المعترك واخذ راسه وحشاه بالملح والكافور وجعل معه السجلّ واللواء
في سبط وبعثه مع رجل من اهل فرطبة في جملة لحاج[1] وامره ان يضع
السبط بمكة بموافى المنصور فد حج تلك السنة فوضعه على باب سرادقه فلمّا
وصل الى المنصور نظر اليه وقال عرّضناه المسكين للغتل وقال للحمد الله
الذى جعل بيننا وبين مثل هذا من عدوّنا بحرًا ثمّ لم تكن بعد هذا
حركة الى ان توفّى رحمه الله وكان في اوّل دخول عبد الرحمن قد الفى
بالاندلس معوية بن صالح الحضرميّ بفيه اهل الشام فوجّهه الى الشام في
اختيه شغيفتيه وبعث معه بمال فلمّا قدم عليهما فالنا له السعر لا تومن
ابنه وقد امنّا بحمد الله ووسعنا فضل الغوم وحسبنا ان نكون في عافية
فانصرف عنهما ووافى يحيى بن يزيد التجيبيّ فاضى هشام بن عبد الملك
رضى الله عنهما على الشاميّين فد توفّى فولّاه الفضاء فكان فاضيه الى اخر
ايامه ولهشام رحمه الله بعد فريبًا من العام ولو جدّة التجيبيّين الذين
بغرطبة المنتصرّفين في الخدمة وفي ايّام عبد الرحمن بن معوية دخل الغازي
بن فيس الاندلس بالموطّا عن مالك رحمه الله وبغراءة نافع بن ابى نعيم
وكان له مكرمًا ومنتكرّرًا عليه بالصلة في منزله وفي ايّامه دخل ابو موسى
الهوّاريّ عالم الاندلس وكان قد جمع علم العرب الى علم الدين وكانت
رحلتهما الى المشرف من الاندلس بعد دخول عبد الرحمن بن معوية

[1] Lisez : الحجاج.

الاندلس محدّث الشيخ ابن لُبابة قال اخبرنا العتبيّ قال كان ابو موسى الهوّاريّ اذا دخل قرطبة من قريته ببحص مورور التي كان فيها سكناه لم يبقِ احد من مشايخ قرطبة لا عيسى بن دينار ولا يحيى بن يحيى ولا سعيد بن حسّان رحم الله جميعهم حتّى يرحل عنهم وكان ابو الخشى شاعر الاندلس في ايّامه يمدح سليمان بن عبد الرحمن بشعر وتوهّم عليه فيه انه عرّض بهشام اخيه وكانت بينهما مباعدة ومنافسة وتنعتّب متنعتّب لهشام فسمل عينيه فقال في العمى شعرًا حسنًا ثمّ قصد به عبد الرحمن بن معوية فأنشده ايّاه فرتّ له واستعبر ودعا بالبى دينار فاعطاه وضاعف له دية العينين وهو الشعر الذي في اوّله

| ان فضى الله قضاء فمضى | خضعت امّ بناتي للعدى |
| مشيه في الارض لمس بالعصا | ورأت اعمى ضريرًا اتما |
| وفيّ حرا بلغت منّي المدى | فاستكانت ثمّ قالت قولة |
| ما من الادواء داء كالعما | فعوادى فرح من قولها |

وهذا الشعر انشده عبّاس بن ناصح للحسن بن هاني فقال للحسن هذا الذي طلبته الشعراء فاضلته فلمّا صار الامر الى هشام رحمه الله بعث فيه اذ كان غمّه ما كان حدث عليه بسببه باعطاه الدية مضاعفةً ايضًا ولابي الخشى وقيل انه اخر شعر قاله

| تعول امرأ مثلي وكان يعولها | امّ بنياتي الضعيف حويلها |
| بكت تستغيل الدهر ما لا يغيلها | اذا ذكرت ما جال بيني وبينها |

## ومن اخبار ارطباس

ان عبد الرحمن بن معوية امر بقبض ضياعه التي كانت بيده واوجب ذلك انّه نظر الى قبّته يومًا في بعض غزواته معه وحولها من الهدايا غير قليل

اذا كانت الهدايا تتلقّاه في كلّ محلّة من ضياعه بنفيس ذلك عليه فقبضت منه وصار عند بني اخيه حتّى ساءت حاله فقصد قرطبة واتى الى الحاجب ابن بخت فقال له استاذن لي على الامير ابغاه الله بانّي اتيته لاتودّع منه فدخل للحاجب باستاذنه له فادخله عبد الرحمن بن معوية الى نفسه ونظر اليه في هيئة رثّة فقال له يا رطباس ما بلغ بك هاهنا فقال له انت بلغت بي هاهنا حلت بيني وبين ضياعي وخالفت عهود اجدادك فيّ بلا ذنب يوجب ذلك عليّ فقال له وما هذا التوديع الذي تريد ان تتودّع منّي اظنّك تريد التوجّه الى رومة فقال له ولكنّه بلغني انّك تريد التوجّه الى الشام فقال له ومن يتركني ارجع اليها وبالسيف اخرجت عنها فقال له ارطباس بهذا الموضع الذي انت فيه تريد ان توطّنه لولدك بعدك ام تاخذ منه ما اتّخذ لك فقال له لا والله ما اريد الّا ان اوطده لنفسي ولولدي فقال له ارطباس بغير هذا اجمل فيه ثم عرّفه باشياء كان الناس ينكرونها عليه وبيّنها له فبسرّ بذلك عبد الرحمن بن معوية وشكره عليه وامر له بعشرين ضيعة من ضياعه صرفت اليه وكساه ووصله وولّاه الحماسة فكان اوّل فومس بالاندلس وحكى الشيخ ابن لبابة رحمه الله عن من ادركه من الشيوخ ان ارطباس كان من عقلاء الرجال في امر دنياه وانّه دخل عليه عشرة من الشاميّين فيهم ابو عثمان وعبد الله بن خلد وابو عبدة وبوسيف بن بخت والصميل بن حاتم فسلّموا وجلسوا على الكراسي المحيطة بكرسيّه فلمّا اخذوا مقاعدهم وحيّا بعضهم بعضًا دخل ميمون العابد جدّ بني حزم البوّابين وهو احد الموالي الشاميّين فلمّا راه ارطباس داخلًا فام اليه والتزمه وجعل يقوده الى كرسيه الذي فام منه وكان مصمتًا بالذهب والعضّة فابى الرجل الصالح من الجلوس عليه وقال له لا يحلّ لي هذا لجلس في الارض وجلس معه ثم قال له ما جاء بمثلك الى مثلي فقال له ميمون فدمنا الى هذا البلد وظننّا ان ثواءنا لا يطول فيه ولم نستعد للفام نحدث من الاضطراب على موالينا بالمشرق ما نتوهّم به انّا لا نعود الى موضعنا معه وفد ووسّع الله عليك فاريد ان تعطيني ضيعة من ضياعك

اعتمرها بيدي وأودّي اليك لحقّ منها وأخذ لحقّ فقال له ارطباس لا والله ما ارضى ان اعطيك ضيعة مناصفة ودعا بوكيل له فقال له ادفع اليه الجيش الذي في وادي شوش وما فيه من البقر والغنم والعبيد وادفع اليه القلعة بجيان وهي المعروفة بقلعة حزم ......... [1] ملكها بشكر وقام وعاد ارطباس الى مقعده فقال له الصميل يا ارطباس ما يجيزك من سلطان ابيك الا نعاد الطينة ادخل عليك وانا سيّد العرب بالاندلس ويدخل اصحابي هولاء معي وهم سادات الموالي بالاندلس بلا تزدّنا من الكرامة على القعود على العيدان ويدخل هذا السوال فنصير من أكرمته الى حيث. صرت فقال له ارطباس بابا جوشن اهل دبانتك يخبروننا ان ادبهم لم يأخذك ولو اخذك لم تنكر عليّ برّ من بررت وكان الصميل امّيًّا لا يقرا ولا يكتب فقال اكرمكم الله امّا تكرمون لدنياكم وسلطانكم وهذا الذي اكرمتُه امّا اكرمته لله عزّ وجلّ وقد روينا عن المسيح صلّى الله عليه وسلّم انّه قال من اكرم الله من عباده وجبت كرامته على جميع خلقه فكأنّما الله حجرا فقال له القوم دع هـذا وانظر فيما فصدنا له حاجتنا وحاجة الرجل الذي فصدك واكـرمتـه واحدة فقال انتم ملوك وليس يرضيكم الّا الكثير فوهبهم ماية ضيعة صار منها لكلّ واحد منهم عشر ضياع منها طرّش لابي عثمان والعنتين لعبد الله بن خلد وعقدة الزيتون بالمدوّر للصميل بن حاتم

---

## ومن اخبار الصميل

انّه خطر يومًا بمودّب يودّب الصبيان وهو يقرأ وتلك الاياّم نداولها بيـن الناس فقال الصميل نداولها بين العرب فقال له المودّب بين النـاس قـال الصميل وهكذا نزلت الاية قال له نعم هكذا نزلت قال الصميل والله انّي

---

[1] Lacune d'un ou de deux mots.

أرى هذا الأمر سيشركنا فيه العبيد والسفال والأراذل وخرج الصميل يوما
من عند عبد الرحمن بن معوية وقد انتهره وخرج عليه براه على باب القصر
رجل وقد أعوجت فلنسوته فقال له الرجل قوّم فلنسوتك فقال الصميل ان
كان لها قوم فسيقوّمونها وعرض لهشام رحمه الله يوما عارض وهو صادر عن
جنازة تعلبة بن عبيد في داره خرج اليه كلب كلب من دار تجاور مقبرة قريش
هذه معروفة فقبض على بنيفة محشو مروى كان يلبسه بخروفه فقال فيأمر
عامل قرطبة ان يلزم صاحب هذه الدار درهم طبل اذ اتّخذ كلبا في
موضع يضرّ فيه بالمسلمين ثم خرج من دار تعلبة بن عبيد وأمر بإسقاط
الدرهم عنه وقال قد غمنا صاحب الدار اكثر ممّا غمّنا في ثوبنا وحكى انّ
هشاما لمّا ولي بعث في الضبيّ المنجم الى الجزيرة فقال له لست أشكّ انّك
قد عنيت بأمري اذ بلغنك وناشدتك الله إلّا تخبرني بما ظهر لك فقال له
الضبيّ ناشدتك الله إلّا اعفيتني من هذا فأعفاه فلمّا كان بعد ايّام كشف
عنه فقيل له حاضر فبعث فيه وقال له انّ الذي اسالك عنه لست والله
اصدّن به على الخفيفة ولكن اريد ان اسمعه ولئن اوردت عليّ ما يغنّي
لاعافيتك ولاحبوتّك ولاكسوتّك واكافيك كما كنت اكافيك على ان تورد عليّ
ما يسرّني فقال له الضبيّ ما بين الستة والسبعة فاطرق عنه ساعة ثم رفع
راسه اليه فقال له يا ضبيّ والله لو انّها في تجدة لله لهانت وكساه وحباه
وصرفه الى بلده واطرح الدنيا ومال الى الاخرة رحمه الله وتولّى هشام النظر
في الرعية ما نظر به ناظر من الرفق والعدل والتواضع وعيادة المرضى
وشهود الجنائز وقطع العشور واخذ الزكوات والاقتصاد في ملبسه ومركبه
ورحل بعد عام من ولايته زياد بن عبد الرحمن اللخميّ بغيه الاندلس
جدّ بني زياد القرطبيّين الى الشرن فلمّا صار بالمدينة ووصل الى ملك بن
انس رحمه الله سأله عن هشام فأخبره عن مذاهبه وحسن سيرته فقال
ملك ليت الله زيّن موسمنا بمثل هذا وبنى رحمه الله الجامع بقرطبة والقنطرة
على واديها وافتتح عبد الواحد بن مغيث اربونة في ايّامه وفي الخمس
الحاصل منها بنى القنطرة والجامع وكان لمّا توفّى التجيبيّ يحيى بن يزيد

القاضي بقرطبة قد شاور عبد الرحمن بن معوية وحضر شوراه ابناه سليمان وهشام بهمن بولّى القضاء مكانه فقال له سليمان وهشام عرونا بجانب المـدوّر الادنى الى قرطبة شيخًا من العرب الشاميّين له فضل وصلاح وخيـر كـثيـر يسمّى مصعب بن عمران المهدانيّ فصدّقهما الوزراء فبعث في الشيخ فلمّا اوصله عبد الرحمن الى نفسه اعلمه بما بعث فيه له فلم يجبه فرامه فلم يجبه وكان عبد الرحمن لا يحتمل ان يخالب بغضب غضبًا شديدًا حتّى جعل يبتدل ما اسبل من شاربه وكانت امارة غضبه وسطوته ثمّ صرفه الله عنه ثمّ قال له قم فعلى المشيريّن بك لعنة الله وغضبه ووافق ذلك اقبال معوية بن صالح من الوجهة التي كان وجّهه لها فولّاه القضاء وقد تقدّم ذكره فكان فاضيًا الى ايّام هشام ثمّ توفّى فبعث هشام في مصعب بن عمران بـادخـلـه على نفسه وقال له تسمع منّي ما اقوله لك بالله الذي لا اله الّا هو لتجيبيني الى ما ادعوك اليه او لاسطونّ بك سطوة تحو عنّي اسم العدل والرفق ما بقيت الاخلاق التي كنت تكرهها من ابي قد امتنكها الله منّي ونـفـسـي طيبة عليك لصلاح امور المسلمين ولو وضعت المبشار على راسي لم اعترضك فولى القضاء ووافق ذلك قدوم محمّد بن بشير المعافريّ الـبـاجـيّ من الحـجّ باستكتبه مصعب بن عمران فكان كاتبه الى ان توفّي مصعب وولي محمّد بن بشير القضاء بعده في ايّام حكم بن هشام ومرّ هشام بابى ابي هند الذي سمّاه مالك حكم الاندلس فقام اليه وحيّاه فقال له هشام لقد البـسـك مالك ثوبًا جميلًا﴾

# QUELQUES OBSERVATIONS

## AU SUJET

## DU SENS DES MOTS CHINOIS *GIAO CHỈ*,

### NOM DES ANCÊTRES DU PEUPLE ANNAMITE,

#### PAR

#### M. DES MICHELS.

# QUELQUES OBSERVATIONS

## AU SUJET

# DU SENS DES MOTS CHINOIS *GIAO CHỈ*,

### NOM DES ANCÊTRES DU PEUPLE ANNAMITE.

On sait que le nom de *Giao chỉ*[1] désigne une peuplade fort ancienne qui a formé, en se développant, l'élément le plus important ou pour mieux dire fondamental de la nation annamite, telle que nous la trouvons constituée de nos jours. Or il se présente, à propos de ces deux mots, une question qui ne manque pas d'intérêt, et au sujet de laquelle je vais entrer ici dans quelques détails, d'ailleurs aussi brefs que possible.

On s'est plu à répéter que cette dénomination de *Giao chỉ* (*Kiaō tchè* selon la prononciation du *kouān hoá* chinois) signifie «pieds bifurqués». Le P. Legrand de la Liraye, à qui l'on doit d'avoir donné le premier, dans ses savantes *Notes historiques*, un aperçu de l'histoire alors encore si inconnue ou tout au moins si obscure du peuple annamite, dit que cette désignation vient de ce que, dans l'antique tribu ainsi nommée, le gros orteil était écarté du second doigt du pied. M. Aubaret indique également cette interprétation dans une note annexée à la traduction qu'il a donnée du *Gia định thống chí;* enfin M. l'abbé Launay, des Missions étrangères, dit aussi dans sa remarquable histoire de la Cochinchine que ce mot signifie «doigts écartés», et

---

[1] 交阯

indique que le gros orteil se trouve, par suite d'une anomalie anatomique, notablement éloigné des autres doigts. Il est vrai que, de son côté, M. l'abbé Bouillevaux se contente de donner ce nom de *Giao chỉ* comme étant la désignation primitive des Annamites, sans entrer dans aucun détail sur le sens qu'il renferme.

Pour moi, j'avais été frappé tout d'abord de la contradiction qui semble exister entre la signification littérale des deux caractères chinois 交 趾 [1] et l'interprétation que les auteurs européens leur donnent. J'admets, du moins jusqu'à l'examen que je me propose d'en faire plus loin, que le mot 趾 a bien réellement ici le sens « d'orteils »; mais comment celui qui le précède peut-il signifier « écartés »? Bien loin qu'il en soit ainsi, tous les dictionnaires chinois lui attribuent un sens diamétralement opposé, celui de « réunir ».

Quelques personnes, frappées probablement comme moi de cette contradiction, ont cru que le nom de *Giao chỉ* avait été donné à la race qui nous occupe parce que, chez elle, le gros orteil serait opposable comme chez le singe, c'est-à-dire qu'il serait susceptible d'être appliqué contre l'extrémité des autres doigts; mais cette interprétation peu flatteuse pour une fraction de l'espèce humaine tombe absolument devant une observation sérieuse. Les tribus sauvages qui passent pour représenter encore de nos jours la race non mélangée ou, du moins, peu mélangée des anciens *Giao chỉ* n'ont pas le pouce du pied plus opposable que les membres les plus purs de la famille caucasique.

Le caractère 交 signifie aussi « croiser ». Serait-il em-

---

[1] 交

ployé, dans l'expression 交趾, pour indiquer que le gros orteil de l'un des pieds, par suite même de son écartement, se croiserait dans la station avec celui du côté opposé? J'avais dès l'abord pensé que ce devait être là l'idée véritable exprimée dans ces deux mots ; mais le fait me paraît absolument impossible. En effet, dans l'attitude de la station normale, les talons se trouvent distants l'un de l'autre de plusieurs centimètres, et les pieds forment l'un avec l'autre un angle très ouvert. Dans cette position, le point où le gros orteil de l'un d'eux s'articule avec le premier métatarsien est tellement distant du point correspondant de l'autre, qu'il faudrait supposer à ces orteils une longueur tout à fait monstrueuse pour que, dans l'hypothèse la plus favorable, celle d'un écartement à angle droit, ils arrivassent, non pas à se croiser, mais même à se toucher légèrement par le bout. Il est inutile d'ajouter que dans ces conditions, qui n'existent nullement, la marche deviendrait absolument impossible.

Ne trouvant rien qui me satisfît dans les ouvrages écrits en français que j'avais entre les mains, j'ai voulu voir si, soit dans les très rares livres écrits en annamite vulgaire qui traitent de l'histoire du peuple dont il est question ici, soit dans les ouvrages chinois et particulièrement chez les historiens, je pourrais découvrir quelque chose de certain à ce sujet. Parmi les premiers, les trois seuls qu'il m'ait été possible de consulter (je crois pouvoir dire les trois seuls qui existent) sont le livre intitulé : « *Tóm lại về sự' tích các đời vua nước Annam* (Histoire abrégée des dynasties annamites) », de M. Pétrus Tru'o'ng Vinh Ky ; le *Dại nam Việt quấc triều sủ ký*[1] (Histoire des dynasties nationales de l'An-

---

[1] 大南越國朝史記

nam), composé récemment sous la direction de la société des Missions étrangères, et enfin le curieux poème historique intitulé «*Đại nam quốc sử ký diễn ca*[1] (Annales en vers du grand royaume du Sud)», par l'annaliste Lê ngô cát. Le premier de ces ouvrages n'en dit pas plus long sur l'expression 交阯 que le développement qu'en a fait en français l'auteur lui-même; le second dit simplement que l'Annam portait autrefois le nom de *Giao chỉ quận*[2] (gouvernement de *Giao chỉ*), et le troisième ne mentionne ces derniers mots que pour dire qu'ils ont, sans se perdre, traversé les âges.

Quant à ce qui concerne les livres chinois, il en a été de même, ou à peu de chose près. Je n'ai trouvé, ni dans ceux que je possède, ni dans ceux que j'ai pu consulter à la Bibliothèque nationale, aucune mention touchant l'origine de cette singulière dénomination. Le *T'ōng kién kāng moŭ*[3], le *Chào wéi t'ōng kién*[4], le *T'ōng kién làn yáo*[5], le *Kāng kién yǐ tchī loŭ*[6], le *Kién tsó móng k'ieóu*[7], s'étendent plus ou moins sur la célèbre ambassade envoyée à l'empereur *Tch'êng wâng*[8], pendant la sixième année de son règne, sur les paroles des ambassadeurs, la réponse de *Tcheōu kong*[9], oncle du souverain, l'offre d'un faisan blanc et les chars munis de boussoles qui permirent aux envoyés de retourner dans

---

[1] 大南國史記演歌
[2] 交阯郡
[3] 通鑑綱目
[4] 少微通鑑
[5] 通鑑覽要
[6] 綱鑑易知錄
[7] 鑑撮蒙求
[8] 成王
[9] 周公

leur pays. Le dernier de ces ouvrages parle en outre de la fameuse héroïne *Trưng trắc*[1], qui fut réduite par le général *Mã youén*[2]; mais nulle part je n'ai pu trouver soit un paragraphe spécial, soit même une simple phrase incidente qui fît mention du sens de l'expression *giao chỉ*. Il en est de même de la section du *Wén hién tōng kào* de *Mã touān lĭn*, qui est relative aux peuples étrangers à la Chine, et dont M. le marquis d'Hervey de Saint-Denys a donné la traduction. Quant à l'immense dictionnaire *Peï wén yùn foù*[3], il se borne à dire sur les mots « *Nam giao*[4] » que c'est le nom du territoire de *Giao chỉ*, lequel est situé au midi. Seul, le *Hoáng tsing tchĭ kóng t'où*[5] donne quelque chose de plus. C'est l'image d'un Annamite au pied duquel on voit le pouce faire avec les autres doigts un angle assez notable; particularité qui, néanmoins, n'est pas reproduite dans la gravure qui suit, laquelle représente une femme de la même nation. Du reste ce livre, d'origine très moderne (il date de la seizième année de *Kièn lóng*, 1751), ne dit pas un mot de cette anomalie anatomique et du rapport qu'elle peut avoir avec le nom de *Giao chỉ*, qu'il ne fait que mentionner au commencement du chapitre. On y voit, en revanche, que les prétentions qu'à défaut de droits la Chine a élevées dans ces derniers temps au sujet de la suzeraineté de l'Annam, n'ont pas été, comme on l'a dit, tout nouvellement imaginées pour les besoins de la cause, mais qu'elles ont dû toujours exister, au moins à l'état latent. En effet,

[1] 徵側
[2] 馬援
[3] 凮文韻府
[4] 南交
[5] 皇清職貢圖

l'auteur de ce livre s'exprimait, il y a plus de cent ans, en ces termes : « La terre de *Giao chỉ* et le royaume d'Annam appartenaient, avant les *T'âng*, à l'empire du Milieu. Au temps des cinq dynasties, les indigènes du pays commencèrent à l'usurper (*sic*) ». Les deux caractères *ts'iĕ kiù*[1], qui terminent ce passage et que je traduis ainsi, ne laissent aucun doute sur la pensée de l'auteur; car le premier signifie proprement «voler», et le second «faire main basse sur quelque chose». Je dois dire, pour en revenir à mon sujet, que s'il y avait quelque doute sur la singularité anatomique qui nous occupe, le dessin que contient ce livre ne pourrait guère faire foi. En effet, la représentation qu'on y trouve des types appartenant aux différents peuples ne saurait être considérée comme un modèle d'exactitude. On peut en juger, entre autres, par le portrait d'un seigneur polonais que le dessinateur chinois, dans la section consacrée aux peuples européens, nous montre sous les traits d'un montreur d'ours. C'est, en effet, un homme vêtu de fourrures et ceint d'une épée qui tient à la main le bout d'une corde dont l'autre extrémité est enroulée autour du museau de l'animal. L'ours est debout sur ses pattes de derrière, et le gentilhomme semble l'exciter à danser. Il est juste de dire, cependant, que les Chinois avaient, au temps de l'empereur *Kièn lóng*, des rapports infiniment plus fréquents avec les Annamites qu'avec les Polonais, et connaissaient certainement beaucoup mieux les premiers que les seconds. Du reste, ce fait de l'écartement du gros orteil existe incontestablement chez un grand nombre d'individus. Chez beaucoup d'Annamites, il est vrai, ce doigt n'est pas sensible-

---

[1] 竊 據

DU SENS DES MOTS CHINOIS *GIAO CHI*.   289

ment écarté des autres ou ne l'est que dans une mesure très restreinte, et par l'effet d'une courroie qui maintient la chaussure et passe entre le gros orteil et le second doigt du pied ; mais chez certains sauvages des montagnes tonquinoises, que l'on dit être les descendants non altérés des *Giao chỉ*, cet écartement devient beaucoup plus marqué, et il est bien réellement indépendant de toute action mécanique.

J'étais presque découragé de l'inutilité de mes recherches, lorsque, tout à fait fortuitement, l'un des fonctionnaires préposés à la surveillance de la salle des manuscrits à la Bibliothèque nationale eut l'extrême obligeance de me communiquer un volume dépareillé qu'il avait en dépôt. Ce volume était le premier tome d'une histoire de l'Annam alors extrêmement rare, intitulée : *Đại Việt sử ký*[1] (Annales du Grand *Việt*). Or, sur la première page du premier *Kiuén* de la première section, intitulée : *Ngoại ký*[2], mes yeux tombèrent sur une annotation chinoise que l'ancien possesseur du livre y avait tracée, et dont voici la traduction :

«Le gros doigt du pied, chez les *Giao chỉ*, était largement écarté. Lorsqu'ils se tenaient debout en rapprochant leurs deux pieds l'un contre l'autre, *tịnh túc*[3], les deux orteils se croisaient. On trouve encore aujourd'hui des gens (qui sont conformés ainsi[4]) ; ce sont leurs descendants.»

Voilà une explication qui ne laisse rien à désirer, et, s'il faut en croire l'annotation chinoise placée là par un lettré annamite inconnu, l'expression *Giao chỉ* n'a pas d'autre si-

---

[1] 大越史記
[2] 外記
[3] 並足
[4] 今亦有人焉

gnification que celle qui s'y trouve indiquée ; à savoir, que les deux gros orteils des individus qui formaient la peuplade ainsi désignée se croisaient dans l'attitude qu'elle détermine.

Cette explication peut, il est vrai, provenir de ce que son auteur croyait à une interprétation erronée, bien que généralement répandue ; mais elle peut aussi fort bien être la véritable, et j'avoue qu'après l'avoir lue, j'ai été, au premier moment, absolument convaincu qu'il en était ainsi. Cependant, après y avoir réfléchi, il m'a semblé qu'elle n'était pas absolument irréfutable, et que les mots *Giao chỉ* pourraient bien avoir en réalité un autre sens. Ce qui a le plus contribué à faire surgir le doute dans mon esprit a été l'interprétation que donne de ce mot le savant Wells Williams dans son remarquable dictionnaire chinois-anglais. Je m'attendais à y trouver reproduite l'idée contenue dans l'annotation que j'avais relevée dans le *Nam việt sử ký ;* mais il n'en est rien. Ce n'est pas sous le caractère 趾, dont le sens principal est bien « *toe-orteil* » et dont la clef est celle du pied, que Wells Williams parle de l'expression 交趾, mais bien à l'occasion d'un autre 阯, qui se trouve deux rangs plus bas, et dont la clef est 阝, celle du tertre. Le savant lexicographe donne à ce dernier caractère le sens de **soubassement, pied d'un mur** « *the base of a wall* ». Il ajoute qu'il est semblable au précédent 址 et presque synonyme de ce dernier, qui se range sous la clef de la terre, et signifie « *fondations d'un édifice, limites d'un lot de terrain, fondamental, pays natal (foundation, limits of a lot, fondamental, one's country)* ». Ce n'est pas tout. Si nous revenons au premier caractère 趾, nous lui trouvons, outre le sens d'« *orteil* », celui de s'« *arrêter (to stop)* », et de « *fondation* » ; et Wells

Williams nous dit qu'on l'emploie pour celui qui le précède
( 止 ) et qui signifie entre autres choses « *être arrêté* (comme
par la limite d'un lot de terrain), *demeurer, empêché* (*to be
stopped, as by the edge of a lot of land, to dwell, hindered*) ».

On voit donc que, soit qu'on écrive les mots *Giao chi*
comme *Mà touān lin* et un grand nombre d'auteurs chinois[1],
soit qu'on les écrive comme Wells Williams[2], on se trouve,
pour le mot *chi*, en présence de plusieurs interprétations
qui ont entre elles une connexité très sensible, mais qui,
sauf une seule, ne se rapportent nullement à l'idée d'orteil;
à savoir :

1° Celle d'un *arrêt* 止 ;

2° Celle de la *base d'une muraille* 阯 et 址 ;

3° Celle des *limites d'un terrain* 止, 址 et 阯 ;

4° Celle de *pays* 址 et 阯.

D'autre part le sens le plus fréquent du caractère 交
est celui d'*unir*, de *joindre*. Ne ressort-il pas de ces interprétations que les deux caractères réunis 交 阯 pourraient
bien signifier « le point où les zones frontières des deux
pays se joignent », c'est-à-dire « leur limite commune »;
point où se trouvent naturellement *arrêtés* soit les armées
des deux nations voisines, soit les individus qui, sans droit
ou sans autorisation, veulent passer du territoire de l'une
dans celui de l'autre?

Voilà qui milite pour le sens de *territoire limitrophe*, ou
de *limite commune*. N'y a-t-il pas quelque chose de plus ? En
présence de ce sens de *fondations* que l'on retrouve sous
trois des quatre caractères examinés, ne pourrait-on ad-

---

[1] 交 趾
[2] 交 阯

mettre qu'il y a là une métaphore, dans laquelle les montagnes qui séparent du reste de l'Empire chinois le territoire habité anciennement par les ancêtres des Annamites seraient comparées à une gigantesque muraille? N'est-ce pas même, peut-être, l'indice d'un véritable mur de séparation qui aurait été construit, dans cette région limitrophe, soit par les Chinois, soit par leurs voisins? Cette idée de défendre le territoire au moyen d'une véritable muraille n'est pas, en effet, particulière à *Ts'in chí hoáng tí*. Dans la carte annexée au second volume du dictionnaire annamite de M<sup>gr</sup> Taberd, on trouve indiquée, sous le nom de « *Lũi sảy*, seu murus magnus separans olim utrumque regnum », une longue muraille qui, prenant naissance au pied de la grande chaîne qui court à l'ouest de la Cochinchine, va se terminer à la mer en face de l'île *An dáu*, séparant ainsi le *Đàng ngoài* ou Tonkin du *Đàng trong* ou Cochinchine proprement dite. On sait que ces deux pays constituaient, avant l'époque de *Gia long*, deux États distincts et rivaux. Serait-il impossible qu'une semblable muraille eût été élevée, à une époque reculée, dans la région qui nous occupe?

Du reste, cette idée d'une *limite*, d'un *passage*, d'un *obstacle* à franchir se retrouve dans ces noms de *Nam việt*, *Việt nam*, *Việt thường*, qui furent si souvent donnés à ce que nous appelons aujourd'hui l'Annam; car ces mots signifient littéralement « *passage* du midi, le midi où l'on *passe*, le lieu où l'on *franchit* habituellement ».

Si les mots *Giao chỉ* faisaient bien réellement allusion à la conformation anatomique dont il a été question plus haut, ne semble-t-il pas que le second terme de cette expression bisyllabique, étant pris dans le sens d'« orteil », aurait dû être conservé avec soin et de préférence dans les dénominations diverses par lesquelles on a successivement désigné le territoire habité primitivement par cette peuplade aux orteils croisés, puis par les Annamites, ses descendants? Or c'est le contraire qui a lieu. C'est le mot 交 *giao* qui a été conservé, et le mot 趾 *chỉ* ne reparaît que de loin en loin. On semble y avoir attaché fort peu d'importance. «Le 交趾 *Kiaō tchè* (*Giao chỉ*), nous dit le *Tōng sĭ yâng k'ào*[1] (examen des pays baignés par les deux océans), est l'ancien *Nam giao*[2]. Les *T'sín*[3] en firent le *Tượng quận*[4] (province des éléphants). Les *Hán*[5] mirent fin à l'existence du *Nam việt*[6], dont ils formèrent neuf *quận*. Le *Giao chỉ* fut l'un d'eux. Au temps de *Kouāng où*[7], une femme nommée *Trưng trắc*[8] se révolta. *Mã yuên*[9] la réduisit. (Le nom du pays) fut ensuite changé en celui de *Giao châu*[10]. Les *Soui*[11] en firent de nouveau le *Giao chỉ quận*», etc.

On le voit, l'auteur chinois nous dit que la contrée dont il s'agit est l'ancien *Nam giao*[12]. Le nom de *Giao chỉ* ne lui a été donné, semble-t-il, que postérieurement, ce qui rend moins vraisemblable l'idée qu'il a pour origine la particularité anatomique dont il s'agit. J'observerai en outre que le texte chinois ne dit pas «le pays des *Giao chỉ*», mais sim-

[1] 東西洋考
[2] 南交
[3] 秦
[4] 象郡
[5] 漢
[6] 南越
[7] 光武
[8] 徵側
[9] 馬援
[10] 交州
[11] 隋
[12] Litt. : *Jonction du Midi*.

plement « le *Giao chỉ*[1] ». Une semblable manière de s'exprimer paraît assez claire.

Le dictionnaire impérial de *Khang hi*, citant le *T'sién Hán tí lỉ tchí*[2] (*Géographie statistique des Hán antérieurs*), donne aussi le *quận* de *Giao chỉ* comme dépendant du *Giao châu*. Ici encore le mot 交 *giao* semble avoir été employé à une époque plus reculée que le mot 趾 *chỉ*. Je ne vois pas pourquoi l'on ne traduirait pas, en donnant aux caractères 交 et 趾 la valeur à peu près identique qu'ils semblent avoir, la phrase de *Khang hi* : « *Kiāo tchỉ kiún choŭ kiāo tcheoū*[3] », de cette manière : le *Kiún* contigu (limitrophe de la Chine) dépend du *châu* contigu (ou limitrophe). Je ne crois pas qu'au point de vue de la syntaxe chinoise, cette traduction puisse être attaquée.

Le *T'ōng kién làn yáo*[4] (coup d'œil sommaire jeté sur les Annales) dit « qu'au midi de *Giao chỉ*, se trouvaient les *Việt thường*[5], etc. » C'est également le langage du *Chà owéi t'ōng kién*[6] et du *Fóng tcheōu kāng kién*[7]. Ce dernier va même plus loin, car il appelle en propres termes le *Giao chỉ* un *territoire*. Le « *Giao chỉ* », dit-il, « est l'ancien *territoire* de *Nam giao*[8]. Il forme maintenant le royaume d'Annam »; et plus bas : « *Việt thường* est le nom d'un royaume du Midi qui se trouve au sud de *Giao chỉ* et non du pays des *Giao chỉ* ».

Si, enfin, les mots *Giao chỉ* avaient été tout d'abord un

---

[1] 交趾
[2] 前漢地理志
[3] 交趾郡屬交州
[4] 通鑑覽要
[5] 越常
[6] 少微通鑑
[7] 鳳州綱鑑
[8] 南交

nom de peuple au lieu d'être une expression géographique, ne les rencontrerait-on pas dès l'origine, c'est-à-dire dans les vieux textes du *Choū king*? Or il n'en est pas ainsi. Le livre des antiques annales chinoises nous dit que l'empereur *Yáo* ordonna au troisième frère *Hi* de s'établir au *Nam giao* (*chēn míng Hi choŭ tseh Nạn kiaō*)[1] et non dans le pays de *Giao chỉ*. Ce mot de *chỉ* n'est même pas écrit une seule fois dans tout le corps du *Choū king*. Cette expression *Nam giao* est, en outre, à noter ici. Elle signifie en effet *jonction au Midi*, et pourrait faire supposer qu'il y avait des expressions parallèles pour les autres *jonctions* ou limites.

Ne serait-il donc pas permis de penser, en présence de tous ces indices, que c'est le peuple *Giao chỉ* qui a tiré son nom du territoire qu'il habitait, et non le territoire qui a pris le nom du peuple?

Le savant Wells Williams semble bien avoir été de cet avis, car dans l'explication, assez obscure d'ailleurs, qu'il donne du nom de *Giao chỉ*, il dit qu'on lui attribue pour origine ce fait que, dans le pays habité par le peuple en question, les hommes et les femmes se baignaient ensemble, c'est-à-dire qu'il n'existait pas de *séparation* entre eux. Il n'est question ici ni d'orteils croisés ni de pouce opposable. Le même Wells Williams ajoute que la première partie du mot « *Cochinchine* » n'est qu'une transcription de ce vieux nom chinois de *Kiāo tchỉ*, dont l'on aurait fait « Cochin »; l'autre partie (Chine) aurait été ajoutée par les étrangers, apparemment, dit toujours Wells Williams, « parce que le peuple s'y servait de la langue chinoise »; ce qui, comme j'espère l'avoir suffisamment démontré précédemment, est

---

[1] 申命羲叔宅南交

une erreur absolue, au moins en ce qui concerne le langage parlé. Je ne goûte guère davantage l'opinion de ceux qui pensent que le mot *Cochinchine* a été créé par les navigateurs portugais qui, à leur arrivée dans la mer de Chine, auraient trouvé à ce pays quelque ressemblance avec la côte de *Cochin*. Je me rallierais beaucoup plutôt à celle qu'avait mise en avant le regretté Luro : « Il semble beaucoup plus juste, disait-il dans sa remarquable étude intitulée : *Le pays d'Annam*, de supposer que ce mot vient des caractères chinois au moyen desquels la côte dut être désignée pour la première fois aux Européens par quelque pilote cantonnais: 古占城 *Co cheng ching* signifie « ancien Ciampa »; car *tchen ching* est souvent employé en cette langue pour désigner le Ciampa, qui était, aux premiers siècles de notre ère, la région centrale longeant la côte qui va du Tonkin à la basse Cochinchine. Les premiers missionnaires appelaient « Cochinchine » la portion de la côte soumise aux Annamites, mais réservaient le nom de « Ciampa », corruption des caractères 占笆 *Chiêm ba*, aux restes indépendants de l'ancien royaume. »

Je crois cette opinion de beaucoup la meilleure. Je dois observer, toutefois, que les caractères dont Luro parle ne se prononcent pas en cantonnais : *Co cheng ching*, mais *Kou chiam tching*, ce qui ressemble déjà beaucoup moins à « Cochinchine ». En revanche, la prononciation *Kouān hoá* de Nankin et du Nord (*Kòu tchēn tch'ing*) s'en rapproche très sensiblement. Le pilote de Luro, si pilote il y a, était donc plutôt de l'une de ces régions.

On voit qu'en matière de désignations géographiques, il faut parfois se défier de la vraisemblance. En voici une preuve nouvelle et assez curieuse :

On a été jusqu'à ce jour absolument persuadé que l'Amérique devait son nom au marin Amerigo Vespucci. Or un savant géologue, M. Jules Manou, est venu mettre cette origine en doute, et voici comment :

Il existerait dans le Honduras une montagne très riche en minéraux précieux, laquelle porterait le nom d'« Amelica » ou « Ameliga ». Les premiers navigateurs espagnols ayant recueilli sur ce point des richesses considérables, les matelots, à leur retour, en auraient répandu le bruit, et c'est la montagne merveilleuse qui aurait, en réalité, donné son nom au nouveau continent. La première mention du mot « Amérique » ne se trouve que dans la Cosmographie publiée à Saint-Dié en 1511, par Hylacomilus (Waldseemüller); et il serait possible que ce compilateur, ayant entendu mentionner le mot par lequel les marins désignaient ce pays riche en métaux précieux, ait fait confusion avec les noms d'« *Amerigo* » ou plutôt « *Alberigo* » Vespucci qui, lui aussi, fit plusieurs voyages à la côte de terre ferme et publia des lettres dans lesquelles il revendiquait la découverte américaine.

Il pourrait bien en être de l'origine du nom de *Giao chi* comme de celle du nom de l'Amérique, dans le cas, bien entendu, où il y aurait lieu d'adopter en dernier ressort l'opinion émise par M. Jules Manou.

# 二靈記
## LES DEUX REÏ
### ET LE RÈGNE DU SOLEIL,

PAR

LÉON DE ROSNY.

# 二靈記

## LES DEUX REÏ

### ET LE RÈGNE DU SOLEIL.

―――◆―――

§ I.

Le célèbre Yasŭ-maro[1], auquel on doit la publication primitive du livre canonique des Japonais, intitulé : *Ko-zi-ki*[2], donne le nom de *Reï*[3] à deux divinités de la période secon-

---

[1] 安萬侶 *Yasŭ-maro*.

[2] 古事記 *Ko-zi ki*.

[3] 靈 *Reï*. — Les diverses nuances de sens qui se rattachent à ce mot en rendent l'explication assez difficile. Il signifie : un esprit dans le sens de «force créatrice» (神); — ce qui est subtil et lumineux dans l'esprit (神之精明耄稱〡); — les dieux du ciel (天神), également appelés 陽〡 *yang-ling* «esprits mâles» ou 〡星 *ling-sing* «étoiles-esprit»; — le dieu des nuages (雲神); — 三 «les trois puissances» ou 三才 *san-tsai* (天地人, c'est-à-dire «le Ciel, la Terre et l'Homme»); — un magicien ou 巫 *vou;* — les hommes du pays de *Tsou* appelaient les magiciens 〡子 *ling-tse* «fils de l'Esprit»; — «le vide» ou plutôt «l'éther», «l'immensité de l'empyrée» (坌;一龥空也); — «le principe femelle»; (陰, c'est-à-dire «la matière en repos, la perfection inactive, l'obscurité»); — «l'essence subtile du principe femelle» (陰之精氣); — «la clarté» (昭), sens opposé à celui de *yin*; — «la lumière» (明); — «la vie» (命); — «le calme de la félicité» (禔); «le bien» (善); «le principe des choses et des êtres» (品物之本); — «la base de l'esprit, c'est le *tao* et la vertu» (道德也); — «la tour de l'esprit, c'est le cœur» (〡臺耄心也); — les mots *ling-fou* «palais de l'esprit» signifient «la demeure de l'esprit subtil» (精神之宅也); le philosophe taoïste Tchouang-tse a dit : «Il n'est pas possible de pénétrer dans la tour de l'esprit, . . . . . dans le palais de l'esprit, c'est-à-dire dans le for intérieur (不可內於〡臺。不可入於〡府); — «la connaissance parfaite des deux principes de l'âme» (極知鬼神);

daire du panthéon sintauïste, le dieu *Iza-naghi* et la déesse *Iza-nami*, son épouse[1]. Ce mot *reï*, qui entre d'ailleurs dans la composition du nom de plusieurs autres kamis, désigne non point « un Esprit », comme on l'a dit, mais « une force créatrice ». C'est qu'en effet les dieux Iza-naghi et Iza-nami sont les véritables créateurs non seulement des îles qui formaient le monde connu des anciens Japonais, mais encore de l'océan, des rivières, des montagnes, des arbres, des plantes, du soleil, de la lune, du vent, du feu, etc. Aussi les insulaires du Nippon, qui embrassèrent le christianisme au xviie siècle, les appelaient-ils leur « Adam et Ève »[2].

Il ne paraît pas cependant que, dans l'ancienne mythologie sintauïste, on ait entendu la création comme on la comprend communément dans les religions occidentales. « Créateur » signifie, chez nous, « celui qui crée, qui tire du néant »[3]. Une telle notion semble étrangère à l'idée cosmogonique des anciens Japonais.

Le Dieu suprême de la première période du sintauïsme et sa plus haute expression religieuse, le *Naka-nusi*[4] ou

---

— « l'esprit circulaire ou sphérique » est une appellation du ciel (圓 丨 天 也); la plante *ling*, c'est le remède contre la mort (丨 草 謂 不 死 藥 也); les quatre *ling* sont : le cerf fabuleux appelé *ki-lin* (麟), le phénix ou roi des oiseaux (鳳), la tortue (龜) et le dragon (龍); — « l'une des dénominations des Esprits » (丨 是 神 之 別 名), — « l'esprit du sage » (聖人 之 神). — Il me serait facile de multiplier les explications que les dictionnaires chinois indigènes donnent du mot *ling*; celles que je viens de rapporter me paraissent suffisantes pour faire comprendre l'acception que doit avoir ce mot dans le sujet dont je m'occupe en ce moment.

[1] 伊邪那岐伊那美二柱神乞申ℜ (Moto-ori, *Ko-zi-ki*, Préliminaires, commentaire de la préface de Yasü-maro, livre II, p. 3).

[2] Kæmpfer, *Histoire de l'Empire du Japon*, livre I, chap. vii.

[3] *Dictionnaire de l'Académie française*, au mot « Créateur ».

[4] 中主 *Naka-nusi*.

## LES DEUX REÏ ET LE RÈGNE DU SOLEIL. 303

l'*Ame-no kami*[1], ne crée rien. Tout ce qu'on peut dire, c'est qu'à un moment donné, il délègue la mission de créer le monde à des divinités inférieures qui sont précisément « les deux Reï »[2]. Il en est de même dans la tradition populaire qui place à l'origine du panthéon japonais le dieu *Kuni-toko-tati-no mikoto*[3]. Ce dieu est produit par la métamorphose d'un roseau qui avait surgi d'une chose flottant dans le *takama-no hara*[4], c'est-à-dire dans « l'espace céleste », et cette chose, dont « la forme est difficile à décrire », comme dit le *Syo-ki*[5], semble avoir existé de toute éternité. L'idée de l'identifier avec le grand Dieu primordial Naka-nusi me paraît être une interprétation relativement récente des exégètes du sintauïsme. Même lorsqu'il s'agit des deux *Reï*,

---

[1] 天の神 *Ame-no kami*.

[2] 羅尼曰。日本古書有之。元始有一神在天。其名天之中主神也。此大神無父無妻無子。常安不動居於永空之間。中主大神因無動力變化之理。不能窮道玄末也。夫不可動者。死之品性也。可動者。易之品性也。善之極者。不變化也。故天一神。以全成其德。立意自分化而爲二。故當時以來有二靈。二靈陰陽也。萬物皆善成。到底世界萬物。若高天一神自造萬物。萬物皆善也。牛善牛惡者。非天一神所造之物也。故余意。天一神不造萬物。誰半善半惡也。牛善牛惡也。若天一神不造萬物。故天一神。下神之類也。下神之造三才乎。一定下神之類日本古書之二靈也。

[3] 國常立尊 *Kuni-toko-tati-no mikoto*.

[4] 高天原 *takama-no hara*.

[5] Chap. I, *a*, et chap. IV, *e*, p. 54 et 117 de ma traduction publiée par l'École spéciale des Langues orientales (*Histoire des Dynasties divines*, Paris, 1884, gr. in-8°).

l'œuvre qu'ils accomplissent n'est pas une création proprement dite, une production d'objets dérivés de rien; c'est un véritable enfantement, puisque ces objets n'apparaissent que lorsque les deux époux divins se sont connus à la manière des simples mortels, suivant l'exemple de deux oiseaux qu'ils avaient aperçus accouplés [1].

A ces réserves près, on peut appeler, si l'on veut, Izanaghi et Iza-nami les créateurs du monde d'après la doctrine sintauïste; mais l'histoire de ces deux thaumaturges se rattache si mal à celle des grands dieux primordiaux de la théogonie indigène, qu'on est porté à y voir une conception tout à fait distincte et hétérogène. La légende des deux Reï ne nous est d'ailleurs pas parvenue sans avoir subi de graves altérations. On reconnaît, en la lisant, qu'elle a été remaniée de façon à la faire concorder avec le courant des idées chinoises qui étaient en faveur à la cour des mikados, lorsque le *Ko-zi-ki* et le *Nihon Syo-ki* ont été coordonnés. Dans ce dernier ouvrage surtout, on constate des traces manifestes de ces idées. On y lit notamment qu'à l'origine, « le principe femelle et le principe mâle n'étaient pas séparés »[2]. Or l'on sait que ces deux principes, appelés en chinois *yin*[3] et *yang*[4], sont les deux éléments essentiels et générateurs du dualisme philosophique des antiques riverains du fleuve Jaune, et que dans les plus anciens livres de la Chine on voit déjà ces deux éléments énoncés dans le même ordre, c'est-à-dire le *yin* avant le *yang*, le principe femelle *avant* le principe mâle. Ensuite la discussion engagée

---

[1] *Ni-hon Syo-ki*, chap. IV (p. 88 de ma traduction).
[2] *Genèse*, chap. I, § 1 (p. 3 de ma traduction).
[3] 陰 *yin*.
[4] 陽 *yang*.

## LES DEUX REÏ ET LE RÈGNE DU SOLEIL.

entre les deux *Reï*, au sujet de la déférence que la femme doit à l'homme, l'oracle rendu par le Dieu suprême, suivant lequel l'insuccès des premières créations d'Iza-naghi et d'Iza-nami provient de ce que celle-ci s'est permis de parler dès l'abord pour provoquer chez son époux des sentiments amoureux qu'il appartenait à l'homme d'exprimer le premier; tout cela est tellement chinois de sentiment, qu'il m'est impossible d'y voir l'œuvre indépendante du génie des anciens habitants du Yamato.

Mais ce n'est pas seulement l'immixtion des idées chinoises dans la légende d'Iza-naghi et d'Iza-nami qui provoque le doute sur le caractère homogène des données qu'elle renferme; c'est encore les inconséquences et les anachronismes qu'on y rencontre à chaque pas. On peut dire, il est vrai, que l'imagination populaire qui invente les mythes primitifs des religions se préoccupe assez peu d'être logique avec elle-même, et qu'il serait exorbitant de lui demander une exactitude rationnelle qui n'est évidemment pas de son ressort. Je crois néanmoins que, dans la cosmogonie à laquelle président les deux Reï, il y a plus que de tels écarts, et qu'il faut y voir un mélange mal dissimulé de récits appartenant à des sources différentes.

Le Soleil est créé à une époque postérieure à la plupart des autres créations; d'où il résulterait qu'avant la naissance de cet astre engendré par Iza-naghi, l'univers aurait vécu dans une obscurité profonde. L'existence des végétaux avant le soleil se retrouve, il est vrai, dans la *Genèse* du peuple hébreu; mais je ne pense pas qu'il faille voir là une théorie scientifique de l'apparition [successive] des êtres, théorie qui appartient essentiellement au courant des idées modernes.

L'apparition des animaux est à peine mentionnée dans les livres canoniques du sintauïsme [1]; on serait cependant en droit de supposer qu'elle est antérieure non seulement au soleil et à la lune, mais même aux continents, aux mers et aux végétaux, puisque les deux Reï, à leur descente du ciel et avant d'avoir procédé à leur première création, aperçoivent des hoche-queues qui leur apprennent la manière de s'accoupler. Comment ces hoche-queues, qui n'étaient probablement pas les seuls animaux existants, pouvaient-ils se nourrir, et sur quoi pouvaient-ils se reposer, alors qu'il n'existait ni terre ni eau ? Voilà une question à laquelle il n'est pas donné de réponse et qu'il me paraît d'ailleurs inutile de trop approfondir.

Ce qui me semble plus intéressant à examiner, bien que le terrain fléchisse à chaque instant sous les pas, c'est la question de savoir dans quelles mesures la mythologie des autochtones Aïnos se trouve mêlée ou associée à celle des envahisseurs japonais, dans les traditions religieuses et cosmogoniques que ces derniers nous ont transmises.

*Hiru-ko*[2] ou « la Sangsue », ce *premier* enfant des deux Reï qu'ils abandonnent dès sa naissance au gré des flots, qu'ils chassent loin d'eux comme un être indigne de leur sang divin, Hiru-ko est évidemment la représentation sinon des Aïnos proprement dits, du moins des hommes étrangers à la race japonaise, d'une manière générale. Les fidèles du

---

[1] Dans l'annexe F du chap. v du *Ni-hon Syo-ki,* on dit : «Plus tard, Izanami donna successivement naissance à toutes sortes d'êtres», parmi lesquels il faut sans doute compter les animaux (p. 163 de ma traduction). Des poissons et divers animaux sont créés plus tard (chap. v, *k*; p. 194 et suiv. de ma traduction).

[2] 蛭子 *Hiru-ko.*

sintauïsme ont placé cet Hiru-ko en tête de la liste de leurs sept « Dieux du Bonheur » (*Siti fukŭ-zin*)[1], sous le nom de *Yébisŭ*. Quelques auteurs indigènes se sont, il est vrai, refusés à admettre que, sous ces deux noms, il faille reconnaître un seul et même kami[2]; mais l'opinion qui les a identifiés paraît avoir généralement prévalu[3].

La légende raconte que lorsque Hiru-ko eut été livré par ses parents au hazard des flots, la petite barque de bois de camphrier dans laquelle il avait été déposé vint échouer sur le rivage de la baie de Mu-kau-no kôri[4], province de Setŭ; les habitants de la localité s'empressèrent de recueillir cet enfant qui devint l'une des principales divinités tutélaires de leur région. Dans le département de *Nisi-nari*[5], il est adoré conjointement avec *Sosa-no-o*, autre fils des deux Reï, qui, lui aussi, représente un élément ethnique étranger à la souche japonaise. Ces trois divinités sont également adorées à *Nisi-no miya*[6], situé dans le département de Mu-kau[7].

La province de Setŭ, où vint aborder Hiru-ko, se trouve au nord-est de la mer intérieure du Japon, à peu de distance de l'île d'Avadi. Or nous savons que cette île fut le berceau de la théogonie japonaise et le point de départ des migrations des kamis terrestres; nous savons, en outre, qu'à cette époque reculée les autochtones Aïnos occupaient toute l'étendue de la grande île de Nippon, et que ce fut

---

[1] 七福神 *Siti fukŭ-zin.*
[2] *Wa-Kan San-sai dŭ-ye*, t. LXXIV, p. 29.
[3] Puini, *I sette Genii della Felicità*, p. 9.
[4] 武庫郡 *Mu-ko-no kôri.*
[5] 西生 *Nisi-nari.*
[6] 西宮 *Nisi-no miya.*
[7] *Wa-kan San-sai dŭ-ye*, t. LXXIV, p. 17.

seulement à l'arrivée du conquérant Zin-mu que ces autochtones commencèrent, non sans présenter une vigoureuse résistance, à perdre du terrain et à se voir refouler vers le Nord. La situation très méridionale du pays de Setŭ n'est donc pas une objection contre la théorie qui veut faire de Hiru-ko une divinité spéciale aux Aïnos. Le nom de *Yebisŭ* [1], attribué à *Hiru-ko* et qui désigne « les Barbares », c'est-à-dire « les Aïno » [2], vient également à l'appui de cette théorie qui est fortifiée d'ailleurs par ce fait que certaines divinités du panthéon sintauïste sont représentées sous des dehors désavantageux, tandis que d'autres, au contraire, sont figurées sous les traits qui paraissent les rendre le plus sympathiques à la population du pays. Or Hiru-ko, d'après le *Syo-ki*, était d'une constitution tellement chétive, qu'à l'âge de trois ans il ne pouvait pas encore se tenir debout sur ses jambes [3]. Ses parents, désolés d'avoir donné le jour à un être aussi imparfait, ne voulurent pas l'admettre au nombre de leurs enfants; et, comme on l'a vu, ils l'abandonnèrent à l'inclémence des flots.

Les rédacteurs primitifs du *Kami-yo-no maki*, c'est-à-dire de l'Histoire des dynasties divines, ont eu évidemment l'intention de raconter l'histoire du peuplement de l'univers entier ; et, tout en donnant en détail celle du Japon, le pays privilégié des dieux, il ont cru nécessaire d'expliquer l'existence de ces barbares que leurs ancêtres avaient chassés du centre de leur évolution politique et sociale. La faiblesse des jambes du dieu Hiru-ko est une image de l'infériorité des Aïnos qui ne purent se tenir longtemps debout en présence de la vi-

---

[1] ヱ ビ ス *Yebisŭ* (夷).
[2] アイノ *Aïno*, c'est-à-dire « les hommes » des Kuriles (クル *kuru*).
[3] *Ni-hon Syo-ki*, chap. v, 8 (p. 130 de ma traduction).

gueur des soldats du conquérant Zin-mu. C'est du moins la seule manière d'expliquer, je crois, le rôle de Hiru-ko dans la mythologie sintauïste; à moins qu'on préfère n'y voir que des récits enfantins en désordre, n'ayant pas même l'avantage de servir à conserver la mémoire de quelques faits ethniques des annales de l'extrême Orient. Je ne voudrais pas, en insistant sur de telles explications exégétiques, donner une importance exagérée aux recherches de mythologie comparée dont je suis tout le premier à condamner les tendances absolument excessives. Voilà pourquoi j'ai tenu à faire ici des réserves qui permettent de n'accorder à un certain nombre de faits qu'une importance absolument secondaire dans le vaste et magnifique domaine de la science des religions comparées, domaine où nous aurons bientôt à faire des investigations d'une tout autre valeur et d'une tout autre portée. Je ne me suis décidé à discuter les problèmes dont je m'occupe en ce moment que parce qu'il me semble nécessaire de jeter un coup d'œil général sur toutes les parties du cadre tracé par nos investigations. Le sintauïsme ne peut nous fournir d'autre occasion que de faire un peu d'ethnographie, de l'histoire assez médiocre et de la philologie comparée. C'est pour les grandes doctrines de Confucius, de Lao-tse et de Bouddha que nous devons réserver toutes nos forces.

§ II.

L'idée d'adorer le Soleil est toute naturelle chez les peuples dans l'enfance de la civilisation. Aussi voyons-nous le culte de l'astre du jour en honneur dans une foule de pays différents de l'antiquité. Il ne me paraît pas impossible que ce culte soit plus ancien que tous les autres dans l'archipel japonais, et que le panthéon sintauïste, tel que nous le connaissons, ait été formé par le groupement d'une suite de légendes hétérogènes autour de celle du Soleil. Examinons :

D'après les livres canoniques du Yamato, *Ama-terasŭ oho-kami*[1], c'est-à-dire «la Grande Déesse qui brille au firmament», serait née de l'union charnelle des deux Reï, après qu'ils se furent établis dans les îles du Japon. Suivant une autre version, cette déesse ne devrait le jour qu'au seul dieu mâle, Iza-naghi[2]. Toujours est-il que ses parents, la trouvant d'une beauté sans pareille, ne voulurent point qu'elle demeurât sur la terre et lui donnèrent l'ordre de se rendre dans l'Empyrée, d'où elle gouvernerait le monde. Établie de la sorte sur la voûte du ciel élevé (*Takama-no hara*), la déesse Ama-terasŭ oho-kami put jouir de l'immortalité, tandis que son père et sa mère moururent comme de simples humains. Un ancien texte rapporte, il est vrai, que le divin Iza-naghi, après avoir accompli sur terre la mission créatrice que lui avait confiée l'*Amé-no kami* ou Dieu suprême, s'en retourna dans le séjour des grands kamis; mais ce texte ne semble pas s'accorder avec les autres données mythiques qui l'entourent. En tout cas, le doute n'est pas possible pour ce qui concerne la déesse Iza-nami, puisqu'on nous dit expressément qu'elle mourut en enfantant le dieu du Feu et que son époux se rendit aux enfers dans le vain espoir de l'en faire sortir et de la ramener avec lui.

Il appert de tout ceci que Ama-terasŭ oho-kami répond à la conception que nous pouvons nous faire d'une déesse, puisqu'elle jouit du privilège si rare sinon de l'éternité, du

---

[1] 天照大神 *Ama-terasŭ oho-kami* ou *Ten-syau daï-zin*.
[2] Voir mon *Histoire des dynasties divines*, t. I, p. 137.

moins de l'immortalité, tandis que nous avons peine à qualifier du titre de dieux des personnages qui, tels que les deux Reï, naissent à un certain moment pour mourir quelque temps après. Les sectateurs du sintauïsme l'ont évidemment bien compris; et c'est pour cela qu'ils ont relégué sur un plan assez éloigné le divin Iza-naghi et son épouse Izanami, pour offrir tout particulièrement leurs hommages à leur prétendue fille la Grande Déesse Solaire.

Lorsque les anciens Japonais résolurent de donner un corps à leur religion nationale, ils se trouvèrent en présence d'une foule de légendes traditionnelles qui manquaient de corrélation et qu'il était bien difficile d'accorder entre elles sans leur faire subir de profonds remaniements. C'est sans doute à cette époque qu'ils se décidèrent à attribuer des aïeux à la Grande Déesse Solaire, de façon à la rattacher à la doctrine tout d'abord monothéiste de l'Amé-no kami. A moins cependant, ce qui n'est pas invraisemblable, que cette doctrine n'ait été imaginée après coup, et que le besoin d'y associer les réminiscences populaires du culte solaire ait motivé l'invention des récits théogoniques qui sont parvenus jusqu'à nous.

Quoi qu'il en soit, il me semble inadmissible que la généalogie des dieux, telle que nous la trouvons dans le *Ko si-ki* et dans le *Syo-ki*, ait été une œuvre autonome, sortie d'un seul et même moule; et plus j'examine les mythes de la *Kami-no miti*, plus j'incline à croire qu'ils sont la résultante d'un travail de condensation d'éléments épars et de provenances différentes.

Dans un mémoire que j'ai publié en 1884 [1], je me suis

---

[1] Dans la *Revue de l'histoire des Religions*.

demandé si la Grande Déesse Solaire, envoyée au ciel au moment même de sa naissance, était bien la Déesse du Soleil, que nous rencontrons un instant après sur la terre [1] où elle préside à l'agronomie, et si c'était bien la divinité enfin qui donne notamment le jour à un fils, duquel doit descendre l'aïeul du premier mikado japonais, l'empereur Zin-'mou Ten-'aü. J'ai hésité à me prononcer, et je préfère aujourd'hui encore me maintenir dans cette réserve. Je ne puis cependant m'empêcher de faire remarquer que la légende d'Ama-terasŭ oho-kami, qui nous montre cette déesse occupée aux travaux de la campagne, aux ensemencements, aux récoltes et dirigeant le tissage des étoffes, nous représente bien plus une divinité terrestre qu'une divinité incorporelle régnant dans l'espace immense (*oho-sora*). Et je suis tenté de voir dans cette légende la déification de l'art le plus nécessaire aux hommes, — l'agriculture, — rattachée à l'idée du soleil, parce que le soleil est considéré comme le bienfaiteur des campagnes et des paysans (*nô-ka*).

On pourrait au besoin trouver une autre preuve que Ama-terasŭ oho-kami est bien la personnification d'un peuple essentiellement agricole, dans la querelle engagée entre cette déesse et son frère, le divin Sosa-no-o. Cette querelle, qui occupe la plus large place dans la seconde partie du *Syo-ki*, repose exclusivement sur ce fait qu'Ama-terasŭ oho-kami avait reçu en partage des champs fertiles,

---

[1] Il me paraît peu admissible que les champs de culture de la Grande Déesse, bien qu'ils aient été appelés «champs célestes» (c'est-à-dire «champs divins»), aient été situés ailleurs que sur la terre. Sur le terrain de la mythologie, je le sais, on peut tout soutenir; mais il faut cependant admettre une certaine somme de sens commun, même dans les œuvres de l'imagination religieuse.

tandis que Sosa-no-o n'avait hérité que de champs incultes. La jalousie de ce dernier le pousse à saccager les terres de sa sœur, qui, ne sachant plus comment sauvegarder ses plantations, se décide, dans son désespoir et peut-être aussi par malice, à se réfugier dans une grotte. Et comme Amaterasŭ oho-kami est, en même temps, le Soleil, du moment où elle est enfermée entre des rochers, une éclipse se produit, et l'univers est plongé dans une obscurité profonde. Pour recouvrer sa lumière bienfaisante et obtenir de nouveau son précieux concours, l'expulsion de Sosa-no-o est décidée par les dieux. Cet envahisseur étranger du sol et des cultures japonais est contraint de s'enfuir dans le *Né-no kuni*, c'est-à-dire dans sa patrie inculte, dans les pays du Nord, dans les îles actuellement occupées par les Aïnos. Ces pays sont des pays de malheur; l'imagination populaire en fait un séjour de malédiction et de tourment. Le *Né-no kuni* devient un synonyme de l'enfer.

On aperçoit, dans tout le récit des créations cosmiques dues aux deux Reï, des linéaments de géographie et d'histoire primitive d'un intérêt incontestable pour la connaissance des origines japonaises; et l'on peut suivre sur la carte, en lisant les livres canoniques du sintauïsme, plusieurs cycles distincts[1] qui nous font connaître autant de centres traditionnels de la théogonie de l'extrême Orient. Malgré quelques remarquables travaux d'érudition publiés sur ce grand problème d'ethnographie et d'ethnogénie re-

---

[1] M. Hall-Chamberlain admet trois cycles de légendes dans le *Ko-zi-ki*, savoir : le cycle d'*Idŭmo*, le cycle de *Hiu-ga* ou de *Kiu-siu*, et enfin le cycle de *Yamato* (dans les *Transactions of the Asiatic Society of Japan*, t. X). J'ai publié, de mon côté, une carte sur laquelle figure l'itinéraire des créations des deux Reï (*Histoire des Dynasties divines*, trad. du japonais, t. I, p. 125).

ligieuse[1], il est encore bien difficile d'établir la véritable provenance du fondateur de la nation et de la monarchie japonaise, auquel on donnait anciennement le nom de *Kan Yamato Ivare-hiko* et qui reçut par la suite celui de *Zin-mu*, par lequel il est connu des orientalistes européens. Ce Zinmu doit le jour à un petit-fils de la Grande Déesse Solaire[2], mais la provenance de ce petit-fils reste cachée sous les voiles du mythe qui le fait descendre du Ciel pour devenir l'aïeul des mikados du Japon.

Au moment où la bande d'envahisseurs commandée par Kan Yamato Ivare-hiko apparut dans les îles de l'extrême Orient, ces îles étaient occupées, peut-être toutes, à coup sûr les principales, par des autochtones à corps velu que les armées chinoises connaissaient comme tels sous le nom de *Mau-zin*[3] et que les ethnographes ont identifiés avec les Aïnos, population actuelle de Yézo, de Krafto, des Kouriles, de la pointe sud du Kamtchatka et de la côte orientale de la Tartarie. Le conquérant qui se présentait dans ces pays où régnait déjà une certaine somme de civilisation, était évidemment un étranger; et ce caractère d'étranger lui rendait difficile l'accomplissement de ses projets. C'est sans doute après plusieurs insuccès dont l'histoire nous a d'ailleurs conservé le souvenir, qu'il comprit la nécessité de s'assurer des attaches avec la population indigène. Pour y

---

[1] Voir notamment la belle étude de Léon Metchnikoff, dans les *Mémoires de la Société Sinico-Japonaise*, t. V, p. 5 et suiv.

[2] *Ama-tŭ Hidaka hiko Hoho Ni-nigi-no mikoto*, descendu du ciel et qui s'est établi dans le palais de *Taka-ti-ho*, au pays de *Hiu-ga* (île actuelle des Kiou-siou).

[3] Ces hommes velus de l'extrême Orient, ou 毛人 *Mao-jin*, sont déjà mentionnés dans la partie ethnographique de cette vieille géographie, peut-

réussir, il soutint qu'il était issu des dieux du pays et, à ce titre, qu'il était proche parent des chefs Aïnos.

Les intérêts politiques de Zin-mu furent évidemment le principal mobile des créations théogoniques du sintauïsme. On peut supposer que ces créations furent tout d'abord formulées d'une façon qui leur donnait le caractère d'un tout homogène et bien coordonné; mais, à cette époque reculée, les Japonais ne connaissaient pas l'art d'écrire, qui ne fut introduit que plusieurs siècles après dans leur archipel [1]. La légende fondamentale de la *Kami-no miti* fut donc confiée à la mémoire populaire, et toutes sortes d'événements contribuèrent à en altérer la pureté originelle. Lorsque les livres sacrés du sintauïsme furent reconstitués au VIII$^e$ siècle de notre ère, on se trouvait en présence de plusieurs traditions discordantes. Il eût peut-être été facile, à cette époque, de choisir, parmi les récits divergents qui circulaient dans le pays, celui qui paraissait le plus favorable à la cause monarchique qu'on avait l'intention de servir. Ce système d'altération consciente et volontaire des données anciennes ne fut pas pratiqué, et les rédacteurs du *Syo-ki* jugèrent à propos de reconstituer les vieilles annales religieuses de leur patrie avec toute l'honnêteté et le désintéressement qu'on pourrait attendre de l'érudition moderne. De là viennent les incertitudes continuelles et même les contradictions que l'on découvre sans cesse dans les livres sacrés de l'antiquité japonaise; de là viennent aussi ces mélanges mal dissimulés de mythes aïnos associés aux mythes imaginés par les conquérants des îles de l'Asie orientale.

être la plus ancienne du monde, qui porte le titre de 山海經 *Chan-hai-king* et dont j'ai composé, pour la première fois, une traduction en langue européenne.

Je n'ai pas l'intention de m'occuper en ce moment de ces contradictions qui, dans le *Ko-zi-ki* et dans le *Syo-ki*, contribuent à altérer les données généalogiques relatives aux dieux du sintauïsme et en particulier aux *Kami* qui nous sont donnés comme devant le jour aux deux Reï. On me permettra cependant de signaler l'incertitude qui règne au sujet de la parenté de la Grande Déesse Solaire, propriétaire des campagnes fécondes, et du dieu Sosa-no-o, héritier des champs incultes. Ces deux divinités nous sont généralement présentées avec le caractère de frère et de sœur, et l'une et l'autre comme ayant eu pour père *Iza-naghi* et pour mère *Iza-nami*. La légende raconte, notamment, que lorsqu'il eut été condamné par les dieux du Ciel à un exil lointain, comme châtiment des crimes qu'il avait commis en dévastant les « campagnes fécondes » de la Grande Déesse Solaire, le divin Sosa-no-o demanda à se rendre au pays de sa mère défunte, la déesse Iza-nami, dans le *Ne-no kuni*, c'est-à-dire dans le royaume des Racines. Mais le *Ko-zi-ki*, qui est le plus ancien livre canonique du Japon, ne donne point de mère à ce futur roi des contrées septentrionales où l'imagination du peuple ne tarda pas à placer le séjour des Enfers, et il le fait naître du souffle seul du dieu Iza-naghi. Ce serait peut-être aller un peu loin que de vouloir tirer de ce désaccord au sujet de la parenté de Sosa-no-o et de la déesse du Soleil un argument pour soutenir qu'ils n'étaient pas parents, qu'ils représentaient, au contraire, deux éléments ethniques en rivalité dans le pays, que leur caractère de frère et de sœur n'a été imaginé qu'après coup pour donner plus d'ensemble et plus d'unité à la théogonie sintauïste. Je juge néanmoins qu'il y a là une trace des embarras qui ont assailli les premiers coordinateurs des légendes sintauïstes, embarras qui résultaient surtout de la nécessité d'avoir à réunir des légendes empruntées à des sources absolument différentes.

D'autres données viennent à l'appui de l'opinion que je présente au sujet de la promiscuité qui règne dans l'antique mythologie japonaise. Le divin Sosa-no-o, chassé du Ciel, se rend, avec la permission des dieux, au pays de sa mère défunte, dans la contrée d'*Idümo;* il y épouse la fille d'une divinité locale et s'établit avec sa femme dans le palais des Rizières (*Ina-da-no miya*[1]); sa nombreuse progéniture arrive, par la suite, à étendre les limites du territoire sur lequel elle domine, jusqu'à ce qu'enfin elle vienne menacer la contrée que la Grande Déesse Solaire avait réservée pour ses propres descendants. Ama-terasü oho-kami réclame alors l'intervention des dieux du Ciel pour mettre une digue à la marche envahissante des petits-fils du divin Sosa-no-o. Le conseil céleste envoie sur la terre un messager qui réussit à conclure un traité garantissant l'intégrité du territoire central d'*Asi-vara.* « Tout ceci, dit avec raison un savant japoniste[2], peut être considéré comme une sorte de « prologue au Ciel » du drame terrestre que nous raconte la partie du *Ko-zi-ki* concernant l'arrivée et l'installation de l'empereur Ziu-mu Ten-'au dans le Yamato. »

Il est bien évident que les récits sur lequel repose la théogonie des anciens Japonais, et tout particulièrement l'histoire des deux Reï, fourmille d'inconséquences qu'il serait puéril de vouloir justifier. Quelques exégètes indigènes, désireux de reconstituer sur de nouvelles bases la

[1] 稻田宮 *Ina-da-no miya.*
[2] M. Léon Metchnikoff, dans les *Mémoires de la Société Sinico-Japonaise,* t. V, p. 17.

religion nationale de leur pays, ont tenté cette tâche aussi ingrate que périlleuse. Les plus célèbres d'entre eux, Kada, Ma-buti, Moto-ori, Hira-ta, ont fait des prodiges d'érudition pour y réussir. Tant qu'ils se sont maintenus sur le terrain de la philologie proprement dite, leurs efforts intelligents ont abouti à de remarquables résultats : ils ont restitué à « l'idiome de Yamato » le caractère d'une langue savante et en même temps celui d'une langue sacrée. Mais, lorsqu'ils ont voulu se lancer dans les discussions morales et philosophiques, leurs tentatives ont été moins heureuses. Ils voulaient trouver dans les vieux textes du sintauïsme la base d'une restauration religieuse qui n'était plus possible dans le milieu où ils vivaient. C'est à grand peine si le bouddhisme, cette puissante et splendide doctrine indienne, a pu résister au choc des idées européennes introduites au Japon à l'arrière-garde de nos diplomates et de nos commerçants : la religion toute primitive et souvent enfantine de la *Kami-no miti* ne pouvait renaître au milieu d'un peuple qui se lance à corps perdu et sans y être suffisamment préparé dans le domaine de la révolution philosophique et de la libre pensée.

Ce n'était pas assez de soutenir, ce qui d'ailleurs n'est pas encore suffisamment établi, que le monothéisme, personnifié par le dieu Naka-nusi, avait existé à la première aurore de la religion sintauïste. Le fait d'avoir mentionné, mais seulement mentionné, l'existence d'un Dieu suprême, s'il permet, pour caractériser une religion, l'emploi du mot « monothéisme », ne suffit pas pour assurer à une croyance des garanties de durée et d'avenir. Il faut tout au moins que cette idée monothéiste soit associée à un ensemble de dogmes d'une valeur quelconque. Le Naka-nusi des anciens

Japonais n'est entouré d'aucun corps de doctrine, et bientôt il disparaît dans l'effroyable confusion du panthéon de Yamato. Ce Dieu suprême, dans la croyance et dans le culte populaire, n'est rien à côté de la Grande Déesse du Soleil, issue du mariage des deux Reï. Confondu parfois, comme j'ai eu l'occasion de le dire, avec le dieu *Kuni-toko-tati-no mikoto*, qui occupe sa place dans les catéchismes à l'usage de la foule, il est évident qu'il est à peu près oublié des derniers sectateurs de la religion des kamis. Seule, la déesse *Ama-terasŭ oho-kami* est encore l'objet de la vénération des paysans et des classes inférieures du Japon. Le sintauïsme, malgré le zèle ardent d'une petite école, est condamné à disparaître dans un temps très prochain. Les partisans enthousiastes de la pure *Sin-tau* ont eu grand tort de ne pas conserver à leur œuvre un caractère exclusivement historique : leurs incursions dans les voies de la propagande religieuse ne pouvaient les conduire à la restauration d'un édifice à jamais vermoulu. C'est en vain que Hirata cherche à prouver que le pays où sont nés tous les dieux est nécessairement le premier pays de la terre; que l'existence de ces dieux a été connue sur le continent par l'intermédiaire de Coréens qui avaient appris du Japon l'histoire véritable des origines du monde[1]. Le chauvinisme des insulaires de l'extrême Orient n'est pas assez puissant pour leur faire adopter de telles théories; et, lors même qu'on leur soutient qu'ils sont les hommes les plus parfaits de la terre, parce que tous sans exception comptent des dieux parmi leurs ancêtres, ils ambitionnent en réalité un

---

[1] Voir, sur les singulières spéculations théologiques de Hirata Atütané, le curieux article de M. Satow, dans les *Transactions of the Asiatic Society of Japan*, vol. III, Appendice, p. 41 et *passim*.

honneur plus modeste, celui d'être assimilés aux Européens. La restauration du sintauïsme, au point de vue pratique, n'est rien moins qu'une impossibilité : ceux qui ont rêvé d'accomplir une pareille tâche ont fait une erreur énorme de chronologie.

# QUELQUES PAGES INÉDITES
## DU PÈRE CONSTANT-JOSEPH BESCHI
(DE LA COMPAGNIE DE JÉSUS)

### DE LA MISSION DU MADURÉ
(1710-1746).

# LES FRANÇAIS DANS L'INDE.
## LE JOURNAL D'ÂNANDARANGAPPOULLÉ.
(1736-1761.)

### M. JULIEN VINSON.

# QUELQUES PAGES INÉDITES
## DU PÈRE CONSTANT-JOSEPH BESCHI
(DE LA COMPAGNIE DE JÉSUS)

### DE LA MISSION DU MADURÉ
(1710-1746).

La première langue de l'Inde qui ait été connue en Europe, après l'établissement des Portugais sur la côte occidentale de la Péninsule, est le *concani* (lingua canarim), dialecte du Marâthî. Puis, on étudia le *malayâla*, un vieux rameau du tamoul; et enfin vers le milieu du xvie siècle, les missionnaires jésuites commencèrent à connaître le tamoul, la principale et la plus importante des langues véritablement indigènes, le plus littéraire d'ailleurs des idiomes dravidiens. C'est par le tamoul qu'on a été tout d'abord initié à ce qu'on appelait naguère encore la sagesse des vieux Hindous; et c'est par lui qu'on a étudié l'histoire et la littérature de l'Inde jusqu'au moment où la découverte du sanscrit permit de consulter les documents les plus exacts, les plus anciens et les plus originaux.

Parmi les Européens qui se sont livrés à l'étude des langues dravidiennes et surtout du tamoul, le premier rang appartient incontestablement au Père Constant-Joseph Beschi, de la Compagnie de Jésus. Né à Castiglione (province de Venise) le 8 novembre 1680, il entra dans la Compagnie le 22 octobre 1698. Ordonné prêtre quelques années après, il fut envoyé dans l'Inde, au Maduré, vers 1710. La première indication précise que l'on trouve sur sa présence dans le pays est dans une lettre de 1714 : Beschi avait alors la direction spirituelle du district de Camanayakkenpatti, mais résidait à Cajenta. En 1715, il était à Kouroukkanipatti; en 1716, à Maduré; en 1720, à Vadougerpatti; en 1729, à Avour; plus tard, à Tanjaour; en 1740, à Marava; en 1744, à Mannapar où il mourut vers 1746. Une légende répandue parmi les chrétiens du pays tamoul veut que Beschi ait été le confident, l'ami et le ministre de Chandâsâheb; mais j'estime, avec M. l'abbé J. Bertrand (*La mission du Maduré*, Paris, 1847-1854, t. IV, p. 342-375), que c'est là une pure hypothèse, invraisemblable et inadmissible.

Après lui, le plus habile tamuliste que l'on ait connu, était, dit-on, au commencement de ce siècle, un collecteur anglais, M. F.-W. Ellis, qui mourut à Ramnad le 9 mars 1819, jeune encore (il avait 41 ans), empoisonné par une erreur de son cuisinier, pendant une excursion qu'il faisait à la recherche des manuscrits de Beschi.

Les nombreux écrits du laborieux missionnaire étaient alors, en effet, pour la plupart inédits.

Mais je me propose de m'arrêter un moment ici seulement sur ceux de ces écrits qui ont un caractère didactique : grammaires, textes classiques, dictionnaires.

Les grammaires tamoules, composées par Beschi à l'usage des Européens, sont au nombre de quatre principales. La première, celle du tamoul vulgaire, datée de 1728 et écrite en latin, a été imprimée à Tranquebar, à l'imprimerie de la mission danoise, en 1738 [1]; réimprimée à Madras en 1813

---

[1] Cette édition originale présente une particularité intéressante sur le titre : la date y est indiquée d'une façon un peu anormale, CIƆ IƆCC XXXIX. Ce livre est très rare; on le trouve ordinairement joint à une dissertation d'un

et à Pondichéry en 1843, elle a été traduite en anglais par Horst (deux éditions, Madras, 1806 et 1838) et W. Mahon (Madras, 1848). La Bibliothèque nationale en possède une traduction française manuscrite faite, sans doute à Pondichéry, il y a une centaine d'années environ.

La seconde, consacrée exclusivement au tamoul supérieur et à la prosodie, est en latin comme la précédente; elle est faite exactement sur le même plan; la préface est datée des ides de septembre 1730, c'est-à-dire du 13 de ce mois. Cet ouvrage est encore inédit; un abrégé en a été ajouté en appendice à la fin de l'édition de 1843 de l'autre grammaire. La Bibliothèque nationale en a trois copies manuscrites : l'une, rapportée de l'Inde par Anquetil-Duperron en 1764; l'autre, faite sur celle-ci par Anquetil lui-même pour son usage personnel, et la troisième provenant de la collection Ariel (copie faite à Pondichéry en 1845 sur un exemplaire appartenant à M. Gibelin, procureur général). Une traduction anglaise, par B.-G. Babington, a été publiée

missionnaire danois, *Observationes grammaticae, qvibvs lingvae tamvlicae idioma vvlgare* ...... *illvstratvr*, a Chr. Theodosio WALTHERO, mis. dan., Tranquebar, M. DCC. XXXIX. On trouve cependant quelquefois la grammaire de Beschi seule; j'en ai un exemplaire dont le titre est malheureusement remonté. Mais je possède un autre exemplaire, avec la dissertation de Walther, qui a appartenu à M. A.-C. Burnell, l'éminent dravidiste. Il paraît que les *Observationes* ont été d'ailleurs aussi distribuées séparément, car j'en ai trouvé un exemplaire mentionné dans le catalogue de l'abbé Rive, le bibliothécaire grincheux du duc de la Vallière (Marseille, 1793, in-8°, n° 1067; j'ignore le prix de vente), et J.-Ch. Brunet cite un autre exemplaire qui aurait été payé 18 francs à la vente de Tersan. Le prix le plus élevé qui ait été atteint par les deux ouvrages réunis est celui de 60 livres à la vente Turgot en 1782. Le Walther est peu connu et il n'a jamais été réimprimé; il est écrit dans un latin classique, élégant et pur, tandis que le langage de Beschi et des autres écrivains catholiques a ce parfum culinaire spécial qui caractérise le latin de séminaire ou de sacristie.

à Madras en 1822; c'est un grand in-4° qui a été payé jusqu'à 50 francs (vente Klaproth).

La troisième grammaire, intitulée : *Clavis humaniorum litterarum sublimioris tamulici idiomatis*, peut être considérée en quelque sorte comme un doublet de la seconde; elle traite des mêmes matières, mais sur un plan tout différent; le style n'est pas non plus le même, aussi ai-je quelques raisons de douter qu'elle soit réellement de Beschi[1]. Son authenticité n'a pourtant été niée par personne. Elle a été imprimée en 1876 à Tranquebar, par les soins de M. Burnell; cette édition est malheureusement fort incorrecte.

La dernière grammaire, toute en tamoul, est intitulée : தொன்னூல் விளக்கம் «Explication des vieux traités»; elle a été imprimée à Pondichéry en 1838 à l'imprimerie de C. Guerre en un mince volume de 118 pages, petit in-folio. On a prétendu que la *Clavis* en était une traduction; ce n'est point du tout exact.

Les textes rédigés par Beschi spécialement à l'usage des étudiants européens sont au nombre de deux : le conte du Guru Paramârta et l'histoire de Vâma. Le premier ouvrage est bien connu, trop connu même. Publié pour la première fois à Londres en 1824, par B.-G. Babington, avec une traduction anglaise et un vocabulaire, il a été traduit en français en 1827, par l'abbé Dubois, à la suite de ses *Fables*

---

[1] Une de ces raisons est la suivante. J'ai acheté à Londres en 1887 un commentaire latin manuscrit des *Kur'aḷ* de Tiruvaḷḷuva; en comparant ce commentaire avec celui de Beschi, dont la Bibliothèque nationale a une copie provenant de la collection Ariel, faite à Pondichéry en 1847 sur un exemplaire authentique appartenant à la Mission et collationnée ensuite sur un autre exemplaire, j'y ai trouvé de telles différences, qu'il n'est guère possible de croire que les deux traductions aient été faites par le même auteur. Or, dans mon exemplaire, sont intercalées quatre pages empruntées à la *Clavis*.

*et contes indiens*. En 1872, un libraire de Paris, M. Barraud, a repris les exemplaires qui restaient de ce volume, en a fait refaire le titre et le faux-titre et y a ajouté des illustrations de Léonce Petit, assurément fort grotesques, mais faites sans aucune intelligence des choses indiennes. En 1877, l'éditeur Barraud a fait réimprimer séparément le *Paramârta*, traduction de l'abbé Dubois[1], avec des figures encore plus mauvaises et une préface de complaisance de M. Francisque Sarcey. Une publication du même genre, mieux illustrée, a été faite à Londres chez Trübner, en 1861 : *Gooroo Simple*, in-12 de 223 pages. Quoi qu'en ait dit l'abbé Dubois et malgré ce qu'on a répété après lui, il n'est pas douteux que cet ouvrage soit de Beschi, mais il n'est point exact qu'il ait mis à contribution le *folk-lore* indien : l'auteur n'a eu qu'une préoccupation, donner un spécimen complet du style classique tamoul, et il a mis dans son livre toutes sortes de réminiscences occidentales, par exemple maints contes italiens et maints épisodes de la vie de Vespasien et de Titus. La mission de Pondichéry a publié en 1843 un texte du *Paramârta*, d'après le manuscrit original de Beschi, avec une traduction latine en regard, due à l'auteur lui-même, et un extrait de la préface originale.

L'histoire de Vâma est un arrangement en prose d'un épisode du *Témbâvani*, le grand poème tamoul de Beschi où est racontée la vie légendaire de saint Joseph. Ce mor-

---

[1] La traduction de l'abbé Dubois est très mauvaise; elle paraphrase ou abrège le texte, elle ajoute des explications, elle réunit plusieurs phrases en une, en coupe une en plusieurs, etc. Un de mes élèves, M. Gérard Devèze, en a préparé une traduction plus rigoureuse, qui, je l'espère, paraîtra prochainement.

ceau, assez court, a été imprimé pour la première fois à Madras, en 1843, dans un recueil de petits poèmes tamouls chrétiens dont beaucoup sont de Beschi. Il était primitivement destiné à être joint au *Paramârta,* car je l'ai trouvé à la suite de ce dernier dans un manuscrit du dernier siècle, précédé des lignes suivantes :

Vt autem et seria proferam, nec non ornatioris styli exemplar proponam, addo consilia Religiosi viri ad insignem militum Ducem nimis veneri deditum; hæc excerpsi a Poëmate tamulico, cui titulus தெமபாவணி capite வாமஜுடிபபடவம inscripto : quæ ibi fusiùs poëticè disceptantur, hic brevi et vulgari, sed tantisper elevato sermone referam. Nullum tamen hic adducam verbum ab hoc dictionario disjunctum : nec ullâ utar phrasi cujus regulas in vulgari Gramaticâ antea non tradiderim.

A quel dictionnaire Beschi fait-il allusion dans cette note? On lui en attribue plusieurs, tous encore inédits : latin-tamoul, tamoul-français, tamoul-portugais-latin, etc. Mais il n'y en a qu'un dont l'attribution soit bien certaine, c'est le fameux *quadruple dictionnaire,* c'est-à-dire dictionnaire des significations, des synonymes, des collectifs et des assonances poétiques. Il est tout en tamoul et porte le titre sanscrit de சதுராகராதி (चतुरकारादि) *çaduragarâdi* (*tchaturakârâdi*). Il a été imprimé pour la première fois à Madras, en 1819 (550 pages petit in-folio), réimprimé à Madras en 1845 (335 pages in-8°) et en 1860 (507 pages in-8°), et à Pondichéry en 1872 (viij et 367 pages in-8°).

La Bibliothèque nationale possède une vieille copie de ce dictionnaire; je dis une vieille copie, parce qu'elle est portée au *Catalogus codicum manuscriptorum Bibliothecæ regiæ,* t. I, 1739, p. 448, col. 2, n° ccLxxxiv, sous cette rubrique : *Codex chartaceus, quo continetur thesaurus linguæ tamulicæ,* etc.

Ce manuscrit est donc à la Bibliothèque nationale depuis 1738 au plus tard, et comme l'ouvrage, ainsi qu'on le verra tout à l'heure, est daté de 1732; qu'il est ainsi postérieur de deux ans à la grammaire du haut tamoul, il est probable que cette copie est originale et authentique; elle a été faite peut-être sous les yeux de l'auteur lui-même. Mais ce qui fait son intérêt, c'est qu'elle a un titre latin et une préface latine qui ne paraissent se retrouver nulle part ailleurs et qui en tout cas sont entièrement inédits.

Ce manuscrit n'avait pas échappé à Anquetil, car il y faisait principalement allusion dans ce passage d'une lettre qu'il écrivait de Paris, le 28 juillet 1768, au P. Cœurdoux à Pondichéry : «Nous avons ici *les précieux mss.* du P. Beschi sur le tamoul et le schentamoul[1], la grammaire tamoule du P. de la Lane, et un dictionnaire tamoul-portugais et portugais-tamoul dont je voudrais connoître l'auteur. Je n'ai rien trouvé à la Bibliothèque du Roi ni du P. Calmet ni du P. Martin.» A quoi le P. Cœurdoux répondait de Pondichéry le 10 février 1771 : «Pour ce qui est des ouvrages du P. Beschi, le plus habile sans contredit qu'ait eu la mission tamoule, il a composé, tant en cette langue qu'en *shen* tamoul, plusieurs ouvrages de dévotion, de controverse et de poésie qui ne peuvent vous intéresser. Sa grammaire latine pour le tamoul a été imprimée à Trinquebar par les missionnaires Tusques. Rien ne seroit plus aisé que se la procurer, si on la souhaitoit.»

La copie du *Thesaurus* de Beschi est faite avec beaucoup de soin; elle forme un beau volume petit in-folio de 348 pages à deux colonnes, en parfait état dans sa reliure

---

[1] *Schen, shen* ou *çen-tamul*, செந்தமிழ், signifie proprement «tamoul pur, supérieur, etc.» et désigne spécialement la langue poétique.

en maroquin rouge aux armes royales, et porte aujourd'hui le n° 227 du catalogue du fonds tamoul.

Voici un fac-similé du titre qui est encadré d'un double filet noir. On remarquera à la ligne 6 une véritable coquille, *quntuor* pour *quatuor* :

## THESAURUS
### LINGUÆ TAMULICÆ
#### AD PLENIOREM PLANIOREMQUE
#### SCRIPTORUM TAMULENSIUM
##### IN TELLIGENTIAM.

collegit, ac quntuor in partes digeftit

## CONSTANTIUS JOSEPHUS
## BESCHIUS

e' Societate Jesu.

in Regno Madurensi

#### MISSIONARIUS
##### AD USUM

e jusdem Societatis

#### MISSIONARIORUM.

(Fleuron.)

A. D.

M. DCC. XXXII.

Le verso du feuillet de titre est blanc; à la troisième page vient la préface qui tient deux feuillets, rectos et versos, et que je reproduis fidèlement ci-après :

## Thesaurus
### Linguæ Tamulicæ
#### ad pleniorem planioremque
### Scriptorum Tamulensium
##### Intelligentiam.
#### A. D.
#### M. D. CC. XXXII.

### Præfatio.

Quamquam in omni sanè disciplinâ primum et præcipuum sit, cujuscumque artis præcepta ordine digesta tradere : nil tamen proderit tradidisse, nisi et materiam suggeras et instrumenta, quibus ad praxim redigentur præcepta. Quod autem Pictoribus colores, militibus arma, opera extruentibus calx, saxa et hujusmodi plura, hoc planè sunt peregrino sermoni studentibus verba. Nihil proptereà præstasse me crediderim, cùm vulgaris simul ac elegantioris Tamulici idiomatis artes fusè scripserim, nisi et verborum copiam per Dictionaria tradam : quod profectò animadvertens in vtriusq. dialectûs Grammaticâ et Lexicon promiseram : serò nunc quidem, sed cum fauore promissa reddo, siquidem præter vulgaris linguæ Lexicon, vbi quaslibet dictiones Latinè, Gallicè ac Lusitanè explico; hic insuper 1° Dictionarium trado, vbi anceps ac multiplex verborum omnium, prout ab elegantioris Idiomatis scriptoribus plerumque sumuntur, vis ac potestas constabit; 2° Synonyma vbi quæ nomina, potissimũ ac perifrases cuique rei ab iisdem auctoribus tribuantur, expono. Præstereà, cùm plura in hoc idiomate per summam exprimuntur, vt duo bona, tres mundi, quatuor arces, quinque sensus, sex sapores, septem maria, octo montes, et hujusmodi quamplura, quæ passim apud auctores inveniuntur; horum quoque explanationem tertio loco invenies. Tandem vt Poësi inserviant, voces, quæ primâ tantum modo mutatâ litterâ, iisdem syllabis eodemq. sono terminantur, in vnum collectas exhibeo. Quamobrem volumen hoc Thesaurum Linguæ Tamulicæ vocare placuit. Quæ omnia cum Tamulici alphabeti ordine digesta sint, ac quadruplici portione confletur opus, Tamulicè சதுரகராதி inscripsimus. Vt autem et indigenis inservirent tamulica verba Tamulicè explico : ita tamen, vt in explicatione communibus vulgaris linguæ vocibus, quantum licuit, vsus sim : ac semper vulgari voce proponam ea, quorum synonyma ac periphrases tradere intendo : quod Europeis inutile non judicavi; non enim ignarus linguæ vulgaris, ad elegantiorem assultim transiliendo accedere, vt censeo, præsumet.

Vbi vero æquivoco locus esset, vsus sum signis ad exprimandas seu breves, seu consonantes, juxta regulam, de quâ in Gramaticâ vulgari : præterea vt *e*, et *o* longum, adhuc clarius pateret, placuit signum addere litteræ ெ, ொ dictæ, ita vt si simplici notetur formâ, brevis sit, si inflectatur in fine, longa e.g. செடி. சேடி — கொடி. கோடி et alia hoc modo.

Cum autem hæc lingua, vt aiunt, mortua sit; non ex sermone hominum recenti, sed ex firmiore voluminum vetustate eruenda est verborum vis, ac potestas, quare nullo modo hujus temporis hominibus fidendum censui, sed majori, quâ potui diligentiâ antiquorum volumina percurri - திவாகரம் - நிகண்டு - பிங்கலநூகத - உரிசசொல - கையாகராதி et similia; quæ omnia synonyma, non Dictionaria sunt. Præterea sapientissimos scriptorum Interpretes studiosè legendos consului; et cùm amanuensium negligentiâ plures irrepserint errores, diversâ manu exaratos libros inter se contuli : tandem cùm quamplurima Vocabula a linguâ Grandonicâ accersita fuerint, et Grandonicos auctores accuratè perlegens, ad veritatis normam forte irreptos errores emendare, atque ex eodem ærario quamplura hauriens verba, thesaurum hunc magis adhuc locupletare conatus sum.

Opus autem hoc, quod majori, quâ potui, diligentiâ nec minori labore confectum Jesu-Christi missionariis offero; quâ ipsis vtilitate futurum sit, facile noverint omnes, si paulisper animadverterint in his regionibus, monumenta Deorum, Fabularum figmenta, scientiarū præcepta, Poëtarum carmina, astronomiæ calculos, medicinæ leges, musices, chorcæq. regulas, omnia deniq. vel ipsa prima Grammaticæ rudimenta, elegantiori hoc idiomate ab antiquis scripta fuisse. Quare nil omnino de eorum Diis ac fabulis, de eorum artibus et scientiis radicitùs, ac sine animi hæsitatione quis scire possit, si hoc idioma penitùs ignoret. Tunc enim fidendum erit Indigenis, qui, et Bragmanes præcipuè, ne quid ignorare se fateantur, nil hæsitando turgentia verba trutinantes, quæ primùm menti occurrunt, figmenta ex cathedrâ proferre non dubitant; quæ passim eorum auctores legenti, quàm falsa sint, manifestè patet. Præterea si quàm rationi dissona forent, quæ de Deorum fabulis narrant, ostenderem; percepta rationis vi, falsa ea omnia ac vulgi figmenta dicere non dubitabant: si verò eadem prolato ex antiquorum libris textu, objicerem; nec semel negare ausi, silentio, ac pudore vnâ mecum eadem reprobare cogebantur. Ac profectò cum Indi omnes auctoritati magis, quàm rationi assentiantur; ratio non dubia, quâ quilibet convinci possit, erit sanè antiquorum scripta proferre. Vbi reverà non ineptè de Deo ac virtute locuti sunt antiqui Tamulenses. Sed qui poteris, cum elegantius tamulicæ linguæ Idioma, quo omnia prorsùs scripta sunt, omnino ignores? Ex his satis apertè constat quam vtile futurum sit hoc opus, et quam necessarium Jesu-Christi missionariis, cæterisq. omnibus, qui vel Indos ab antiquo errore ad Christi fidem revocare, vel saltem antiqua eorum figmenta funditùs indagari desiderant. Deus Optimus Max., qui labore æque ac fastidio plenum opus, ad majorem ejus gloriam inchoatum, singulari ejusdem ope ad exitum perduci concessit; mentem quoque et animum exteris omnibus, quò vberrimos ejus jucundissimosque fructus percipere velint, addere non dedignetur.

# LES FRANÇAIS DANS L'INDE.
## LE JOURNAL D'ÂNANDARANGAPPOULLÉ.
### (1736-1761.)

La ville de Landrecies vient d'élever, le 30 septembre 1888, une statue à Dupleix qu'elle regarde comme un de ses plus illustres enfants, bien que, fils d'un fonctionnaire public, il n'y soit né que par hasard. A cette occasion, on a beaucoup parlé du célèbre Gouverneur de Pondichéry et du rôle important qu'ont joué les Français dans l'Inde au dernier siècle. Du reste, depuis quelques années, depuis qu'on semble vouloir reprendre dans l'extrême Orient les traditions des Sully et des Colbert, il a paru plusieurs ouvrages sur Dupleix et sur la rivalité des Français et des Anglais dans la grande péninsule cisgangétique. Je voudrais à ce propos attirer une fois de plus l'attention sur des documents originaux fort importants et très peu connus, quoiqu'ils aient été signalés depuis longtemps déjà par M. P. Margry, l'habile et patient archiviste de la marine.

En 1846, M. A. Gallois-Montbrun, qui devint plus tard le chef du service des contributions de l'Inde française, s'occupait beaucoup d'études linguistiques tamoules; il faisait rechercher les vieux manuscrits en langues du pays qui pouvaient se rencontrer dans la ville indienne. C'est ainsi qu'il fut amené à découvrir, dans une maison qu'habitaient les descendants d'un ancien courtier de la Compagnie des Indes, un nombre fort important de registres contenant des documents historiques d'une très grande valeur. Il fit copier, pour sa collection particulière, tous ces documents dont M. Édouard Ariel, ancien élève d'Eugène Burnouf, secrétaire du conseil administratif de Pondichéry, fit également prendre copie. Une vingtaine d'années après, M. F.-N. Laude, procureur général, fit encore copier pour son usage personnel une partie de ces documents. J'ignore ce qu'est devenue la copie de M. Laude; celle de M. Gallois-Montbrun a été déposée à la bibliothèque publique de Pondichéry par son fils, maire de la ville; celle de M. Ariel fait aujourd'hui partie du fonds tamoul de la Bibliothèque nationale, à Paris.

Ces documents forment seize volumes grand in-folio qui portent les numéros 143 à 158 du catalogue du fonds tamoul; la copie est faite avec soin, bien collationnée et très lisible. Le n° 143 comprend des horoscopes, des lettres d'Ânandarangappoullé datées de 1746, une traduction du traité de Versailles de 1783, une relation détaillée du siège de Pondichéry en 1778, des compliments et souhaits en vers, etc. Les n°s 144 à 154 contiennent le journal d'Ânandarangappoullé et les n°s 155 à 157 celui de son fils Tirouvêngadappoullé. Le n° 158 renferme une sorte de table, des lettres, des horoscopes, etc. Le manuscrit original d'Ânandarangappoullé formait treize volumes; la copie de M. Ariel en a formé quinze, savoir : n° 144, de 1726 à 1746, 166 et 219 feuillets; n° 145, d'octobre 1746 à juin 1747, feuillets 193 à 290 et 116 feuillets; n° 146, de juillet 1747 à août 1748, feuillets 120 à 436 et 96 feuillets; n° 147, de septembre 1748 à mars 1750, 145 et 261 feuillets;

n° 148, de mars 1750 à octobre 1751, feuillets 262 à 336, 194 et 130 feuillets; n° 149, d'octobre 1751 à septembre 1752, feuillets 131 à 245 et 295 feuillets; n° 150, de septembre 1752 à décembre 1753, feuillets 296 à 424 et 284 feuillets; n° 151, de septembre 1754 à août 1755, 275 et 97 feuillets; n° 152, d'août 1755 à septembre 1756, feuillets 98 à 254 et 234 feuillets; n° 153, de septembre 1756 à août 1758, feuillets 238 à 342 et 286 feuillets; n° 154, d'avril 1758 à avril 1760, feuillets 288 à 403 et 281 feuillets. La copie du manuscrit de Tirouvêngadappoullé a formé trois volumes, savoir : n° 155, d'avril 1662 à octobre 1765, 120, 95 et 108 feuillets; n° 156, de décembre 1765 à octobre 1773, feuillets 109 à 193, 108 et 44 feuillets; n° 157, d'octobre 1773 à mars 1799, feuillets 45 à 66, 108, 145 et 132 feuillets.

Ces trois volumes sont loin d'offrir l'intérêt des onze précédents. Malheureusement ceux-ci offrent d'assez nombreuses lacunes dues à la perte de quelques-uns des registres originaux : du 15 novembre 1748 au 24 juin 1749, du 20 décembre 1750 au 15 avril 1751, du 1$^{er}$ avril 1752 au 5 avril 1753, du 10 décembre 1753 au 3 septembre 1754; de mars 1755 au 8 avril 1756; du 21 septembre 1758 au 22 janvier 1759; le journal s'arrête d'ailleurs au 8 avril 1760 qui correspond, d'après le comput indien, au mardi 30 Phâlguna de l'année Prâmâdhi.

Aucun passage, aucun spécimen de cette chronique n'a jamais été imprimé. En 1870, à l'occasion de l'érection à Pondichéry d'une statue de Dupleix (le 16 juillet), M. F.-N. Laude, procureur général, publia la traduction, par extraits, de toute la partie de ces mémoires relative au siège de Pondichéry par l'amiral Boscawen, du 6 septembre au 16 octobre 1748[1]; cette traduction, évidemment exacte, n'est pas irréprochable : elle a été faite par un Indien et relue par un Européen qui ne savait pas le tamoul, car elle renferme beaucoup d'expressions qui ne s'accordent ni avec les habitudes du temps, ni avec les connaissances probables de l'auteur, ni avec son style. En 1849, M. A. Gallois-Montbrun avait fait imprimer à Pondichéry une très intéressante *Notice sur la chronique en langue tamile et sur la vie d'Ananda-Rangapillei* (16 pages in-8°).

Ânandarangappoullé était né à Madras le 30 mars 1709 qui correspond à l'année indienne Sarvadhâri, mois de Phalguna, 21ᵉ jour, samedi, cinquième jour de la lune. Son père, Tirouvêngadappoullé, vint s'établir à Pondichéry peu après; en 1721, il fut nommé *courtier-adjoint* de la Compagnie: le *courtier* titulaire était un certain Gourouvappamodély qui était venu en France, qu'on y avait baptisé solennellement (Louis XIV lui avait servi de parrain) et qu'on avait anobli en lui conférant le titre de chevalier. Le courtier, appelé d'abord *modéliar* (proprement முதலியார், *mudaliyâr*, de முதல் *mudal* «premier»), était en quelque sorte l'agent général de la Compagnie des Indes, l'intermédiaire entre elle et les indigènes. Plus tard, le titre français de *courtier* fut remplacé par l'appellation persane de ديوان, *dîwân, divan*. Après «le chevalier Gourouvappa», le courtier titulaire fut un nommé Canagarâyamodély qui mourut en 1746. Ânandarangappoullé fut appelé à le remplacer vers la fin de 1747. Il occupa ces fonctions jusqu'en 1756; à cette époque, il fut écarté par le nouveau gouverneur, M. Duval de Leyrit.

[1] *Dupleix.* — Le siège de Pondichéry en 1748, extrait des Mémoires inédits de Rangapoullé, divan de la Compagnie des Indes. *Pondichéry*, impr. du Gouv., 1870; in-8° de 91 pages.

Il mourut le 11 janvier 1761, quatre jours avant la capitulation de Pondichéry.

C'est surtout de 1746 à 1756 que sa chronique offre de l'intérêt. Pendant cette période, il a vu de près tous les personnages qui ont paru sur la scène politique; il a été mêlé à tous les événements, à toutes les négociations. Aussi fut-il comblé d'honneurs par les potentats indigènes : en 1749, Muzaffar-djang le nomma *mansubdâr* de 3,000 chevaux, titre qui, du temps d'Akbar, lui aurait assuré un traitement annuel de 204,000 roupies (510,000 francs). Quelque temps après il reçut le titre de *vezârdarâyavidjaya* et chargé, comme *jagirdâr*, du commandement du fort et du district de Chinglepett. Enfin, en 1755, il devint le « Chef des Malabars » de Pondichéry.

Sa chronique, rédigée au jour le jour, est très inégale. On y trouve un peu de tout, au hasard et sans ordre : des discussions de famille, des cancans de quartier, des descriptions de cérémonies religieuses, à côté de conversations avec Dupleix et d'autres hauts personnages, ou au milieu de récits très détaillés d'événements fort importants. L'écrivain n'oublie aucun des traits qui permettent de tracer un portrait fidèle des gens avec qui il a affaire; un mot suffit quelquefois. C'est ainsi qu'on voit Paradis, l'un des adversaires de Labourdonnais, dire avec une forfanterie toute castillane : « Partout où je vais, il y a toujours la victoire! »

Comme le fait remarquer M. Gallois-Montbrun, l'impression qui résulte de ces mémoires, en ce qui concerne la personne de Dupleix, est qu'il offrait un mélange des plus grands talents, de l'intelligence la plus vive, des conceptions les plus hardies, et de la vanité la plus outrée, de l'infatuation la plus ridicule et de la cupidité la plus étroite.

Dès ses premières discussions avec Labourdonnais, Dupleix, en son particulier, le traite de chien, நாய் *nây* en tamoul, et s'emporte en apostrophes aussi violentes qu'excessives. Il accepte, avec une satisfaction évidente, les flatteries les plus exagérées, et c'est par des flatteries qu'on arrive à obtenir de lui des faveurs qu'il avait précédemment refusées. Il ne repousse point les offrandes et les présents. Mais c'est surtout sa femme, Jeanne Albert, qui sort diminuée de ces récits; elle nous y apparaît avec tous les défauts des créoles mulâtres (elle était fille d'une métisse indo-portugaise, Élizabeth-Rosa de Castro); elle fait montre à tout instant d'une dévotion méticuleuse et est toujours prête à appuyer les plaintes et les demandes des missionnaires catholiques.

On jugera de l'intérêt du *Journal* par les extraits ci-après que j'ai choisis de façon à ce qu'ils puissent en donner une idée générale. J'ai traduit le plus littéralement possible, et quant au texte tamoul, je l'ai reproduit très exactement, avec ses négligences de style, ses fautes d'orthographe et ses idiotismes populaires. Nulle part, l'*e* et l'*o* brefs ne sont distingués des *e* et des *o* longs; nulle part non plus, les consonnes muettes ne sont marquées d'un signe spécial.

On remarquera les prétérits en ச்ச et ஞ்ச் pour த்த et ந்த, formes correctement grammaticales; les contractions telles que நம்முட pour நம்முடைய «de nous, notre»; அவடம் pour அவ்விடம் «cet endroit»; les vulgarités telles que பீரங்கியன் pour பீரங்கிகள் «les canons»; enfin l'emploi d'un grand nombre de mots étrangers, empruntés notamment à l'hindoustani : கபுறு pour خبر, முஸ்தீது pour مستعد, முபாரக்கு pour مبارك, etc.

J'ai cherché à rétablir exactement les noms propres européens défigurés par la transcription tamoule. Quant aux noms indiens, je les ai écrits avec l'orthographe adoptée par l'administration de Pondichéry. Ainsi *Ânandarangappoullé* est pour *Ânandarangappiḷḷei;* la terminaison *piḷḷei* est, comme on sait, spéciale à la caste des *Veḷḷâjas* (marchands, cultivateurs du Toṇḍa ou du Çôlamaṇḍala).

Le *Journal* d'Ânandarangappa commence, à proprement parler, en 1736, mais il est précédé d'une sorte de livre de dépenses dont la première inscrite l'est à la date du 4 mars 1726. Je n'y ai rien trouvé de bien intéressant; je relève pourtant la note suivante, du 26 mars 1726 :

ஆடகெகுககுழிபபுகழிகக குடுதத. . . . .

donné pour un mouton pour (être sacrifié dans le but de) détruire un maléfice, un sort. . . . . . . . .

Ânandarangappa n'était point converti au christianisme. C'était un vichnouviste, comme le prouve la suscription de ses lettres :

ஸ்ரீராமஜெயம்

La victoire du très illustre Râma!

Le premier feuillet du premier registre original porte cette épigraphe :

காலமபொமவாறதைநிறகும

Le temps passe, la parole demeure.

Au feuillet 12, c'est-à-dire au commencement du *Journal*, l'auteur trace en ces termes son programme :

காதிறுலெகெடடதும கணணிறுலெபாரததும நட-
ககிறவிநதைகளபுதுமைகள கடபலவநததும மறுப-
டிககபபலகளபொறதும எழுதததுவககினது

Ce qui a été entendu par les oreilles, ce qui a été vu par les

342    JULIEN VINSON.

yeux; les choses curieuses et les nouveautés qui se sont passées; les arrivées des navires, puis les départs des navires; — c'est ce qu'on a entrepris d'écrire (ci-après).

Les mémoires commencent le 6 septembre 1736; la rédaction, pendant les premiers temps, est assez sommaire. On y trouve d'intéressants détails sur le droit de battre monnaie accordé à M. Dumas par le Grand Mogol[1], sur l'achat de Karikal au roi de Tanjaour. Le traité qui stipulait cet achat était du 5 juillet 1738; M. Dumas s'occupa immédiatement de le faire ratifier :

காளயுததி (வரு)        தஎாாஙுமஅ (வரு)
ஆடி மன ஞச

வியாழககிழமைகாலமெஆறுமணிககுகாரைககாலு
மகருககிளாசசெரிகடொடையும் திருமல்றுயனபட்ட
ணம யிதுமுதலாகிய ஆஞசுகிருமமும் வாஙகிறநிமித
தியம கொடடைசுபபயயரும் செஷாசலசெடியாரு
டையகாரியககாறனஅவசறமதிஷனயயனுமசெஷாசல
செடியாரணடையிலெயிருககுறறுயசமதாஙகுமுஞசி
வீரபபயஞும யிபபுதுசாயிபபடததுககு தஞசாஹரீ
லெபொயிருககிறறுசாவினணடையிலெயிருககிறறஙு
கொபபணடிதரவரகளுடையமனுஷன பெரவிளஙகா

[1] Le firman du Grand Mogol fut transmis à M. Dumas par Ali-Dost-Khan, nabab d'Arcate, en août 1736. Les pièces de monnaie qui ont été frappées à Pondichéry ont le même titre, le même poids et la même empreinte que celles d'Arcate, mais elles sont distinguées par un croissant au bas du revers. On a frappé à Pondichéry, au dernier siècle, des *pagodes* en or (8 fr. 50), des roupies (2 fr. 50) et des fanons (0 fr. 30) en argent, et des caches en cuivre (un liard). Les fanons portent sur la face une fleur de lys. De 1830 à 1837, on a fait à Pondichéry des fanons portant la figure d'un coq et au revers le nom de Pondichéry en tamoul, புதுசசெரி.

ன அயயணும ஒருசெருவைககாரணும யிவரகளகூட
குமபினீராசசெவுகாரலுபெரும இவரகள தஞசாஹூர
ராசாவுகு வெகுமானம கொணடுபொறதுகுபபய-
ணபபடடு அபபுறமீனககிபொருகள

Année Kâlayukti          An 1738
mois Âḍi (Âṣâdha) 14     (24 juillet)

Jeudi matin, à six heures, en raison de l'achat de Karikal, du fort de Karkangéry[1], de la Grande Aldée, et des autres localités formant les cinq Grâma: Kotteiçuppaya; Avaçar'amadichanaya; l'homme d'affaires de Çêchâçalachetty; Vîrappaya, qui remplit l'office de secrétaire auprès de Çêchâçalachetty; un autre brame dont je ne sais pas le nom, homme de Rangôpaṇḍita, lequel est auprès du roi de Tanjaour qui vient de monter sur le trône; un chef de compagnie (un Ṭhâbédar?); et avec eux, quatre pions royaux de la Compagnie, sont partis à cet endroit (Karikal?) pour aller porter au roi de Tanjaour les présents qui lui ont été destinés.

M. Dumas s'occupait en même temps de la prise de possession du nouvel établissement:

ஒரு - வெளவிககிழமை பகல்கு மெலழுணுமணி-
கு முசெ தீருவார கானைகாலுகுகொமமநதாமாக-
வும அவுருகுரெணடாவதுமுசெ மடுதெமவீல யெ-
னகிறவணும கொடடைமததுகடட முசெ நெடுததி எ-

[1] Karkangéry, proprement Kârkkiḷâtchêri, est un village situé à quatre kilomètres au S. E. de Karikal. Le 14 octobre 1859, nous sommes allés, mon père, mon frère et moi, y voir l'emplacement du fort détruit par les Anglais après la prise de notre établissement en 1760. Il n'en restait plus qu'une partie du fossé (60 mètres de long sur 4 à 5 de profondeur et 12 à 15 de large) et les fondations des murs de revêtement correspondant. Le dernier gardien du fort ou des ruines du fort, au dire de son fils Narayanapadéatchy (âgé de 60 ans en 1859), propriétaire d'une partie du terrain, se nommait Sidambarapadéatchy.

னகிறவனயிஞுசினீராகவும பயணபிறபபடடு காரைாக-
காலுககுடபொருரகள

ஓரு — உம்சு — சனிககிழமை ஞுள காரைாககாலு-
ககு அனுபபததககதாக செஞுசறுமெனகிறசீமைகட-
பீல்பயணமபணணிககபபலகபபிததான முசெவொ-
பெபெ எனகிறவனும சொலுதாகபபிததான முசெ
லததாறும பெரியமயெயாற முசெ றுசெலும ஞாத-
துருநது முசெ கொககலெனும ஞாறுசொலுதாதும
காரைககாலிலெகணககெழுதுகிறதுககு முசெ திலாரசு
எனகிறகணககனும முசெ செஞுசியெனகிறமிலததி-
சுகணககனும பயணமபணணியநதககடபலினபெரி-
லெயெததி

இதலலாமல கொலலததுககாறர தசசர வாளககா-
றர யிவரகள அறுபது எழுபது சனமாததிரமகூட கட-
பலினபெரிலெயெததி

இதலலாமல செஙகல்சுணணமடுகொடாலிகொடொ-
ளமணவெடடி யிதுமுதலாகியதும பெததிக கபபீல்
காரைாககாலுககுடபயணபபணணி

இநதநாள சாயஙகாலம பயணமாயி அனுபபிஞு ரு-
கள

பாயெடெது வொடிஞு காதது யிலலாதபடியிஞு-
லெ ஓசநதுபொயிவைசசுபபிடிசசு நஙகூரமபொடடு-
கொணடுகிடநதான

Vendredi 15, à trois heures de l'après-midi, M. d'Hérouard(?), qui doit être commandant à Karikal; M. Martainville, son second, et M. Rebutty, qui doit être ingénieur pour faire les travaux au fort, se sont mis en route pour Karikal.

15 (Adi). — 26 (juillet). — Samedi, le navire de France, *le*

## LES FRANÇAIS DANS L'INDE. 345

*Saint-Géran*[1], ayant été désigné pour aller à Karikal, M. Aubin, capitaine de navire; M. Delatour, capitaine de soldats; le grand major M. Roussel; le lieutenant M. Goguelin(?); cent soldats; le comptable M. Delarche et le comptable mulâtre M. Saint-Gilles(?) qui devront tenir les comptes à Karikal, se sont embarqués sur ce navire pour faire le voyage.

En outre, forgerons, charpentiers, scieurs, en tout environ soixante ou soixante-dix personnes se sont aussi embarquées sur le navire.

En outre, on a embarqué sur le navire, pour envoyer à Karikal, de la pierre de chaux, des haches, des serpes, des houes et autres choses analogues.

Ce jour même, au coucher du soleil, on lui a donné congé.

Il a déployé ses voiles et s'est mis en marche, mais comme il n'y avait pas de vent, il roulait et se couchait; aussi, jetant l'ancre, s'est-il arrêté.

Les négociations furent plus longues et plus laborieuses qu'on ne l'avait tout d'abord pensé, et ce ne fut qu'en 1739 qu'il fut possible de prendre possession de Karikal :

காளயுததி (வ்ி)        தூளாாநம்க்கை
மாசி மன உ ம்           ஆணடு

இததனுளசெவவாயிககிழமைகாலமெ ஒனபதும்-
ணிககி கொடடமையில வரிசை வைசசு வரிசையிலெ
ராயஸ்ரீ துணையவரகளவநது நிணைஞு முசெ புரி கை-

[1] C'est le vaisseau dont Bernardin de Saint-Pierre a immortalisé le naufrage, qui eut lieu, comme on sait, à l'île de France dans la nuit du 17 au 18 août 1744, par un très beau temps, uniquement à cause de l'impéritie de ses officiers; on ne put rien sauver de la cargaison, et, de tout l'équipage, neuf hommes seulement survécurent. En allant de Pondichéry à Karikal, en 1738, il paraît qu'il s'arrêta à Tranquebar; car, aux archives de Pondichéry, on trouve une plainte formelle du gouverneur danois accusant *le Saint-Géran* de s'être livré à «des violences» dans la rade de Tranquebar. La citadelle de Tranquebar s'appelait alors Danskborg.

யிலெ ஒருகடதாசி எழுதிககுடுத்துபபடிககசொனா-
ஞாஅவா அநதககடதாசியைககொணடுவநது யெ-
லலாரும அறியததககதாக மூசெ குலாா காாகைகாலு-
ககு கொமநதாமாயிபபொறா எனறுபபடிசசுககாண-
பிச்சாா

படிசசஉடனெ ராசஸ்ரீதுரையவாகள் மூசெ குலா-
ாகைகடிகைகாணடு முததமிடடுககொணடாா - மதத
ஆலோசனைக்காறா யெலலாரும வநது அவாவா மெ-
னவிக்கொணடாாகள்

அதனபிறபாடு யிவரும சாயநகாலம ஆதிசுலுபபி-
லெ யெறியிவருடடடுமுடடுயெலலாம யெததிக கொ-
ணடுபயணபபடடாா

       Année Kâlayukti            An 1739
      mois Mâçi (Mâgha) 20      (10 février)

Aujourd'hui mardi, à neuf heures du matin, on a rangé (les soldats) en ligne dans la citadelle. M. le Gouverneur est venu dans les rangs, s'est arrêté, a donné un papier écrit à M. Bury, et lui a dit de lire. Celui-ci, prenant le papier, l'a lu à haute voix de façon que tous le sachent, en disant : «M. Golard va comme commandant à Karikal».

Aussitôt cette lecture terminée, M. le Gouverneur embrassa M. Golard, et tous les autres membres du Conseil vinrent le féliciter.

Puis, au coucher du soleil, celui-ci monta sur le *sloop* n° 1, où furent embarqués tous ses meubles et ustensiles, et il se mit en route[1].

---

[1] Voici le procès-verbal officiel et authentique de la prise de possession de Karikal, d'après une copie prise par mon père sur l'original en parchemin qui est conservé aux archives de Pondichéry (carton 103, fascicule 46) :

«Au nom de Dieu tout-puissant!

L'an mil sept cent trente-neuf, le quatorzième février de la vingt-cinquième année du règne de Louis quinze, Roy de France,

En vertu de la vente qui a esté faite l'an mil sept cent trente-huit à la nation française par Sahagy marajou, Roy de Tanjaour, feudataire des terres

Le Gouvernement n'avait pas seulement affaire aux potentats indigènes. Bien des ennuis lui étaient suscités par les Européens dont il fallait souvent réprimer les excès de zèle, comme dans le cas suivant :

சிததாறததி ஞூ       தூளாசம் ஞூ
மாசி மை உடிச       மாரிசு மை ச

வியாழககிழமை சாயங்காலம உளரிலெநடநத செ‑
திஎெனணவெணடால ஒயலவாணிய சொலயபபன

de Karical, de la forteresse de Karkangéry et des aldées qui en dépendent, laquelle vente nous a été consentie et concédée de nouveau par le puissant seigneur Chandersaheb, général de l'armée de l'Empereur Mogol et du Tanjaour et de Trichenapaly, dont il est actuellement en possession, lesquels actes et confirmation sont cy-après transcrits,

Nous, Golard, conseiller du Conseil supérieur de Pondichéry, envoyé à cet effet par Monsieur Dumas, écuyer, chevalier de Saint-Michel, commandant général de tous les établissements français aux Indes, gouverneur de Pondichéry et président du Conseil supérieur y étably, et par Messieurs du Conseil supérieur dudit lieu,

J'ay, au nom du Roy de France et de la Compagnie des Indes, pris possession de Karical, de la forteresse de Karkangéry et des aldées qui en dépendent, sçavoir : Tiroumalerayanpatanam, Quileour, Meleour, Poudoutoré, Cottypatou, Tenelar, Kalicarou, Maratapoury, Arigapatou, Oulqueray, et sur lesquelles terres j'ay arboré le pavillon de Sa Majesté,

Et les forteresses de Karcangéry, Karical et ses dépendances, m'ont été remis ce jour sans aucun trouble n'y obstacle, pour dorénavant appartenir en toute propriété et à perpétuité à la Compagnie des Indes et à la nation française.

En foi de quoy, nous avons dressé le présent procès-verbal, en présence de Navaouskan..... officier de l'armée de Sandersaëb, du seigneur Francisque Pereira, médecin et agent du Nabab, de M. Delatour, capitaine des troupes françaises, soussignez.

Fait à Karikal, le quatorze février mil sept cent trente-neuf.

Signé en langue maure :        GOLARD,        DELATOUR,
    NAVAOUSKAN.                ROUSSEL,       DUFRESNE,
             PERERA.    St-MARTIN,    NICOLAS.

தமபி செட்டிபாகீயததிலெ குடியிருககிறவன அவனு-
டயமகன பனிரெண்டுபெதிமூணுவயசுபபிளீளையாண-
டான அவனை அங்கெயிருக்கிற கிறீஸ்துவரெட்டியள
பொதிச்சு சமபாவுலுகோவிலிலெ கொண்டுபோயி
ஞானஸ்நானமபணணிவிச்சு ரெண்டுநாள கோவிலிலெ
தானெ வச்சுக்கொணடிருநதாரகள அபபடியிருக்கச்-
செ அநதபபிளீளயினுடைய தாயிதகபபன எல்லாரு-
மாயி உளுறுளுழுகீலியுமதெடி யெங்குங்காணமல இ-
ததைநாளகாலெமெ கோவிலவாசலபபடியிலெநிகக க-
ணடாரகள

Année Siddhârti      An 1740<br>
mois Mâçi (Mâgha) 24     Mars 4

Jeudi, au coucher du soleil. Si l'on demande quelle est l'affaire qui s'est passée en ville, (sachez qu')un habitant de Tambireṭṭipaléon, Çôleiappen, marchand ambulant, a un enfant, un fils, un garçon de douze à treize ans. Des reṭṭis chrétiens de ce village le cachèrent, le menèrent à l'église Saint-Paul, le firent baptiser[1] et le laissèrent dans l'église où on le garda deux jours. Cependant le père et la mère de cet enfant le cherchaient aux quatre coins de la ville sans le trouver nulle part. Aujourd'hui même, ce matin, ils l'ont vu qui se tenait debout sur le seuil de l'église.

M. Dumas avait demandé à rentrer en France. Il fut nommé Directeur de la Compagnie, et en reçut l'avis le 19 juillet 1741 ; Dupleix, commandant à Chandernagor, avait été déjà désigné pour le remplacer. Sans l'attendre, Dumas remit le gouvernement à son second le 16 octobre

---

[1] Ânandarangappa emploie ici l'expression chrétienne ஞானஸ்நானம (sanscrit ज्ञानस्नान) «bain de la sagesse».

et s'embarqua le 19 sur le navire amiral de Labourdonnais qui mit à la voile le lendemain.

Dupleix n'arriva à Pondichéry que le 14 janvier suivant :

துறமதி (ஹு)     எத்தாசயிஉ (ஹு)
தையி மன ச     சனவாரி மன யிச

சனிவாரஞள காலமெபததுமணிகு வஙகாளததி-
லெயிருநது ஒருகபபல்வொடிவநதுவசசுபபிடிசசு - கூ-
பீரஙகிபபொடடான - அநதககபபலிலெவநதசெதி -
யென்னெனறுல் யிநதககபபுடனெகூட றுகபபல
வஙகாளததிலெ பிறபபடடொம வெருகபபலிலெ து-
னா வருகுறா அநதமூணுகபபலும யிணணகுகா-
ணுமொணுககாணுமொயென்றுசொனனுன

இததைளசாயஙகாலமனுலுமணிகு அநதமூ-
ணுகபபலுமகணடு அதிலெ வெருகபபலிலெ மூ-
செ துபபௌக்கிசு அவரகள இவடததுகுதொரதத-
னததுகுவநதபடியிஞுலெ அமராலபொடுககொ-
ணடுவெநதார - வாசசெதானெதுறையிலெயிருநதகபப-
லகாறொல்லாரும அவரவரபீரஙகிசுடுமிரியாதைபண-
ணிருகள - பிறபபாடு கொடடைககு யிருபதெதொருபீ-
ரஙகிபொடடார - பதிலுகு கொடடையிமெல் யிருபத-
தொருபீரஙகிபொடடாரகள - கடமரததிலெ கடுதாசி
ரு-மணிககிவநதுது - அநதககடதாசியிலெ கடல்வொ-
ரமாயிருகுது காலெம யிறகுமென்று செதிவநது-
து - யிதுகுளெயிவடததிலெமுஸ்தீதுபணணிகட-
லொரததிலெயிருநதுதுரைவீடுமடககும ரெணடு
பிறமும வாழைமரமும தென்னமடையுநடடுமுஸ்தீ-
தாயிருநதார்கள

அநதமடடிலெயிருநது காலமெ-ரு-ஆதிவாரனுள
காலமெ ஆறுமணிககி அசுபதிநகூதூதிரம மகரலககி-
னததிலெ முசெ திபபளெககிசு அவரகளும அவருடை-
யபெணசாதியும மைதததுமுளளசனஙகளுடெனயிறஙு-
கிஞர-துறையிலெயிறஙகினஉடனெ கொடடையிலெ
உஃக-பீரஙகிபொடடாரகள-கடலொரததிலெ தானெ
இவடததிலெயிருககபபடடதுஞயஎள ஆலொசணெககா-
ஞா மைதததுமுணடானபெரியமனுஷீர ஆனவருமபொ-
யிகணடாரகள-அஙகெயிருநதுகால நடையாயியிருபி-
றமுமபாறுவரததககதாக கொடடைகஙுளெபொயி
கொவிலிலெ பூசைகெடடஉடனெ பாறுவசசு மூனுதர-
ம பாறுதீநதாரகள-பிறபபாடுெயடெமணிககு கொட-
டையிலெயிருநதுவீடடெகுவநதார-வரசெசயும நட-
நது தானெ வநதாரகொடடைவிடடுபிறபபடசெ-உ
ஃக-பீரஙகியுமவீடடெகஙுளெவநது நுழைஞசஉடனெ
உஃக-பீரஙகியும பொடடாரகள-அநதமடடிலெ நட-
டுமுடுககாற ஞடகசாலெயஞுடனெ சகலம பிறமத-
துட ெனயும வநது சுபதினததில வீடடிலெவநது துர-
ததனததுககு உளுககாநதார

| Année Durmati | An 1742 |
|---|---|
| mois de Tâi 4 | (14 janvier) |

Samedi, à dix heures du matin, un navire est arrivé en courant, venant du Bengale. Il a tiré neuf coups de canon. Si l'on demande quelle est la nouvelle arrivée par ce navire, (sachez qu')il a dit : « Avec ce navire-ci, nous sommes partis quatre navires du Bengale; sur un de ces navires vient M. le Gouverneur; l'on ne sait si on verra les trois autres navires aujourd'hui ou demain ».

Ce même jour, à quatre heures de l'après-midi, ces trois navires ont été aperçus. Comme sur l'un d'eux vient, pour être le chef de cette place, M. Dupleix, il y a mis le (pavillon) amiral. Au moment même où il arrivait, tous les hommes des navires qui étaient à la côte lui ont fait honneur en tirant le canon l'un après l'autre. Puis il a tiré vingt et un coups de canon au fort; en retour, dans le fort, on a tiré vingt et un coups. A cinq heures, sur un *cattimaron* [1], est venu un papier. Dans ce papier est venue cette annonce : «la mer est forte; on descendra demain matin». Alors, dans cette place, on se mit à faire des préparatifs : depuis le bord de la mer jusqu'à la maison de M. le Gouverneur [2], des deux côtés, on planta des bananiers et des cocotiers.

Mais, le 6 (de *Taï*, 15 janvier), à six heures du matin, sous l'astérisme Açvadi et la constellation Makara, M. Dupleix, sa femme et toutes les autres personnes qui étaient avec lui descendirent (à terre). Dès qu'il fut descendu à la côte, on tira vingt et un coups de canon dans le fort. Au bord de la mer allèrent le recevoir les Messieurs qui sont dans cette place, Conseillers et autres grands personnages. De là, à pied, avec une escorte de soldats des deux côtés, il alla dans le fort, entendit l'office dans l'église; puis, tout de suite, l'escorte s'aligna et tira trois feux de file. A huit heures, il se rendit à pied du fort à sa maison. On tira vingt et un coups de canon quand il sortit du fort, et vingt et un quand il entra dans sa maison. Cependant les danseurs, les musiciens, les bayadères avec toute la pompe ordinaire, vinrent chez lui pour cet heureux jour, et il s'assit pour recevoir leurs hommages.

Depuis qu'il avait reçu avis de sa nomination en remplacement de Dumas, Dupleix s'était marié à Chandernagor,

---

[1] Proprement *kaṭṭumaram* «arbres attachés», sorte de radeau long insubmersible, formé généralement de trois ou cinq troncs d'arbres liés ensemble.

[2] En 1742, le gouverneur n'habitait plus dans le fort. Sa maison, ainsi que l'hôtel de la Compagnie, étaient à l'entrée de la partie nord de la ville blanche, en face du fort Louis. L'hôtel du Gouvernement occupe encore le même emplacement; l'hôtel de la Compagnie est devenu celui du procureur général.

le 17 avril 1741, avec M^me V^ve Vincens[1]. Elle lui donna, l'année suivante, un fils qui ne vécut pas :

துமதுபி ஸ்ரீ தூளசயில ஸ்ரீ
புரட்டாசி மை-உம்அ ஒயிதெதாமபர மை-ம

புதவாரனுளமததியானமபணிரெண்டுஅடிசசுஅறை
மணிககு |ா| துணையவரகள முசெ திபபளெககிசு
அவரகளுககு புததிறொசசவமாயி ஆணபிளனபிறநது-
துபிறநதஉடனெ துறையிலெயிருககிறகபபஙகளபெ-
ரிலெகபபஙககுபபல .உம்க-பீரஙகிபொடடாரகள
கொவிலிலெ மணிஅனானுழிகைகடெக்கும முழஙகித-
துதுயிதுககுளளெ அநதபபிளனசுபாமிபாதமசெத-
துபபொசசுது-அநதபபிளனயிருநதகாததிரம வொ-
ருவருஷததுபபிளனபபொலெயிருநதது அதை மஙை
கலமெஸ்திரி அளநதுபபாதததுசசொனனது-சாதி அ-

---

[1] Fille de Jacques-Théodore Albert, chirurgien de la Compagnie royale de France à Pondichéry, et de Élisabeth-Rosa de Castro, de Madras, Jeanne Albert avait épousé à Pondichéry, le 5 juin 1719, M. Vincens, conseiller au Conseil supérieur, originaire de Montpellier. Elle lui donna six enfants, deux garçons dont le premier naquit le 27 mai 1720, et quatre filles dont la dernière ne vécut que onze mois. L'aînée de ses filles se maria à l'âge de 16 ans avec François Coyle de Barnevall; les deux autres, âgées alors de 17 et de 15 ans, se marièrent le même jour, en 1743, l'une avec François-Corneille de Schonamille, gouverneur de Banquibazar qui appartenait aux Hollandais, et l'autre avec Jacques Duval d'Esprémenil, conseiller à Pondichéry. Dans son acte de mariage avec Dupleix, il est dit que M^me V^ve Vincens est âgée de 33 ans; M. Laude, à qui j'emprunte les détails qui précèdent, en conclut que Jeanne Albert doit être la même que Marie-Françoise Albert qui est née à Pondichéry le 18 mars 1708. Il me paraît impossible qu'elle ait pu se marier à onze ans et être mère à douze. Il est plus probable qu'elle est née auparavant, sans doute hors de Pondichéry. M. Vincens a dû mourir à Pondichéry vers 1739 ou 1740.

# LES FRANÇAIS DANS L'INDE.

டியாடுலெகொண்டனா அடியிருநதுது - யிததிீனகாததிரா-
மும யிததனீநிகளமும வொருபிளீயுமபிறககக-
ணடதில்லீயெனறுசொனனன

| Année Dundubhi | An 1742 |
| mois de Purattâçi (Pûrvabhâdrapada) 28 | Octobre 10 |

Mercredi, à la demie après midi sonné, il naquit à M. le Gouverneur Dupleix un enfant mâle. C'était la fête de la naissance : dès qu'il fut né, les navires qui sont à la côte, un à un, l'un après l'autre, tirèrent vingt et un coups de canon ; à l'église, on sonna la cloche pendant une demi-heure. Cependant cet enfant mourut et alla aux pieds du Seigneur. Par sa corpulence, cet enfant était comme un enfant d'un an, à ce qu'a dit le maître des cérémonies qui l'a vu et mesuré; il avait, en pieds d'Europe, deux pieds et demi : «On n'a jamais vu naître», disait-il, «un enfant si gros et si long».

Le *Journal* d'Ânandarangappa contient, ce qui le rend d'autant plus intéressant, le récit de faits tout à fait locaux, où se trouve la trace des usages domestiques et des superstitions populaires :

| ருததிரொரதகாரி ஹு | துளாசயீம ஆணடு |
| மாரகழி மை - அ | திசமபர மை |

வியாழககிழமை — இததைளசாயஙகாலீம முழூ-
மணிகு கணடஅதிசெயமெனனவெணடால்இதுவ-
னாககுமபததுபதினுஞுளாயிபடடமபகலிலெ நக்ஷ்-
ததிரம கணடுகொணடவநதுது பிறபாதுரெண்டுந-
க்ஷ்க்ஷ்ததிரம கணடுகொணடெவநதுது - அதெனன-
மொவிபரிதமெனறுமபடடமபகலிலெ நக்ஷ்ததிரமகா-
ணகிறது ஆசசரியமாயிருககுதெனறுசொன்னாகள
அபபடியிருககயிதைளசாயமகாலம ஐஞுமணிக-

குவாயுவுமூலையிலெ வொருநக்ஷத்திரம பூசனிககாயி-
பருமனிலெயறிஞுசுககொண்டவிழுநதுது - அதையி-
நதபபடடணததிலுளபெரசகலமானபெருஙகண்டா-
ரகள - ஆகுல யிதிஞுலெயெனனவீபரீதமபிறககுமொ
தெரியாதெனறுசகலமானபெருமசொல்லிககொண்டா-
ரகள - யிபபடிபபட்டமபகலிலெநக்ஷ்ததிரம யெறி-
ஞுசுவிழுநதுது ஒருகலாகாலஙகளிலெயுமில்லை எனகி-
றதாக சகலசெனஙகளும சொல்லிககொண்டாரகள

Année Rudhirôdgâri          An 1743
mois de Mârgaji (Mṛgaçîrṣa) 8      Décembre

Jeudi. — Aujourd'hui, à quatre heures de l'après-midi, si l'on demande : «Quelle est la merveille qui a été vue?», (sachez que) depuis dix à quinze jours, on voyait des étoiles en plein jour. Puis on vit constamment deux étoiles. On disait : «Comment cela? C'est une calamité! C'est merveilleux de voir des étoiles en plein jour!» Mais, ce même jour, à quatre heures de l'après-midi, du côté du nord-ouest, est tombé, en s'enflammant, un astre qui avait la grosseur d'une citrouille. Tous les gens qui étaient dans la ville l'ont vu et toutes les personnes disaient : «Quelle calamité résultera de cela? Nous ne savons!» Tout le monde disait aussi : «A aucune époque, on n'a vu ainsi tomber et s'enflammer des étoiles en plein jour!»

Le chroniqueur raconte même les affaires de sa propre famille :

றகதாஷ்சி வுல்      சூளாசஞ்ச ஆ-
ஆணி மன        சூணி மன

ரு — சொமவாரஞளபஞுசமி மகநக்ஷ்ததிரம இத-
தைதநாள காலமெம உதிசசு எ-ஞுழிகைககுமெலசிரஞுசீவி-
பாபடபாள ருதுவாஞுள

## LES FRANÇAIS DANS L'INDE.

ஃக — திஙகளககிழமைஞுளே ருதுசாநதிகலியாண-
மபணணிநாரகள - ருதுவாஞுளமுதல யிநதபதினஞ்சு-
நாஃகுளளே யிநதபடடணததிலெயிருககபபடட
பெரியமனுஷரஉததியொகஸததரசகலமானபெருமபி-
றதிநிததயம அஞுசுவரிசை ஆறுவரிசைவிழுககாடு ...
... வரிசைவநதுது - யிபபடிபபடடசமபிறமமயிநத-
படடணததிலெ இருககபபடடபெரியமனுஷவீடடுக-
லியானஙகளுககு கூட இபபடி நடநததிலஃீல எனகிறதாக
சகலசனரும சொலலிகொணடாரகள

Année Raktâkchi    An 1744
mois d'Âṇi     Juin

5 Mardi (15 juin), — Cinquième jour de la lune, — Astérisme Maga. — Ce jour même, le matin, le soleil levé, après la septième *nâjigei*[1], (ma sœur) *Çirandjîvipâppâḷ* devint nubile.

19 Lundi (29 juin), on a célébré la fête du *Ṛtusândhi*. Depuis ces quinze jours qu'elle devint nubile, les grands personnages, les employés, et tous les gens qui sont dans cette ville, ont formé tous les jours cinq à six *variçei*[2] qui venaient à la maison. « De telles cérémonies n'ont pas encore été vues », disait-on, « même lors des fêtes qui ont eu lieu chez les grands personnages qui sont dans cette ville ».

Le chroniqueur n'a garde de passer sous silence les petits cancans, les scandales de la ville noire ou de la ville européenne. A cet ordre de faits appartient l'aventure suivante qui montre la justesse d'esprit de Dupleix et dont le

---

[1] Les Indiens du pays tamoul font commencer le jour au lever du soleil; ils le divisent en 60 *nâjigei* (*nâḍikâ*) de 60 *vinâḍi* chacune. Chaque *vinâḍi* est subdivisé en 60 *noḍi* « clin d'œil, claquement de doigt ».

[2] Rangs, séries, lignes de serviteurs portant des présents.

héros est un certain M. Coquet, un nom prédestiné, comme on va le voir :

அகே*ய நூல்           கூளாசயுகு ஆணடு
சிததிரை மை           அபிநில மை
ஜு-வெளளிககிழமை      உஉஉ

இதைதைகுளபடடணததிலெநடநத அதிசயமெனன வெனறுலமுசியெகொககெததெனகிறசுமாரஷ்ரமநொ- தெதொராயிருககிறவன நெததையதினம சாயும காலமா- னயெழுமணிகுவீட்டிலிருநதுபிறபபடடு மீராபவியி- லெ யிருககிறமுசியெபாசுகுதொடததுகுபபொய சாராயம குடிசசு அவடதிலிருநதுமறுபடிவீடடுககுப- பொறவன அநததெதருவிலெ ஒருவீடடுககுளெபுகுந- து பெணடுகளிருககிறாகளொவெனறுபாறகிறபொது யிருடடாயிருநதபடியிகுலெ அடுபபிலெ யிருநதகொ- ளியையெடுதுககொணடுவிசறசசெ அநதவீடடுக- குளெயிருநதஒருபெணசாதிவெளியெபிறபபடடுஒட- சசெ இவனசபாதை உருவினவரசசெஒடசசெ அவள ஒடிபொய அவடதிலிருநத அசலவீடடிலெபுகுநது வெகுசாயகூபபிதது அழுதாள-அபபொ அவடததி- லிருநததமிழருமபினனையும சிறிதுவழிநடபபுககாற- ரும கூடி சொலதாதுவநதுபூநதானெனறுபாரககசசெ இவன அவடதிலிருநதபுதுசாயகடடினகூவாவீடெக- தவிலலாதபடியிகுலெ அநதவீடடுலெபுநது ஒவிசசுக- கொணடான-அபபொ தமிழாபயநதுவீடைடசுததி- யிருநதாரகள-அவன அநதவீடடி லெசததுடெநமிருந- துபிறபபடடுமணணுநகடடிகளயெடுததுக கொணடு

பொட்டான - அப்பொ அந்தத்தெருவிலெ கூட்டமாய்-
பபதிநகியிருநதவரகள பிறகெநாலுபெர பொயபிடி-
ச்சு எல்லாருஙசுடியடிசுசு அவனுடைய பொனபொதத-
முதலாகியவெஸ்துயெலலநகிழிஞ்சுபொகததககதாக
அடிசசு கததியும பிராமையும்பிடிநகிக கொண்டு
சினனதுனைவீடடிலெகொண்டுபொய ஒபபிச்சாரகள
அடிச்ச அடியிலுல தலீபிளந்தபொயினிமெல்பிழகக-
மாட்டானென்றுசொலலுகிறரகள - அவனுடைய ஆயி-
சு எபபடியிருக்குதொ அதுயினிமெல அறியவெண்ணும
இநதசெதி |ா| துனையவரகளகெடடு தமிளனவீடகெகு-
ளெ வெளளககாறனபுகுந்துபொண்டுபிடிக்கப்பொ-
குல அவரகள சுமமாயிருபபாரகளா நல்லவெலிசெ-
யதாரகளென்றுசொனனரா - அடிச்சவரகளினுரொனறு
தெரியாதபடியினுலெ சாரிக்கிறரகள - இனனம அடிச்ச-
வன அகபபடடதுயிலலெ

Année Akchaya       An 1746
mois de Çittirei (Tchâitra)    Avril
13 vendredi           22

Si l'on demande : « Quel événement intéressant s'est passé aujourd'hui dans la ville? », (sachez qu')un sous marchand, notaire, appelé M. Coquet, était sorti de chez lui hier, à sept heures de l'après-midi, était allé au jardin de M. Fasque(?), à Mîrâpaḷi, y avait bu du vin et s'en revenait ensuite à la maison. Dans cette rue, il entra dans une maison et voulut voir s'il y avait des femmes. Comme il faisait noir, il prit dans le foyer un tison qu'il agita. Alors une fille qui était dans cette maison sortit en courant. Il lui courut après, en perdant ses souliers. Elle courut, entra dans une maison voisine en criant et se mit à pleurer. Alors des Tamijer [1] qui étaient là et d'autres

[1] C'est-à-dire des tamouls, des gens de caste (à l'exclusion des parias).

gens qui passaient s'attroupèrent, se dirent : «Un soldat est venu entrer là», et se mirent à chercher. Lui, alors, s'enfuit et alla se cacher dans une paillote nouvellement bâtie et qui n'avait pas de porte. Les Tamijer eurent peur et entourèrent la paillotte. Lui, après être resté quelque temps dans cette paillotte, ramassa des mottes de terre et les leur jeta. Alors, de ceux qui étaient rassemblés dans la rue, quatre personnes passèrent par derrière, le prirent, et tous ensemble le battirent au point de lui déchirer ses habits à commencer par sa veste à boutons d'or, lui arrachèrent son épée et sa canne de rotin, et, après l'avoir bien battu, le portèrent chez le petit Monsieur[1] où ils le laissèrent. On dit qu'il ne pourra pas se rétablir des coups qu'il a reçus et qui lui ont fendu la tête. Comment est son état? voilà ce qu'il faut savoir. Quand M. le Gouverneur apprit cette affaire, il dit : «Si un blanc entre chez un Tamijen pour prendre des femmes, demeureront-ils tranquilles? Ils ont fait un bon ouvrage». Comme on a dit : «Nous ignorons quels sont ceux qui l'ont battu», on les recherche. On n'a pas encore trouvé celui qui a battu.

M. Coquet ne mourut pas de ses blessures; il était en 1750 à Mazulipatam : une lettre du 29 mai 1751 dit incidemment qu'il y est mort peu de temps auparavant (Archives de Pondichéry).

L'extrait suivant montre Dupleix sous un jour beaucoup moins avantageux :

அக்ஷய ஹு        துளாசியசு ஆணடு
வையாசி மை        சுனி மை
கூழ-வியாழககிழமை     கூ

இநதபபடணததிலெ நடநத அதிசயமெனன வெ-
னறுல முன உய்ரு-சனிவாரகுளராததிரிபனிபெணடு

---

[1] L'intendant, l'ordonnateur, par opposition au gouverneur qui était «le grand Monsieur». Ce pouvait être aussi un nom propre d'Indien, *Sinnadoré*.

நாழிகைகுமெலபதினெஞ்சு நாழிகைகளுளெ செஷ்சச-
லசெட்டியார குமாரததிகளரெண்டுபெரகளுககும ஒரு-
முகுரததததிலெ கலியாணமுடிஞ்சுது – அநத ரெண்டு-
பெணகளுககும மாபபிள்ளெ ஒருததன திருமலீராயனப-
ட்டணமராசசணசெட்டியாரகுமாரன ஒருததனமதிரா-
வாலிசெட்டியாரகுமாரன நாகபடடணததிலெயிரு-
ககிறவன - ஆகுலிந்த ரெண்டுபெணகளுககுமொருமுகு-
றதமாயசெய்யுறவரகலியாணசசிலவுரெமபச சுருககத-
திலெ வீடடுகுளளெ அடககிபபொடடார –

இநதககலியாணததுகு இதததுளவியாழகிழமை
சாயுங்காலம அறுமணிககு |ா| துரையவரகள மூசி-
யெ துபபளெக்சு அவரகளும அவரகளபெண்சாதியும
மூசியெதுபுவா மதாமதெடரொமெனி மூசியெலொஸ்-
தீசு மதாமகொறெனெதது யிவரகளெலலாரும வநது
அரைநாழிகை உளககாநதிருநது பிறகு யெழுநதிரு-
நது வீட்டுகுளளெமுதலகட்டிலெபொயிமாபபிளெ-
யும பெண்ணையும பாத்துபபொட்டு மறுபடியும பந்-
தலிலெவநதுதிததிபபுமேசையினபெரிலெ உளககா-
நது த்ரிததிபுசாபபிட்டு அரைநாழிகையிருநது பிற-
பாடு பிறபபடடுவெளவுககுபொயிவிட்டாரகள - வாச-
சபுறசநகி – உம்க உளககாரசசெ – உம்க சாபபிடசசெ-
செ யிருபதொண்ணு யெழுநதிருககசசெ – உம்க
பொகசசெ – உம்க இநதபபடிக்கு நாலுதாமசபுறசங-
குசுட்டாரகள

ஆகுல |ா| துரையவரகளவநதபடியிலெ வெகு-
மானம குடுததவயணம |ா| துரையவாகளுககு ஆயி-
ரம ருபாயும மதாமுககு நூறு ருபாயும அநதறங்கத-

திலெ குடுதது விடடு பநதலிலெ பாககுவெடடிலைபன-
னீரபுஷபபஙகளமாததிரம குடுததாரகள

| | |
|---|---|
| Année Akchaya | An 1746 |
| mois de Vâigâçi (Vâiçâkha) | Juin |
| 30 vendredi | 9 |

Si l'on demande : « Quel événement intéressant s'est passé aujourd'hui dans la ville? », (sachez que) le samedi 25 courant (4 juin), de dix heures trois quarts du matin à minuit, s'est accompli, en une seule cérémonie, le mariage des deux filles de Çêchâçalachetty. Les maris de ces deux jeunes filles sont : l'un, le fils de Râtchanachetty de la Grande Aldée; l'autre, qui habite Négapatam, le fils de Vâlichetty de Maduré. En faisant ces deux mariages en même temps dans la maison, on a réduit la dépense à peu de chose.

A cause de ce mariage, aujourd'hui jeudi, à six heures du soir, M. Dupleix, sa femme, M. Dubois, M^me^ d'Espréménil [1], M. Lostice(?) et M^me^ Cornet [2], sont venus (chez Çêchâçalachetty). Après être restés assis pendant une demi-heure, ils se sont levés et sont entrés dans la première pièce, ont vu l'époux et l'épouse, puis sont revenus sous le *pandal* [3]. Assis autour d'une table de sucreries, ils en ont mangé et, au bout d'une demi-heure, ils sont partis. On a tiré quatre fois (*sic*) vingt et un coups de boîte : vingt et un à leur arrivée, vingt et un quand ils se sont assis, vingt et un quand ils se sont mis à table, vingt et un quand ils se sont levés et vingt et un quand ils sont partis.

Mais, comme M. le Gouverneur est venu, voici la manière dont on lui a fait un présent. On a donné en secret mille roupies à M. le Gou-

[1] C'était la troisième fille de M^me^ Dupleix. Le célèbre conseiller au Parlement, député en 1789, était son fils; il était né à Pondichéry le 20 septembre 1746.

[2] On se rappelle l'assassinat de M^me^ Gustave Cornet par Marchandon, son valet de chambre, rue de Sèze, à Paris, le 16 avril 1884. Son mari appartenait à la même famille que la visiteuse de Çêchâçalachetty.

[3] *Pandal*, sorte de dais fixe ou de pavillon de feuillages, etc.

verneur et cent[1] à Madame; sous le pandal on a donné seulement de l'arec, du bétel, de l'eau de roses et des fleurs.

Nous touchons à la grande époque. L'escadre de Labourdonnais est annoncée. Elle arrive le 9 juillet, après un engagement avec l'escadre anglaise près de Négapatam, Tranquebar et Portenove :

அக்ஷய வரு        தூளாசயுசு ஆண்டு
ஆனி மத உ௰அ     சூலி மத
வெளளிகிழமை            அ

இத்தனுபதிநொணணாமணிகு ஒருகபபலகக-
ணடு-வெளங்கெகாடிபொடவருத்துயெனறும கொ-
டடையிலெகொடிபொடடிருகுதெயெனறும துரை-
குகுபுறுவநதுசொனனுரகெனனறும அருஞசலசெட-
டிவநதுசொனனதினபெரிலெவெளியெபொய சமுததி-
ரககரையெபொயபபாறபொமெனறு பாககுகிடங-
குலெயிருநதநானவெளியெபிறபபடடவுடனெ மல்க-
கொழுநதமுதலியின்னயமகனவறலாமெனகிறவன என-
னகணடு துரைமெததைமெலலெயெறிபபாதுதுசீமை-
ககபபலவநதுது நமமுடகபபல எனறுசமபாகொவி-
லசுமபெரியொரகெடுகு எனனபபொயச சொசொலல-
சசொனனுர சொனனுன -அதினபெரிலெகடககனாககு-
பபொனென

அங்கெ முசியெ லவீலபாகு முசியெ ஒசெ பவொரி

[1] 1,000 roupies font 2,500 francs. Dans un autre passage des Mémoires, nous voyons M^me Dupleix demander à un solliciteur de l'emploi de courtier 10,000 roupies pour son mari et le tiers en sus pour elle. M. Gallois-Montbrun a trouvé, dans un autre passage, que Dupleix aurait reçu 100,800 francs pour prix d'une décision dans une succession contestée.

யெனகிறகபபல் அசசியிலெபறிகுடுதத முசியெ லஷி-
னெமுதலானபெரிருநதாரகள - அவரகள் ஆருடையக-
பபலெனறுகெடடததுககு முசியெல்வீல்பாகுசொனன-
து இநதகபபலங்காளதது அறமசரம யிதினபெரம-
ரியசுசெபபுகபபிததான முசியெஷபபளுஞொ இநத-
ககபபலிலெ பல்கறையெததிவருகுது யெனறுசொ-
லியிதுமசுககறைககுபொயிருநதுது இநதககபபல்-
வடததிலெயிருநதுவருகிறதாயிதொததுதெனறுசொ-
னனுன - ஆஒலினனமிததுடனெகூடககபபலவராமல
யிதுமாததிரம வரமாடடாதெயெனறுகெடடென - அ-
துககெனனசநதெகமாயெனறுசொலிபபொடுபொ-
யவிடடார - இபபடியிருககசசெ கபபலுககுபொ-
யிருநதகடமெரம காகிதங்கொணடுவநதுது எனறு
செவுகனவநது கபுறுசொனனுன - யிதிலெ அநதகா-
கிதததைமுசியெ ஒசெ வாங்கிபபாதது கபபலமியெ-
சொசெபபு எனறுகபபிததான முசியெஷமபிளு ஞொ-
எனறுபல்கறையெததியிருககுதுயெனமும யிதுககுயெ
மூகாதவழியிலெமுசியெலுடுதொனெகொமமநதா-
ம கபபல்கூட ஒனபதுகபபல்விடுடெபெடுவநதெ-
தெனறும இங்கிலீசுகபபலுடெனெசணடைககுநிற்கிறு-
ரகளெனறும நம்முடகபபுள் அபசயபபடடாய-
க்காணுதெனறும நம்முடகபபுள்சாயுங்கால்மவ-
ருமோநாளவருமோ எனறும எழுதியிருநததாசொன-
னுன - அநதசசெதிகெடுவீடடெக்கு அனைமணிநெரத-
துக்குவநதென

ஆனி நதககபபல்கொண்டுவநதசெதிசுபசெதியா-
னபடியினுலெ இநதபபடடணததிலுணடானசனங்க-

ளெல்லாருக்கும நிெக்ஷபம அகபபடடாபபொலெயும
நஷடபபடடதிரவியமலபிசசாபபொலெயும மறணத-
தையடைநதவரகளுநகாசிவநதராயவநதாபபொ-
லெயும இபபடியனெகவிதமாயயெழுதவெணுமெ-
ன்றுலயெழுத அவரவரகளவளவிலெ கலியாணஙகள
பொலெயும்புததிரஉசசவததுசசநதோஷபபொலெயு-
ம் இபபடிபடணமெலலாமதெவாமுறததைபபக்ஷி-
சசாலெததனசநதோஷமாயிருபபாரகளொ அததன
சநதோஷமாயிருநதாரகள - இனறையசநதோஷததை
காகிதததிலெழுதிமுடியாது - இததனசநதோஷம
வரககாறணமெனனமென்றுல பொனவுல சீமைகபப-
லவராதபடியிலுலெயும இவடததிலெயிருநதுசீமைக-
குககபபலபொகாதபடியிலுலெயுமசீனுமனீலா அசசி
இவடஙகளுககுபபொனகபபலகீளயும பினணயுமசி-
லலறைகபபலலுகீளயும யிதுகளெலலாம இஙகிலீசுககா-
றரபிடிசசுககொணடபடியிலுலெயும இநத உளரிலெ
குமபனிகுமபினணயுமசகலமானவறதகருககும்பண-
ததவககமானபடியிலுலெயும உளரீ லெசகலசனஙகளு-
ககும தொழிலிலலாதபடியிலுலெயும இபபடிகொத-
தசமையததிலெ கபபலகள வருகுதெலாறுமுனனெ
ஒருகபபலவநதுசெதிசொனனபடியிலுலெபடணத-
திலிருககிறசகலசனஙகளும அததியநதசநதோஷத-
தையடைஞசாரகள

அதினபிறகுசாயுஙகாலமவெணயிலசிநிதுகபபல-
காணுதென்றுகொடிமரததுமெலெயெறிபபாததுச-
சொனனுரகள்- அபபடிதானெராததிரிகாலததுககு எட-
டுககபபலலும்துறைககு சமீபமாய வநததுது-ராததிகா-

லததிலெவநதபடியிறுலெ சரபபிளீயாயிநகிலீசுக-
காறரகபபலயெதாகிலுமவருதொயெனனமொவென-
று அடிககடிகு கொடடைககுதொகெகெயிருககிறகட-
லொரததுகொததளததிலெயிருககிறபீரஙகியளுகுநதா-
னிபீரஙகிமுதலானது ஒரு ஒரு வெடடாயசுடு கெகொ-
ணடுவநதாரகள - இதிலெஒெணடெழுஞுபீரஙயிலெ கு-
ணடுபொடடுமசுடடாரகள - வநதகபபலபிறஞுசுகபபல
எனகிறததுகு சமிசயமிலலாதபடியிலே கொடடை-
யாருகுதெரிஞிருககெவெணுமெனுகபபலகாற அ-
டிககடி கொடடையாரசுடுகிறபபொலெ கபபலகாற
ரெணடுஒெணடுபீரஙகிசொடாயிசசுடடார்கள - இநதப-
டிகு முததிரிபணிரெணடுமணிமடடெகும கபபலகாற-
ரும்கொடடையாரும சுடடாரகள

அதினபிறபாடுஒெணடு மணியடிசசாபொலெ கப-
பலுகெகலலாம குழுநதாமாயிருககிறமுசியெலபொற-
துனெனகிறகுழுநதாகபபலவிடடு யிறஙகி துணையவர-
களணடைககுவநது ஒருமணிநெரம பெசிகொணடி-
ருது மறுபடி சலஙகுமெலயெறி கபபலு குபுொணூ-
இனறையதினம இபபடியிருநதது - இதலலாமலமத-
தியரனம ஒருகபபலுவநதவுடனெ இவரகளுது ஆலம-
புாவியிலெ ஒருகபபலுமசுலுபபுமிருநதுதெ - அநத
ரெணடு உருவும இவடததுகுக்கொணடுவரசசொலலி
துணையவரகள செதியனுபபிவைததார்கள இது இன-
றையதினமடடெகுமநடநதது - மரியசுசெபபுயெனகி-
றகபபலவரசசெ காணககாலவிடிசசு அனுபதுசொல-
தாதுகணியும முசியெ மெனவீலீயும யெததிக்கொண-
டுபுதுசசெரியிலெ இறககிணு

உௌ கூ — சனிவாரம       சூலி — கூ

இததனுள காலெமதுறையிலெபாறகிறபொது நெ-
ததுமத்தியானமவநத ஒருகபபலும ராததிரிவநதாட-
டெககபபலும ஆக கூ கபபலும கூடயிருநதது-கால்-
மெயெடடமணிகுமுசியெலபொறதுனெயெறிவநத
கபபலிலெமாத்திரமபதினஞுபீரஙகிபொடடார பதி-
லெகொடடையாருமபீரஙகிபொடடாரகள

அநதகபபலுகளசெதி - இநதகபபலுகளிலெ அ-
ஞுசுகபபலசீமையிலிருநது தூளாசய்ளூ ஹீ அெகாஸது
மன பிறபபடடுதூளாசய்கூ ஹீ பிபெரயிரு மன கூ-மசு-
ககறைவநதுசெநது - அவதததிலெ நாடடெககபபலுக-
ளனுஉகபபலுகளிருநதது - அதுவுமசணடைமுஸதீ -
தாய முஸதீது பணணிககொணடு ஆக ஒனபதுகபப-
லுமரியசுசெபபு எனகிறபஙகாளதது அறமசாஙகபப-
லெயும கூடடிகொணடு மதகஸலகாரெனகிற தீவுகுப-
பொயரஸதுகள எத்திகெகாணடு அவடமவிடடுபிற-
பபடடுவரசெ காததும பிசஞும அெகாரமாயெடுதது
அடிககசசெ பாயமரஙகளுமுறிஞு சுககாணுகளதெறி-
சசு கபபலுகளிலெதெமஸீரவநதுபொணடுகொணடு
அவஸதைவநதுது - கபபலுகளமுழகிபபொசசுதெ-
னறு எணபிசசு அபபாலசுவாமிதயவுளுலெ மறுபடியு-
ம காததுநினறுகடலும கொநதனியடஙகிமழையு-
மவிடடபிறபாடுகபபலுகள எதாஸதியாய நினறது
அதினபிறபாடுகபபலபாயமமுதலானதுகளெலலாம
முஸலீதுபணணிககொணடுபிறபபடடுவரசசெ மறுபடி
யும காததுமழையுமெடுதது ரெணடாவதுமபபடி

தானெமுஸ்தீதுபணிக்கொண்டு செயிலாமூகியிலெ ஒருமாசமந்நாறபதுளமடக்கும் சென்றது எனறும அவடம்விடுபெபிறபபட்டவுடனெ குகபபடணத்துக்குத்தெறெக அடெத்தாயபொலெவரசசெ இங்கிலீசுசணடைகப்பகளவடத்திலெ இருந்தபடியினுலெ மூசியெபெதொம எனகிற காமண்டோர இசமானுகயிருந்து இந்தப்பிறஞ்சுகபபலுகளுக்கும அவரகளும குலாளுள சாயுங்காலம குலுமணிக்குதுவக்கினது யெழுமணிராத்திரிமட்டுக்கும் சண்டை குடெத்தாரகளாம-பிறஞ்சுகாற்றுக்குள எங மூசியெல்பொறதுனெகப்பலும்மூசியெலசெலகபப்லும் அந்த ஆறுகபபலுடனெ செந்துசண்டைபண்ணசசெ பிறஞ்சுகப்பலகளிலெ அந்தமடக்கும் அய்யாயிரம்வெட்டுபீரங்கி சுட்டாரகளாம்-இங்கிலீசுக்காற்றுது ஆறுகபபலானபடியினுலெ அவரகளிலெயும பெலத்துசசணடைபணணவரகளானபடியினுலெ அவரகளும்நலலசண்டை குடெத்தாரகளாம்-அவர்கள காத்துக்குவசமாகயிருந்தாரகள-இவரகளகாத்துக்கு யெதிராகயிருந்த படியினுலெ யிவரகளுக்குவாயபப்பொதாதென்றும் அவரகளுக்கு நலலவாயபபு யென்றும் அதினுலெ அவரகள தப்பிநுரகென்றும் இதிலெ யிவரகள நெண்டுகபபலிலெ யு மருந்துபீபபாயப்பத்திகொண்டுதென்றும அதினுலெ வெகுசெதமானபடியினுலெ வெளிசசகலாதது சாராயமதது முண்டானசீமைசசாகுகுள விஸ்தாரமாயிருக்கிறபடியினுலெ சயாபசயமெபபடியிருக்குமொசமீபததிலெபதிங்காதவழியிலெ புதுச்செரியிருக்கசசெ நுமிநகெயிருக்கிறது நியாயமலல வென்றுமிபொ-

யெதிராளியுமுஅபசயபபடபெபினதாங்கியிருக்கிறனெ
இநதசமையததிலெமபாயெடெத்து புதுசசெரிக்குப்-
பொவொமெனறுபயணபபடடுவெநதுவிடடதாயும அ-
வரகளிலெ ரெணடுகெபபலானுலவெகுசெதபபடடெ-
னறும அநதககபபலமூழகிபபொயிவிடடதாயும அல-
லது இருநதாலும அதிலெயிருநதமனுஷ்ருமசெதபப-
டடு அநதரெண்டுகெபபலுமகவைக்கு ஆகாமலபொ-
மெனறுபொலெசொனனுரகள—மததுளுகபபலும
அதிலெயுணடானமனுஷருக்குமபெருசெதமுணடெ
னறுடி சொனனுரகள

இததைளுஅஞசுமணியிலெ முசியெலபொறதுனெ
இறங்கிளுன இறங்கசசெகபபலிலெபதினஞசுபீரங்கி
பொடடாரகளனாயிலெயிறங்கின உடனெகடககனை
வாசலபபடியணடைவரசசெ இவடததிலெபதினஞசு
பீரங்கிபொடடாரகள பெரியதுனாமுசியெதுபபளெக-
சுதவிரமததசினனததுனாமுதலானகொனசலியெரக-
பிததாமொனவரும கடக்கனாமடடுக்கும்யெதிரொ
பொய அழைதது கொணடுவநதாரகள துனாவீடடு-
கஒளெவரசசெ துனைசநதினொர்காற்கிறபடிக்கிபிற-
மவநது ஒருததருக்கொருததரகட்டிக்கொண்டு உளௌ
சாலியெபொனுபபொலெபதினஞசுபீரங்கிபொட-
டாரகள அபபால துனையவரகளும முசியெலபொற-
துனெயும் வாரந்தாவுக்கு அபபிறமயிருக்கிறவெளி-
யெபொயபபெசியிருநதாரகள

இநதககபபலிலெவநதவெளிமாரக்கு நாறபதுளு-
யிரம பொனலக்ஷமளுபாய்க்குவந்து இதல்லாமல
சகலாதது வநததும சாராயபபீபபாயகளவுநததும

இவவளவுயெனறுதெரியாது பவழபபெடடிவந்-
துதும

| Année Akchaya | An 1746 |
|---|---|
| mois Âṇi | Juillet |
| vendredi 28 | 8 |

Aujourd'hui, à onze heures et demie, un navire arriva en vue. Arnassalachetty vint me dire que ce navire avait mis le drapeau blanc, qu'on avait mis le drapeau sur le fort, et qu'on était venu faire un rapport à M. le Gouverneur. Sur quoi, je me dis : «Sortons, et allons au bord de la mer pour voir». J'étais dans le magasin d'arec; dès que je sortis, le nommé Barlam[1], fils de Malékkojoun-démodély, me dit : «Monsieur est monté sur la terrasse, a regardé, a dit : Un navire de France est arrivé! C'est un navire à nous! et il m'envoie le dire au supérieur Cœurdoux[2], de l'église S. Paul». Là-dessus, j'allai au bord de la mer.

Il y avait là M. de la Villebague[3], M. Auger, M. Laisné(?) dont le navire le Favori a été pris à Achem, et d'autres. Je leur demandai : à qui est ce navire? M. de la Villebague me dit : «Ce navire est la frégate marchande du Bengale; il s'appelle le Marie-Joseph et son capitaine est M. Champignon; il est chargé de beaucoup de cauris»; puis

---

[1] *Barlam* ou *Barlaam*, prétendu saint du christianisme oriental. Ce nom, habituel aux chrétiens de Saint-Thomas, est rare chez les catholiques. Il désigne sûrement un chrétien.

[2] Le P. Cœurdoux, supérieur de la Mission de Jésuites à Pondichéry, est bien connu; c'est un de ceux qui ont attiré l'attention des Européens sur l'importance du sanscrit et sur sa parenté avec le grec et le latin. En 1771, il était encore en correspondance avec Anquetil Duperron.

[3] Mahé de la Villebague, frère de Labourdonnais, fut arrêté en 1748 à Madras avec un certain M. Desjardins. Accusés de concussion et traités comme prisonniers d'État, ils furent d'abord enfermés dans le fort Louis à Pondichéry, puis expédiés en France le 1ᵉʳ mars 1749, sur les vaisseaux *l'Auguste* et *le Centaure*. Il ne paraît pourtant pas, d'après les documents conservés aux archives de Pondichéry, qu'il y ait eu des charges bien sérieuses contre eux.

il reprit : « il est allé à Mascareigne [1], il est probable qu'il en arrive ». Mais, demandai-je, ce navire ne viendrait pas seul sans que d'autres navires vinssent avec lui! « Y a-t-il doute là-dessus? » me dirent-ils pour terminer. Cependant un pion [2] vint annoncer qu'un *caṭṭimaron* était allé au navire et avait rapporté une lettre. Alors M. Auger, ayant pris cette lettre et l'ayant lue, dit : « Ce navire est *le Marie-Joseph*, son capitaine est M. Champignon, il est chargé de *cauris*; et voici ce qu'il écrit : à sept lieues de chemin d'ici, j'ai laissé neuf navires, y compris celui de M. de Labourdonnais, commandant; ils restent pour se battre avec les navires anglais; il semble que les nôtres aient le dessous; nos navires arriveront probablement cet après-midi ou demain ». Après avoir appris ces nouvelles, je revins chez moi au bout d'une demi-heure.

Mais, comme la nouvelle portée par ce navire est une très heureuse nouvelle, tous les gens qui sont dans cette ville se réjouissaient d'une joie pareille à celle qu'on éprouverait si l'on découvrait un trésor, si l'on retrouvait un objet précieux qu'on aurait perdu, si des morts étant allés ensuite à Kâçi [3] ressuscitaient, si l'on célébrait des fêtes chacun à sa façon pour toutes les sortes de motifs qu'on peut imaginer, si l'on obtenait enfin un fils désiré. Ainsi toute la ville était autant en joie que si tous avaient bu l'ambroisie divine. La joie d'aujourd'hui, on ne finirait pas de l'écrire sur le papier. Si l'on demande : « Pour quel motif y a-t-il eu tant de joie? », (sachez que), comme l'année dernière il n'est venu aucun navire de France; qu'aucun n'est allé non plus d'ici en France; que tous les navires partis d'ici pour la Chine, Manille et Achem ont été tous, y compris les petites

---

[1] Il faut remarquer ce mot. *Mascareigne* est proprement le nom de l'île de la Réunion; mais comme Bourbon, Maurice et Rodrigue ont été appelées les îles Mascareignes, c'est évidemment de l'île de France qu'il est question dans ce passage.

[2] Un *pion* serait, d'après Littré, un soldat à pied ou un domestique allant à pied dans l'Inde. Plus exactement, c'est une sorte de garde du corps, de courrier et de commissionnaire privé, qui porte d'habitude en bandoulière une bande de peau de tigre où est fixée une plaque d'argent avec le titre ou les armes du fonctionnaire au service duquel le pion est attaché.

[3] C'est-à-dire Bénarès.

barques, pris par les Anglais; que les employés de la Compagnie et tous les négociants de la ville n'ont plus d'argent; que tous les habitants de la ville n'ont plus de travail; dans une pareille occurrence, le fait qu'un navire vient en avant annoncer l'arrivée de l'escadre cause à tout le monde dans la ville une joie extrême.

Après cela, dans l'après-midi, on monta au mât de pavillon et on dit qu'on apercevait quelques navires. Et en effet, à la nuit, huit navires vinrent près de la côte. Comme c'était la nuit et comme on pouvait craindre que ce ne fussent des navires anglais venus par ruse, les canons qui étaient sur le rempart du bord de la mer, au sud[1], dans le fort, un à un, à commencer par le canon à bombes, firent feu successivement d'un coup chacun. Il y eut même deux ou trois pièces où l'on mit des boulets. Pour faire connaître indubitablement aux gens du fort que les navires qui étaient arrivés étaient des navires français, ceux des navires répondirent à chaque coup tiré par les gens du fort par deux coups de canon. Les gens du navire et ceux du fort tirèrent ainsi jusqu'à minuit.

Puis, comme deux heures allaient sonner, M. de Labourdonnais, qui était le commandant de tous les vaisseaux, quitta son navire, descendit (à terre), vint auprès de M. le Gouverneur, resta à parler avec lui pendant une heure et retourna à son navire sur une *chelingue*[2]. Voilà ce qui s'est passé aujourd'hui. En outre, dès qu'un des

---

[1] Pondichéry était entouré d'une série de quatorze bastions reliés par des murailles avec glacis, fossés, etc.; du côté de la mer, les défenses étaient beaucoup moins considérables. Mais là, au centre de la ville blanche, était le fort Louis construit de 1701 à 1703 et plusieurs fois agrandi et réparé depuis. Le fort, qui occupait une surface de onze hectares environ, avait la forme d'un pentagone à cinq bastions (Dauphin, de Bourgogne, de Berry, de Bretagne, de la Compagnie), avec un ouvrage à cornes au N. O. (ravelin fait en 1704) et une double tenaille, au-devant, au bord de la mer; on en sortait par deux portes, la porte royale ou marine à l'est, et la porte Dauphine au S. O. Les bastions de l'enceinte s'appelaient, à partir de l'angle N. E., bastions Saint-Louis, d'Anjou, d'Orléans, de la Porte Madras, Nord-Ouest, Saint-Joseph, Valdaour, Sans-Peur, Villenour, La Reine, de l'Hôpital, de Goudelour et Saint-Laurent.

[2] Bateau sans quille; du tamoul சலங்கு, *çalangu*; du sanscrit जलंगम «qui va sur l'eau(?)».

LES FRANÇAIS DANS L'INDE. 371

navires fut arrivé à midi, (on sut qu')il avait laissé un navire et un sloop à Alamparvé, et M. le Gouverneur envoya l'ordre de ramener ici ces deux bateaux. C'est là ce qui s'est passé jusqu'à présent. *Le Marie-Joseph*, en venant, a touché à Karikal, y a pris quatre-vingts soldats et M. Mainville (?) qu'il a débarqués à Pondichéry.

29 Samedi          9 juillet

Ce matin, en regardant dans la rade, on vit que le navire arrivé hier à midi et les huit arrivés à la nuit, soit neuf en tout, s'étaient rejoints. A huit heures du matin, on tira quinze coups de canon, seulement sur le navire que montait M. de Labourdonnais; et, en retour, les gens du fort tirèrent aussi le canon.

Voici l'histoire de ces navires. Parmi eux, cinq étaient partis de France en août 1745; ils arrivèrent à Mascareigne le 3 février 1746[1]. Il y avait là quatre navires du pays; on les prépara pour la guerre. On eut ainsi neuf vaisseaux de guerre auxquels on réunit le marchand *le Marie-Joseph* du Bengale[2]. On alla à l'île de Madagascar, on y embarqua des vivres et on repartit. En route, le vent et la tempête se déchaînèrent terriblement[3] : les mâts cassèrent, les gouvernails se brisèrent, les navires firent eau, et on pensa : «notre fin est arrivée, les navires vont sombrer». Mais, par la grâce de Dieu, le vent s'arrêta, la mer se calma, la pluie cessa; puis les navires se tirèrent de là heureusement. Après cela, on répara les mâts et tout le reste et on se remit en route. Mais, une seconde fois, le vent et la

---

[1] Le *Journal du voyage* de l'escadre, par M. le capitaine de Rostaing (*Collection historique*, Londres et Paris, 1758, in-12, p. 161-236), dit qu'elle arriva à l'île de France le 29 janvier 1746.

[2] *Le Marie-Joseph* était à Bourbon.

[3] Labourdonnais quitta l'île de France le 24 mars et alla à Bourbon d'où il repartit le 29 pour rejoindre l'escadre mouillée à Madagascar. Il y arriva le 8 avril après avoir essuyé une violente tempête, c'est celle dont parle Ânadarangappa; seul, le vaisseau de Labourdonnais, *L'Achille*, en souffrit. L'escadre quitta définitivement Madagascar (Mayotte) le 22 mai. Le *Journal* de M. de Rostaing ne parle pas d'une seconde tempête; la pointe de Ceylan fut doublée par l'escadre le 5 juillet.

pluie recommencèrent, et il fallut faire les nouvelles réparations nécessaires. On arriva à la pointe de Ceylan, un mois ou quarante jours après.

Dès qu'on eut quitté cet endroit, comme on venait près de terre, au sud de Négapatam[1], et comme les vaisseaux de guerre anglais étaient là, sous les ordres de M. le commodore Peyton, le quatrième jour, à quatre heures de l'après-midi, le combat commença entre ces navires français et eux. Ils se battirent jusqu'à sept heures du soir. Parmi les Français, sept cents (hommes), le navire de M. de Labourdonnais et celui de M. Delasselle(?)[2], se battirent avec ces six navires (anglais) et pendant ce temps ils tirèrent quatre-vingt mille coups de canon[3]. Comme il y avait six navires anglais, qu'il y avait parmi eux des hommes bons pour se battre, eux aussi se battirent très bien. Ceux-ci avaient l'avantage du vent; ceux-là l'avaient contraire, et comme il n'y avait pas là pour eux de mouillage convenable et qu'il y en avait un bon pour les autres, comme ces derniers avaient été sauvés par là, comme les barils de poudre étaient sur ces deux navires et que cela avait causé beaucoup de dégâts, comme il y avait aussi en abondance les caisses de France contenant l'argent, les étoffes, le vin et le reste, ils pensèrent : «la victoire ou la défaite est indécise, Pondichéry est à une dizaine de lieues[4], il n'est pas prudent pour nous de rester ici, d'autant plus que l'ennemi battu va se tenir tranquille; levons donc les voiles et allons à Pondichéry». Mais parmi ceux-là (les Anglais), deux navires ont éprouvé beaucoup de dommage; que ces deux navires coulent bas ou qu'ils soient conservés, les hommes qui sont dessus ont beaucoup souffert; ces deux navires sont devenus impropres au service, à ce qu'on nous a appris,

---

[1] Qui appartenait aux Hollandais.

[2] Probablement le capitaine Sellé qui, suivant le *Journal* de M. de Rostaing, commandait le vaisseau *le Bourbon*.

[3] L'exagération est manifeste. M. de Rostaing parle de trois mille coups. Parmi les six navires anglais, il y avait la prise française, *le Favori*, dont il a été question ci-dessus.

[4] La bataille fut livrée à huit lieues au large, entre Négapatam et la pointe Calimer, à environ 120 kilomètres au sud de Pondichéry. L'escadre anglaise se retira dans la baie de Trinquemalé, à Ceylan.

LES FRANÇAIS DANS L'INDE. 373

et on ajoute que les hommes qui sont sur les quatre autres navires ont éprouvé beaucoup de dommages.

Ce même jour, à cinq heures, M. de Labourdonnais est descendu à terre. Au moment où il descendait, on tira sur le navire quinze coups de canon. Aussitôt qu'il fut à terre et qu'il arriva au pied du rempart au bord de la mer, on tira quinze coups de canon. A l'exception du grand Monsieur M. Dupleix, les autres petits Messieurs, à commencer par les conseillers, les capitaines, etc., étaient venus au-devant de lui jusqu'au bord de la mer et l'amenèrent avec eux. Au moment où il arrivait à la maison de M. le Gouverneur, M. le Gouverneur sortit jusqu'à l'endroit où garde la sentinelle. Ils s'embrassèrent l'un l'autre. Comme ils allaient dans la salle intérieure, on tira quinze coups de canon. Alors M. le Gouverneur et M. de Labourdonnais vinrent à la *varangue*[1], sortirent en dehors, et se mirent à causer.

L'argent arrivé par ces navires se monte à quarante mille marcs, l'or à ce qui est nécessaire pour faire un lack de roupies. En outre, il est venu des étoffes de laine, des barriques de vin, je ne sais combien, et des caisses de corail.

Voici ce qui se passa à Pondichéry le jour où l'on apprit la prise de Madras par Labourdonnais :

ஆகூந்திய (ஒரு)     தூளாசம்கூ ஆணடு
புரட்டாசி மை-ம     செதெதமபுறு மை
வியாழுககிழமை         உ நெ

இததனுளமததியானமபனிரெணடு அடிசசுமூஞு
மணிககுசெனனபபடணததிலெயிருநதுடபாலிலெ
|ா| துணையவரகளுககுககடாசிவநதுது-அபபொது-
ணையவரகளசுவாரி பொகததககதாகவெவியெபிறபபட-

---

[1] On a pris en France l'habitude de dire pédantesquement *verandah;* c'est la galerie à colonnes qui forme la façade de toutes les maisons européennes dans l'Inde.

டுகெகடலொரததணடெபொகசசெ செவுகனகொண-
டுெநதுகடதாசிகுடுததான் - அநதகடதாசியைபபிரிச-
சுபபாதிவுடனெவெகுசநடொஷததையடைநதுது-
வானிலெபொயபபாரததவிடததிலெ ராமசசநதிர ஐய-
ஸனமாததிரமிருககசசெ அவனையழைசசு இபபடிசெ-
னனபபடடணததிலெநெததையதினமகொடை பிடி-
சசுவெளீககொடிபொடடாகெளெணணுசொலலி பீர-
ஙகிசசுடசசொலலி உததாரஙகுடுததாரகள

அநதவெளையிலெ வெளீககாறர உததியொகஸ-
தரபீரஙகிமெஸதிரிகளசகலமானபெரும அவரவரசாப-
பாடடுககுபொயிருககிறவெளீயானபடியிஞலெ செ-
நதிெனரதவிரமததபபெரொருததருமிலல் ஆனபடியி-
ஞலெ அவடததிலெ யிருநதவெளீககாறரதானயி-
ருபதொருபீரஙகிசுடடாரகள - அனெரமெகொமி-
செலககாமததபபெரியமனுஷரசகலமானபெருககும
அவரவவீடடிலெபொயிசொலலிபொடடுவசசொ-
லலிசெவுகரையனுபபிவிடடுநமமணடைககும ஒருசெ-
வுகனுடனெசொலலியனுபபிவிசசாரகள இதகுளளெ
துரைததனககாறசகலமானபெருமவநதாரகளநா-
ஞும . . . . . . . . . . கொணடுபொயிநதிரவசசுபெடடி
பணணிககொணடுமுபபாககுபாதி சொலலிககொண-
டவிடததிலெ மகாசநடொஷததுடனெ செனனபபடட-
ணம நெததையதினம-கூ-புதவாரநாளமததியானம
பனிெணடுமணிககுகொடடையிலெ வெளீநிகாணு-
மபொடடுகுமபனி உததியொகஸதர மததபபெரும
பெரியதுரைசினனதுரைமுதலாகியபெரயும காவல-
பபணணிவிசசு நமமுடவரகள சமஷடமானபெரும

சென்னப்பட்டணமகொடைதாசசிலானுகள எனகிற-
தாயிசசொலலிபபினனையும சிறிது உததரவுகளசொ-
லலவரசசெ அவரகளுடசநதொஷபபூரிபபுகுலெ நிண-
ணுபொகககூடாமல சகலதுனாததனககாறருடனெகூ-
டகொடடைகுளெபொயி கொவிலிலெபூசைகெழ-
கக உளககாநதாரகள

அனெரசம ஒருவரிசைபீரஙகியுமசுடடு கொடடை-
யிலெயிருககிறமணி கபபுசெஙகொவிலமணி சமபா
கொவிலிலெ யிருககிறமணியள நமமுடவீடடுககுயெதி-
ரொயிருககிற.....கொவிலமணியள எலலாமுழஙகத-
தககதாகபூசைகெடடு ஆன உடனெ துனையவரகளி-
ருநது கொணடு தொபபியைககழததிககையிலெபிடி-
சசுககொணடு வீவலெறுவா எனறுகூபபிடாரகள அ-
தினபெரிலெகொவிலிலெயிருககபபடடவெளனாககாற
வெளியிலெகொடடைகுளெயிருககபபடடகாறர ச-
மஸதமானபெரும யெககாலததிலெகூபபிடாரகள-அ-
நதசநதொஷபததததினுடகொஷடமகொடடையை
யெடுததுககொணடு பொருபொலெ யிருநதது-அ-
தினபிறகு பூசைகெடடூனஉடனெ ஒருவரிசைபீரங-
கி யிருபதுதொருவெடசசுடடாரகள - அநதமடடிலெ
பிறபபடடு துனையவரகளவளவுகுவநதுமுசெலபொ-
றதுனெ அவரகளபெனாசசொலலி அவரவர சாராயங-
குடிசசு சநதொஷஙகொணடாடி னுரகள

அநதவெனியிலெபினனையும பட்டணததிலெ உண-
டாகியகுமபனி உ ததியொகஸதரவெளனாககாறதமி-
ழராசெடடியளவறதகர முதலாகியசமஸதமானபெரும
வநதுமுபபாககுசசொலலிசசொலலி பெடடிபணணிக-

கொளுகிறுகள-அநதசநததியிலெராமசசநதிர அ-
யயீன அழைததுபததுப்பாரச்சககனாககு உததார-
நகுடுததுபடடணததிலெசகலமான பெரவீடுகெகுசச-
ககனாவழஙகததககதாகஉததாரங குடுததாகள-அ-
தினபெரிலெ என்பபாரததுபபடடண்மெலலாம
அலஙகிறதமபணணிவிசசுபடடணததிலெ சகலமான-
பெரவீடடிலெயுமவிளககு வயககசசொலலி உததார-
ஙகுடுததாகள அநதபபடியெநயிணை அழைசசு உ
ததாரஙகுடுததுபடடண்மெலலாமவிளககுவை ககச-
சொன்னெம
    அதினபெரிலெ என்பபாதது உனகெகெனவெ-
ணுமஅதுகளெலலாஙகெளுநலலமனத்டனெ உததா-
ரஙகுடுககிறெ மெனறுசொனனுகள-அதினபெரிலெ
காவலிலெயிருககிறசிறைககாறகதனகாற்மததபெ-
ானையெலலானாயும்விடுவிடெவெணுமெனறுசொன-
னென அநதகூஷ்ணமவிடுததுரததிவிடச்சொனனுக-
ள-அதினபெரிலெபுகையிலெவெததிலெ பொதுஙகா-
சுககு ஒனபதுவெததிலெயும பணததுககு பனிரெண-
டுபலமபுகையிலெயும விதததை வாசுதெவபணிட-
னெகிறசண்டாளனகுருததுரோகி குறைச்சு காசுககு
எழுவெததிலெப்பணிபிறகுஅஞசுவெததிலெயும பத-
துபபலமபுகையிலெயு மபணிப்பொட்டாநெனறு
வெகுசனஙகள அவைதததிடுகிறதுமவைகிறதுமாக
பபடடணததிலெ உண்டாகியசிறுபிள்ளைசததியமாய
யெயபொதும வீதிகுவீதி மூ்ல்ககுமூ்ல் யெழையெ
யியவரகளமுதலாகியசனஙகளெலலாரும இநததம்ம
பபடடணததிலெ இதுமாததிரம ஒரு அனனியாயம

நடக்குதெனறு கூவிகக்கொண்டுதிரியுறசபத்தம எனனுடகாதிலெ விழுநதிருநதபடியிலெ இநதபபடணத்துக்கு இநத அபக்கியாதிவரலாகாதெனகிறதாயி துணையவரகளபாத்தது வெததில் பொகயில்யெப்பொதும்பொலவிகத்தகக்கதாக உத்தாரங்கொடுக்கவெணுமெனகிறதாய கெட்டொதாம-அனெனரமவாசுதெவபணடிதனையழைப்பிச்சுயிண்ணுமுதலாயிபபழையபடிக்குயெபபொதும்பொலெகாசுக்கு ஒனபதுவெத்திலயும பணத்துக்குபனிெனாடையாபலமுகையிலயும விகசசொல்லி உத்தாரங்கட்டளையிட்டாரகள-அதினபெரிலெ சுபபயருக்கு உத்தியொகங்குடுக்கவெணுமையா அவரெவெகுளாயிக்கஷ்டபபடுகிறெனறுசொனனென அவருக்குயெப்பொதும்பொலெ கொடடைக்கிடங்கு உத்தியொகங்குடுத்தர்கள-அதினபெரிலெகாக்கால்திருவெங்கடபபிள்ளைக்கு உத்தியொகங் குடுக்கவெண்ணுமய்யாவெனறுசொனனென அநதபபடியெ அவருக்கும உத்தியொகங்குடுத்துக்காக்காலுக்குயனுபபிவிக்கசசொல்லி உத்தாரங்கட்டளையிட்டாரகள

யிதினபிறகு கும்பினீவழுதகருமமகாருடாநுமதமபலாயிகக்கூடிகக்கொண்டுவநது பெட்டிப்பணணிக்கொணடு செனனப்பட்டணம்பிடிச்சத்துக்கு மூபாாக்குசசொல்லி அதினபெரிலெ வெதபுரியீசுரனகொவில மதிளகட்டுகிறதுக்கு உத்தாரங்கெட்டார்கன அதுக்கு துணையவரகனிருநதுகொண்டுயொசனபணணிக்கொணடுபிறகுசொல்லுகிறுமெனறுசொனனுர்கள அபபடியல்ல எபபடியாகிலும உத்தாரங்கட்டளையிடவெ-

ணும்சகல்சனங்களும் ஆன நதகரமாயசந்தோஷ்த்தை
யடையும்பொருடாயிவெகுகாரியங்களுக்கு உத்தா-
ரங்குடுத்து அவரவர்மனதுக்கு அவரவர்வீட்டுச்சந்-
தோஷ்ம்பொலெபூரிக்கும்படியாயி உத்தாரங்கட்டீ
யிட்டுப்பட்டணத்திலெயுண்டாகியசனங்களெலலாரும்
தெவரீனாபுகழ்ந்துகொண்டொழத்துரகள் இப்ப-
டிப்பட்டவெளீயிலெ அந்தமதிள்கட்டுகிறதுக்குமாத்-
திரம உத்தாரங்கட்டீயிட்டால் வெகுதூரம கீறதியி-
ருக்குமென்றுபின்னையுந்தொத்திரமான உபசாரவார்-
தையளாயச்சொல்லிக்கெட்டவிடத்திலெ நல்லது அ-
ப்படியெ உத்தாரங்குடுக்கிறெமென்கிறதாயிச்சொல்-
லிச்கொண்டெ நடந்துகணக்கெழுதுகிற அறையிலெ
பொயிவிட்டாரகள - அந்தமட்டிலெ மகாநாட்டாரும
வறகரும்பிறப்பட்டு வெளியெவந்துவிட்டாரகள

அதின்பெரிலெ துரையளெலலாரும் கூடிக்கொண்டு
விருந்துசாப்பிட்டு வெகுசந்தோஷ்த்துடெனயிருந்தா-
ரகள

 ௶ச - வெளிக்கிழமைநாள செத்தெம்புரு ௪ உ ௵
காலெமெயெழுமணிக்கு |௱| துறையவரகள கொட்-
டைக்குப்பொய கொட்டைக்கு உளளெவரிசைவச்சு
கொடிபொட்டு மூணுவரிசைதுபாக்கிசுட்டாரகள்

அதின்பெரிலெ கொட்டையின்பெரிலெயிருக்கிறபீ-
ரங்கியள கடலோரத்திலெவச்சிருக்கிறபீரங்கியள இ-
துமுதல்கொண்டுப்பட்டணத்தைச்சுத்தியிருக்கப்பட்-
டகொத்தளங்களிலெ யெல்லாம பீரங்கிசுட்டார்கள - யி-
ண்ணயதின்ம்பண்டிகை கொண்டாடியதின்பெரிலெ
வீட்டுக்குவந்து எட்டுமணிக்கு ஆலுமொசுசாப்பிட்டு

வெகுசநதொஷிததுடனெ வெண்யாடி கெகொண்டிருந-
தாரகள - ராததிரிவூரெலலாம விளககுவைவததாரகள

| | |
|---|---|
| Année Akchaya | An 1746 |
| mois de Puraṭṭâçi (Pûrvabhâdrapada) | Septembre |
| jeudi 10 | 22 |

Aujourd'hui, après midi sonné, à trois heures, est venu de Madras, par un courrier, un papier pour M. le Gouverneur. A ce moment, Monsieur était sorti et était allé au bord de la mer en palanquin; un pion fut lui porter ce papier. Dès qu'il eut pris ce papier et qu'il l'eut regardé, il devint très joyeux et entra dans la douane. Comme il n'y avait là que Râmachandrarayen, il l'appela et lui dit: «Voici que, hier, à Madras, on a pris le fort et on y arboré le drapeau blanc», et il lui donna l'ordre de faire tirer le canon.

Comme c'était le moment où les blancs, les employés, les maîtres des canons et tous les autres sont partis chacun chez eux pour prendre leur repas; comme, par conséquent, il n'y avait là personne que les sentinelles, les quelques blancs qui s'y trouvaient tirèrent vingt et un coups de canon. Cependant Monsieur fit envoyer des pions aux maisons de chacun des conseillers et des autres grands Messieurs pour leur annoncer la nouvelle et leur dire de venir; il envoya aussi prévenir chez nous par un pion. Et aussitôt tous les Messieurs de qualité vinrent. Je vins aussi ayant pris..... J'obtins audience et comme je lui faisais mon compliment, je n'étais pas à la moitié qu'il se mit à dire avec une grande expansion de joie : «Hier, mercredi 9[1], à midi, on a hissé sur le fort de Madras le pavillon blanc; on a fait prisonniers les employés de la Compagnie et tous les autres Messieurs à commencer par le Gouverneur et son second; tous les nôtres sont devenus les maîtres du fort de Madras»; puis, pendant que je lui faisais quelque petite réponse, ne pouvant contenir l'excès de sa

---

[1] Le 9 du mois indien. C'est en effet le 21 septembre, à midi, que Labourdonnais prit possession du fort Saint-Georges. La capitulation ne fut signée que le 28. A Karikal, on paraît n'avoir su la nouvelle que le 25; on y chanta un *Te Deum* et on tira le canon.

joie, il alla dans le fort avec tous les Messieurs de qualité et s'assit à l'église pour entendre l'office [1].

Cependant une rangée de canons tirait; la cloche du fort, celles de l'église des Capucins, celles de l'église Saint-Paul, celles de l'église qui est en face de chez nous [2], sonnèrent toutes à la fois. Dès qu'il eut entendu l'office, Monsieur se mit debout, ôta son chapeau, le prit dans sa main, et cria : « Vive le Roi! ». Là-dessus, les blancs qui étaient dans l'église et ceux qui étaient au dehors dans le fort, crièrent tous à la fois. Dans ce bruit joyeux, il sembla que le fort et les magasins se soulevaient. Puis, une fois l'office entendu, une rangée de canons tira vingt et un coups. Alors Monsieur sortit, revint chez lui, et pendant qu'il disait le nom de M. de Labourdonnais, tous burent du vin [3] et dansèrent de joie.

Cependant, dans le reste de la ville, les employés de la Compagnie, les blancs, les tamouls, les chettys, les négociants et tous les autres habitants vinrent demander audience pour lui faire chacun leur compliment. Dans cette réunion, ayant appelé Râmatchandrarayen, il lui donna un ordre pour dix bars (5,000 livres) de sucre et lui prescrivit de les faire distribuer dans les maisons de tous ceux de la ville. Là-dessus, s'adressant à moi, il me donna l'ordre de faire décorer toute la ville et de faire mettre des lumières à toutes les maisons; aussitôt, appelant le Naïnard, nous lui transmîmes l'ordre, en lui disant de faire mettre des lumières dans toute la ville.

Là-dessus, me regardant : « Et à toi, que te faut-il? Demande et nous t'accorderons tout de bon cœur ». Alors je dis : « Il faudrait mettre en liberté les débiteurs, les batailleurs et toutes les autres personnes qui sont en prison »; et à l'instant il dit de les mettre en liberté et de les renvoyer. Puis, comme il était arrivé à mon oreille qu'il se répandait le bruit parmi les pauvres et les misérables, de rue en rue et de coin en coin, que l'injustice régnait dans cette ville de la justice uniquement sur un point; que, jusqu'aux petits enfants

---

[1] Un *Te Deum* évidemment.

[2] L'église des missionnaires.

[3] Dupleix fit servir du vin et des liqueurs et but à la santé de Labourdonnais; il porta un *toast*, comme on dirait aujourd'hui.

de la ville, beaucoup de gens insultaient et injuriaient toujours, avec raison, Vâçudêvapaṇḍita, en disant : « ce *tchaṇḍâla*, ce traître, a réduit les portions et ne donne plus que sept feuilles de bétel et même cinq pour une cache et dix onces de tabac pour un fanon, au lieu que de tout temps on vendait neuf feuilles de bétel pour une cache et douze onces de tabac pour un fanon [1] », je pensai : « il ne faut pas que cette infortune dure dans la ville », et regardant M. le Gouverneur, je lui demandai de donner l'ordre qu'on vendît comme de tout temps le bétel et le tabac. Au moment même, il fit appeler Vâçudêvapaṇḍita et lui intima l'ordre qu'à partir de ce jour on vendît, suivant l'ancienne coutume, neuf feuilles de bétel pour une cache et douze onces et demie de tabac pour un fanon. Là-dessus, je dis encore : « il faudrait, Monsieur, donner un emploi à Soupprayen; il y a beaucoup de jours qu'il souffre »; et aussitôt Monsieur lui donna un emploi dans les magasins du fort, comme de tout temps. Là-dessus, je dis encore : « il faudrait, Monsieur, donnner un emploi à Tirouvengadappoullé, de Karikal »; et de même il ordonna qu'on envoyât dire à Karikal de lui donner un emploi.

Après cela, les marchands de la Compagnie et les Mahânâṭṭârs [2], réunis en foule, vinrent lui demander audience et lui firent leur compliment pour la prise de Madras. Puis ils lui demandèrent la permission de construire le mur de la pagode de *Védaburîçvara* [3]. A cela, Monsieur demeura quelque temps à réfléchir, et dit : « Nous en parlerons plus tard ». Mais eux : « Il faudrait accorder cette permission, sinon comme ceci, du moins d'une manière quelconque; vous avez donné des ordres de façon à faire abonder la joie dans tous les esprits en prescrivant diverses choses de nature à réjouir tout

---

[1] On a encore l'habitude, dans tout le sud de l'Inde, d'évaluer le prix des objets de consommation par la quantité de ces objets que l'on reçoit pour une somme donnée. On avait à Karikal, en 1861, huit mesures de riz pour un fanon (30 cent.); on n'en a plus guère aujourd'hui que la moitié pour le même prix.

[2] Les chefs de caste.

[3] Une des formes ou manifestations de Çiva. La pagode fut démolie en 1748, dès les premiers jours du siège de Pondichéry par les Anglais, à l'instigation de M. Paradis, de M$^{me}$ Dupleix et des Jésuites.

le monde; aussi tous les gens de la ville comblent d'éloges et de louanges votre divinité. Si, à ce moment, vous donnez seulement l'autorisation de construire ce mur, votre gloire s'étendra très loin»; puis ils dirent d'autres paroles de sollicitation et de flatterie. Quand il les eut écoutés : «C'est bien, nous accordons l'autorisation», dit-il, et, marchant, il les quitta pour entrer dans le bureau où l'on écrit les comptes. Alors les Mahânâttârs et les marchands sortirent et s'en allèrent.

Là-dessus, tous les Messieurs se réunirent, se mirent à manger en cérémonie et demeurèrent avec beaucoup de joie.

Vendredi 11     23 septembre

A sept heures du matin, M. le Gouverneur fut au fort, fit mettre les hommes en rang; on arbora le drapeau et on tira trois feux de file. Puis les canons qui sont dans le fort, ceux du bord de la mer et ceux des remparts qui entourent la ville, tirèrent tous; ce jour entier fut un jour de fête. Puis on vint chez lui et à huit heures on déjeuna; après quoi, on joua avec beaucoup de contentement. Le soir, toute la ville fut illuminée.

J'arrête ici ces extraits; ils suffisent pour montrer l'importance des Mémoires de l'ancien courtier de la Compagnie française des Indes.

# TABLE DES MATIÈRES.

Pages.

Quelques chapitres de l'Abrégé du Seldjouq Namèh composé par l'émir Nassir Eddin Yahia, par CHARLES SCHEFER.................... 3

L'Ours et le Voleur, comédie en dialecte turc azèri publiée sur le texte original et accompagnée d'une traduction, par A.-C. BARBIER DE MEYNARD.................................................. 103

Histoire de la conquête de l'Andalousie par Ibn Elqouthiya, par O. HOUDAS................................................ 219

Quelques observations au sujet du sens des mots chinois *Giao chi*, nom des ancêtres du peuple annamite, par DES MICHELS............ 283

Les deux Reï et le règne du Soleil, par LÉON DE ROSNY............ 301

Quelques pages inédites du père Constant. — Joseph Beschi (de la Compagnie de Jésus) de la mission du Maduré (1710-1746), par JULIEN VINSON.................................................. 323

Les Français dans l'Inde. Le journal d'Ânandarangappoullé (1736-1761), par JULIEN VINSON........................................ 335

ERNEST LEROUX, ÉDITEUR, RUE BONAPARTE, 28.

## PUBLICATIONS DE L'ÉCOLE DES LANGUES ORIENTALES VIVANTES.

### PREMIÈRE SÉRIE.

I, II. **Histoire de l'Asie centrale** (Afghanistan, Boukhara, Khiva, Khoquand), de 1153 à 1233 de l'hégire, par Mir Abdul Kerim Boukhari. Texte persan et traduction française, publiés par *Ch. Schefer*, de l'Institut. 2 vol. in-8°, avec carte. Chaque volume..................................... 15 fr.

III, IV. **Relation de l'ambassade au Kharezm** (Khiva), par Riza Qouly Khan. Texte persan et traduction française, par *Ch. Schefer*, de l'Institut. 2 vol. in-8°, avec carte. Chaque volume..................................... 15 fr.

V. **Recueil de poèmes historiques en grec vulgaire**, relatifs à la Turquie et aux principautés danubiennes, publiés, trad. et annotés par *É. Legrand*. 1 vol. in-8°. 15 fr.

VI. **Mémoires sur l'ambassade de France près la Porte ottomane et sur le commerce des Français dans le Levant**, par le comte *de Saint-Priest*, publiés et annotés par *Ch. Schefer*. In-8°..................................... 12 fr.

VII. **Recueil d'itinéraires et de voyages dans l'Asie centrale et l'Extrême Orient** (publié par MM. *Scherzer*, *L. Leger*, *Ch. Schefer*). In-8°, avec carte...... 15 fr.
Journal d'une mission en Corée avec carte (*F. Scherzer*). — Mémoires d'un voyageur chinois dans l'empire d'Annam (*L. Leger*). — Itinéraire de l'Asie centrale. — Itinéraire de la vallée du moyen Zerefchan. — Itinéraire de Pichaver à Kaboul, Qandahar et Hérat (*Ch. Schefer*).

VIII. **Bag-o-Bahar**. Le jardin et le printemps, poème hindoustani; traduit en français par *Garcin de Tassy*, de l'Institut. 1 vol. in-8°................ 12 fr.

IX. **Chronique de Moldavie**, depuis le milieu du XIV° siècle jusqu'à l'an 1594, par Grégoire Urechi. Texte roumain en caractères slavons, et traduction par *Ém. Picot*. 1 fort vol. in-8°, en 5 fascicules..................................... 25 fr.

X, XI. **Bibliotheca sinica**. Dictionnaire bibliographique des ouvrages relatifs à l'empire chinois, par *Henri Cordier*. 2 vol. gr. in-8° à 2 colonnes........ 100 fr.

XII. **Recherches archéologiques et historiques sur Pékin et ses environs**, par le D° *Bretschneider*, trad. de *V. Collin de Plancy*. In-8°, fig. et plans...... 10 fr.

XIII. **Histoire des relations de la Chine avec l'Annam-Vietnam**, du XIV° au XIX° siècle, par *G. Devéria*. In-8°, avec une carte................ 7 fr. 50

XIV, XV. **Éphémérides daces**. Histoire de la guerre entre les Turcs et les Russes (1736-1739), par *C. Dapontès*, texte grec et traduction par *Émile Legrand*. 2 vol. in-8°, avec portrait et fac-simile. Chaque volume................ 20 fr.

XVI. **Recueil de documents sur l'Asie centrale**, d'après les écrivains chinois, par *C. Imbault-Huart*. In-8°, avec 2 cartes coloriées................ 10 fr.

XVII. **Le Tam-tu'-kinh, ou le livre des phrases de trois caractères**, texte et commentaire chinois, prononciation annamite et chinoise, explication littérale et traduction complète par *A. des Michels*. In-8°................ 20 fr.

XVIII. **Histoire universelle**, par *Étienne Acoghik de Daron*, traduite de l'arménien par *E. Dulaurier*, de l'Institut. In-8° en deux parties (la seconde partie en préparation). Chaque partie..................................... 10 fr.

XIX. **Le Luc von Tiên Ca Diên**. Poème annamite, publié, traduit et annoté par *A. des Michels*. In-8°..................................... 20 fr.

XX. **Éphémérides daces**, par *C. Dapontès*, trad. par *Émile Legrand*, 3° vol. in-8°. 7 fr. 50

### DEUXIÈME SÉRIE.

I. **Sefer Nameh. Relation du voyage en Perse, en Syrie et en Palestine, en Égypte, en Perse et en Arabie**, fait par *Nassiri Khosrau*, de l'an 1045 à 1049, texte persan, publié, traduit et annoté par *Ch. Schefer*, de l'Institut. 1 beau vol. gr. in-8°, avec 4 chromolithographies..................................... 25 fr.

II, III. **Chronique de Chypre**, par *Léonce Machéras*, texte grec publié, traduit et annoté par *E. Miller*, de l'Institut, et *C. Sathas*. 2 vol. in-8°, avec une carte ancienne en chromolithographie..................................... 40 fr.

IV, V. **Dictionnaire turc-français**. Supplément aux dictionnaires publiés jusqu'à ce jour, par *A.-C. Barbier de Meynard*, de l'Institut. 2 forts vol. in-8° à 2 colonnes. L'ouvrage publié en 8 livraisons à 10 fr.................................. 80 fr.

VI. **Miradj-Nameh**, récit de l'ascension de Mahomet au ciel. Texte turc-oriental, publié, traduit et annoté d'après le manuscrit ouïgour de la Bibliothèque nationale, par *Pavet de Courteille*, de l'Institut. In-8°, avec fac-similés du manuscrit en chromolithographie........................................................... 15 fr.

VII, VIII. **Chrestomathie persane**, composée de morceaux inédits avec introduction et notes, publiée par *Ch. Schefer*, de l'Institut. 2 vol. in-8°............. 30 fr.

IX. **Mélanges orientaux**. Textes et traductions, publiés par les professeurs de l'École des langues orientales vivantes, à l'occasion du 6° congrès international des Orientalistes réuni à Leyde en septembre 1883. In-8° avec planches et fac-similé.. 25 fr.

X, XI. **Les manuscrits arabes de l'Escurial**, décrits par *Hartwig Derenbourg*. Tome I : Grammaire, Rhétorique, Poésie, Philologie et Belles-Lettres, Lexicographie, Philosophie. Gr. in-8°........................................... 15 fr.
Tome II : Morale et politique, Histoire naturelle, Géographie, Histoire, Divers, Supplément, Mélanges. In-8° (sous presse)............................. 15 fr.

XII. **Ousama ibn Mounkidh** (1095-1188). Un émir syrien au premier siècle des croisades, par *Hartwig Derenbourg*. Avec le texte arabe de l'autobiographie d'Ousâma, publié d'après le manuscrit de l'Escurial.
1ʳᵉ partie : Vie d'Ousâma. 1889, en 2 fascicules. In-8°................... 15 fr.
2ᵉ partie : texte arabe. 1886. In-8°..................................... 15 fr.

XIII. **Chronique dite de Nestor**, traduite sur le texte slavon-russe, avec introduction et commentaire critique par *L. Leger*. In-8°............................... 15 fr.

XIV, XV. **Kim van Kieu tan Truyen**. Poëme annamite, publié, traduit et annoté par *Abel des Michels*. 2 vol. en 3 parties. In-8°......................... 40 fr.

XVI, XVII. **Le livre canonique de l'antiquité japonaise**. Histoire des dynasties divines, traduite sur le texte original et accompagnée d'une glose inédite composée en chinois et d'un commentaire perpétuel, par *Léon de Rosny*. 2 parties in-8°. Chaque fascicule................................................... 15 fr.
1ʳᵉ partie : La Genèse; 2ᵉ partie : Le règne du Soleil; 3ᵉ partie : L'Exil.

XVIII. **Le Maroc**, de 1631 à 1812. Extrait de l'ouvrage intitulé Ettordjemân Elmoaorib'an douel Elmachriq ou'l Maghrib de Aboulqâsem ben Ahmed Ezziâni. Texte arabe publié et traduit par *O. Houdas*. In-8°........................... 15 fr.

XIX. **Nouveaux mélanges orientaux**, publiés par les professeurs de l'École des langues orientales vivantes, à l'occasion du Congrès des Orientalistes tenu à Vienne en 1886. In-8° avec fac-similé............................................ 15 fr.

XX. **L'estat présent de la Perse** (XVIIᵉ siècle), par le *P. Raphaël du Mans*. Publié et annoté par M. *Ch. Schefer*, de l'Institut. In-8° (sous presse).

## TROISIÈME SÉRIE.

I. **La frontière sinno-annamite**. Description géographique et ethnographique, d'après des documents officiels chinois traduit par *G. Devéria*. In-8° ill., pl. et cartes. 20 fr.

II. **Nozhet-Elhâdi**. Histoire de la dynastie saadienne au Maroc (1511-1670), par Mohammed Esseghir ben Elhadj ben Abdallah Eloufrâni. 1ʳᵉ partie. Texte arabe, publié par *O. Houdas*. In-8°............................................ 15 fr.

III. Le même ouvrage. 2ᵉ partie, traduction française par *O. Houdas*. In-8°. 15 fr.

IV. **Esquisse de l'histoire du Khanat de Khokand**, par *Nalivkine*, traduit du russe par *A. Dozon*. In-8°, avec carte........................................ 10 fr.

V, VI. **Recueil de textes et de traductions**, publié par les professeurs de l'École des langues orientales vivantes à l'occasion du Congrès international des Orientalistes tenu à Stockholm. 2 vol. in-8°........................................... 30 fr.

VII. **Bibliotheca sinica**, par M. *Henri Cordier*. Tome III, contenant le Supplément et la table des auteurs. In-8° (sous presse)................................ 30 fr.

VIII. **Siasset-oul-Moulouk**. Règles du Gouvernement, par Nizam oul Moulk, vizir du sultan Seldjoukide Melik Chah. Texte persan et traduction française, par M. *Ch. Schefer*, membre de l'Institut. 2 vol. in-8° (en préparation).

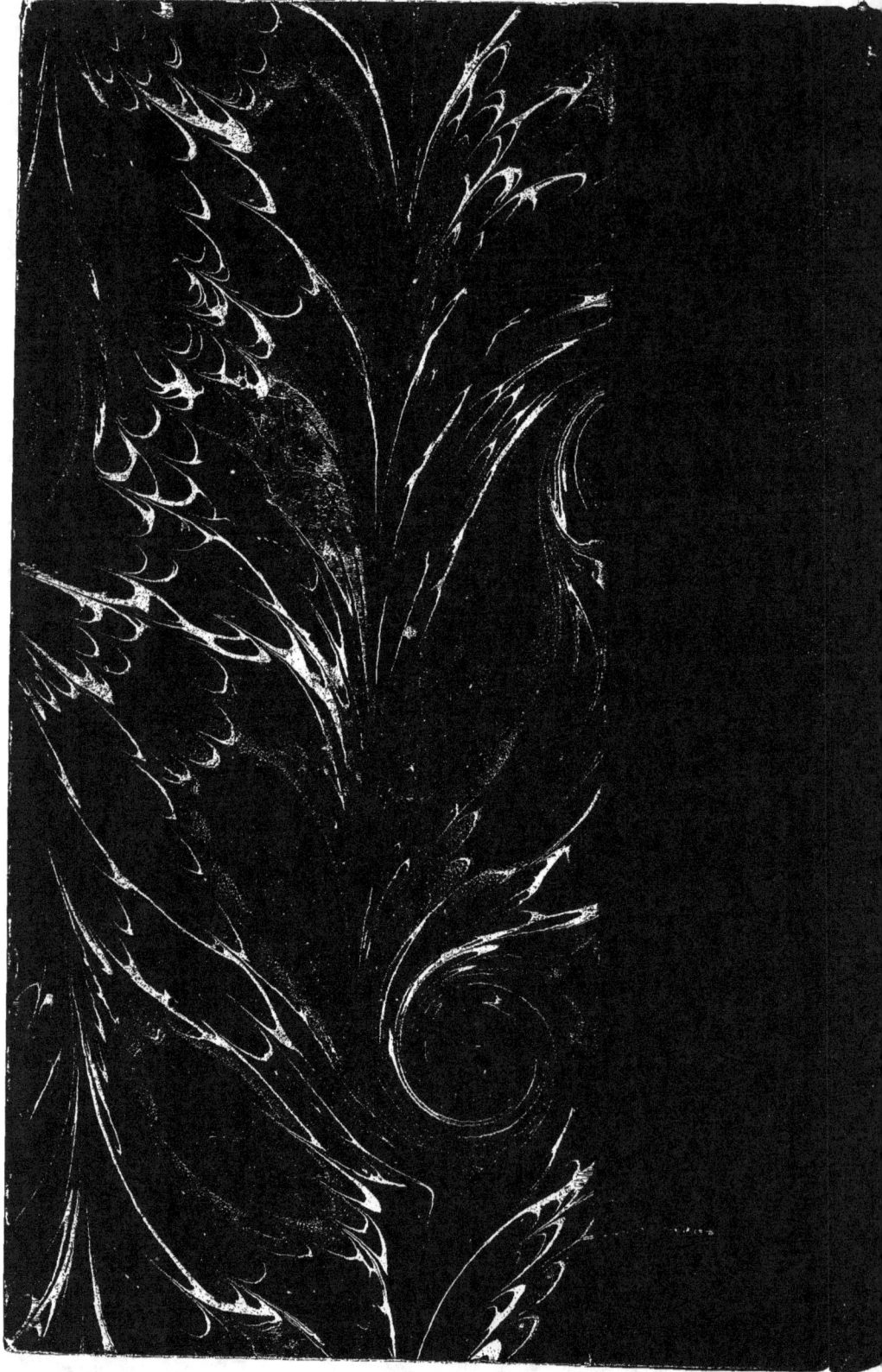

PUBLICATIONS
DE L'ÉCOLE
DES LANGUES
ORIENTALES

IIIᵉ SÉRIE

V

RECUEIL
DE TEXTES
ET
DE TRADUCTIONS
1

45

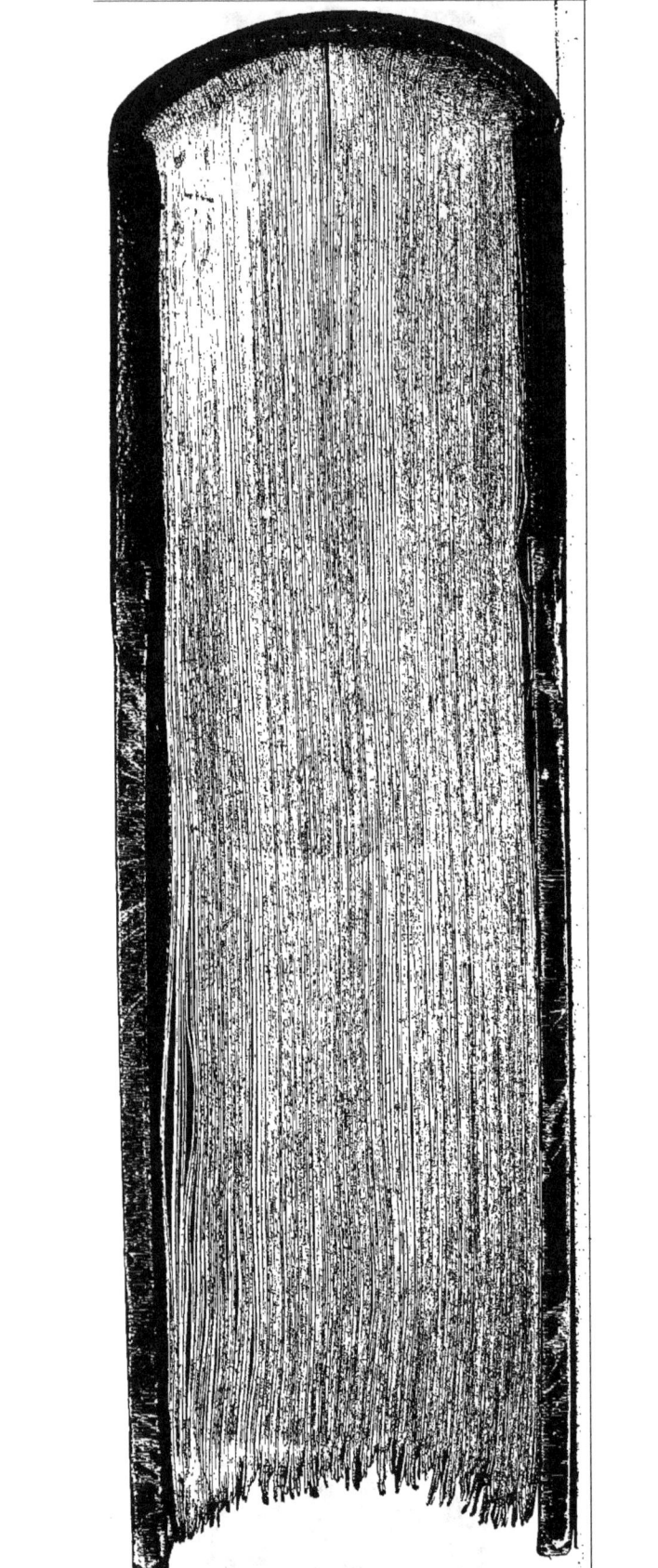

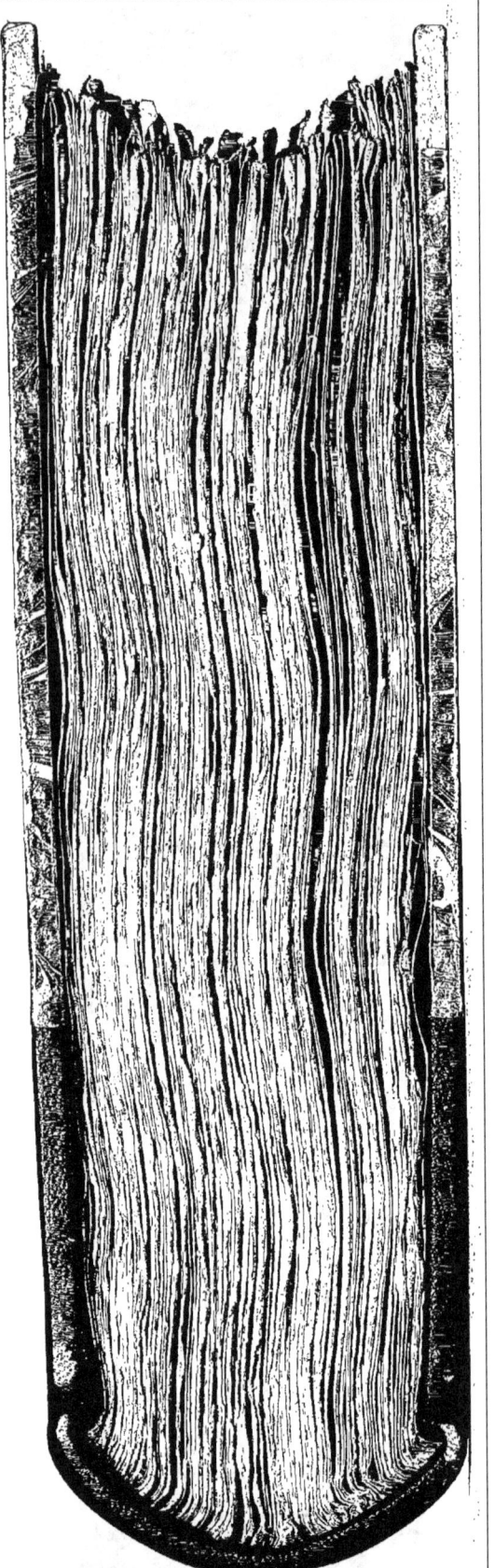

www.ingramcontent.com/pod-product-compliance
Lightning Source LLC
Chambersburg PA
CBHW052117230426
43671CB00009B/1023